고독한 기쁨

고독한 기쁨
그날 이후 열 달, 몸-책-영화의 기록

초판 1쇄 발행 2023년 11월 30일

지은이 배혜경
펴낸이 장길수
펴낸곳 지식과감성#
출판등록 제2012-000081호

교정 이주연
디자인 오정은
편집 오정은
검수 주경민, 이현
마케팅 김윤길, 정은혜

주소 서울시 금천구 벚꽃로298 대륭포스트타워6차 1212호
전화 070-4651-3730~4
팩스 070-4325-7006
이메일 ksbookup@naver.com
홈페이지 www.knsbookup.com

ISBN 979-11-392-1440-6(03810)
값 16,700원

- 이 책의 판권은 지은이에게 있습니다.
- 이 책 내용의 전부 또는 일부를 재사용하려면 반드시 지은이의 서면 동의를 받아야 합니다.
- 잘못된 책은 구입하신 곳에서 바꾸어 드립니다.

• 본 도서는 2023년 부산광역시, 부산문화재단 부산문화예술지원사업 지원을 받았습니다.

고독한 기쁨

배혜경 지음

그날 이후 열 달
몸-책-영화의 기록

세상엔 머무르는 것도 사라지는 것도 없다.
잃어버리는 삶이란 없다.

군함 없어도 책 한 권이면 돼
우리를 멀리 대륙으로 데려다주지
군마 없어도 한 페이지면 돼
시를 활보하지—
이런 횡단이라면 아무리 가난해도 갈 수 있지
통행료 압박도 없고—
인간의 영혼을 실을
전차인데 이다지도 검소하다니—

· Emily Dickinson ·

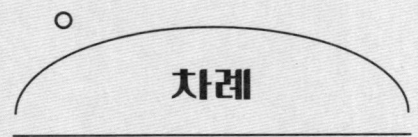

여는 말 _ 9

3월 March
완전히 헌신하는 순간 _ 14
하나뿐인 소중한 것 _ 19
'사람답게'라는 말 _ 24
자기 부정의 에너지 _ 28

4월 April
슬픔을 헤아리다 _ 36
아무것도 하지 않아 일어난 일 _ 41
정원을 가꾸는 마음 _ 46
몸이 구현하는 숲의 시간 _ 54

5월 May
마리보다주 _ 59
소라의 집 _ 66
다 쓰지 않고 말하기 _ 71
예술가의 일 _ 76

6월 June
우연히 만나 애송시가 될 수도 _ 85
작은 구석 _ 89
Buen Camino _ 92
몸의 결정권 _ 98

7월 July
내 인생의 주인공 따위 _ 107
동물성과 영혼 _ 110
우리에게 빠진 것 _ 114
한 사람이 사슬에 묶여 있다면 _ 121

8월 August
뛰어내린 자가 전한 메시지 _ 127
피클통 속의 기억 _ 137
내가 누구인가는 중요하지 않다 _ 141
Amo, ergo sum _ 149

9월 September
아름다움의 안쪽 _ 163
끝이 좋으면 _ 170
예쁜 것들이 주는 기쁨 _ 181
우리가 한 권의 책이 된다면 _ 186

10월 October
지우고 다시 쓰는 감각으로써 _ 197
사랑은 그렇게 일어나 _ 203
기억과 증언의 행위 _ 211
구조된 자와 익사한 이름 _ 216

11월 November
그 강으로 가는 길 _ 223
되기 _ 229
다르덴 형제의 영화가 하는 일 _ 238
침대와 침대 _ 245

12월 December
춤추는 불새 _ 251
괴물을 만든 괴물 _ 255
우리 삶의 크기는 _ 261
일상의 내재율 _ 271

닫는 말 _ 275

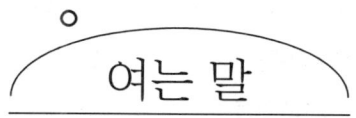

여는 말

우리의 시간은 뫼비우스의 띠와 같다. 그러니 어디서 시작해도 마찬가지일지 모른다. 우리의 종착역은 같겠지만 간이역은 또 다를 것이다. 각자 겨드랑이에 품고 나온 운명의 지도에 따라 우리는 다는 알 수 없는 그곳으로 향한다. 해가 바뀌고 아빠와 내가 풀려나기 전, 한 해 동안 각자 몸의 감옥에 갇혀 지냈다. 우리는 굳이 말하지 않아도 삶이 눈웃음 지으며 건네는 속말에 고개를 끄덕였다.

새해 첫날을 보내고 자정 무렵, 『난장이가 쏘아 올린 작은 공』(조세희, 이성과힘)을 읽으며 소설 속 선생님이 말한 뫼비우스의 띠와 '아버지'의 허름한 자리를 생각하고 있었다. 서서히 추락하는 종이비행기와 굴뚝에서 떨어진 난장이 아빠와 영희를.

이별을 고하기에 좋은 때라고 생각하셨을까. 아빠는 그 시각에 수감을 마칠 준비를 했다. 당신의 아내가 몸을 닦고 옷을 갈아입히고 머리카락을 빗기자 호흡도 가지런히 눈을 감았다. 내가 도착했을 땐 새벽 세 시가 가까웠다. 아주 편안히 잠들어 계셨다. 구십 년 생의 끄트머리 두 해를 덤으로 사신다던 손발을 잡아 보았다. 커터 칼로 잘라 내시던 굳은살 박인 발바닥과는 달리 손바닥 안쪽이 촉촉했다. 피부가 벗겨져 아물다만 흔적이 팔뚝에 선연했고 언제나처럼 머리카락이 단정했다. 다른 세상에서 한 살 아이로 태어날 연분홍빛 이마를 쓸어 드렸다.

남은 생과 훌훌 떠난 생의 얽히고설킨 시간을 되짚으며 한 달을 웅크려 지냈다. 아빠 휴대폰으로 전화를 걸어 보고 그 전화로 내 전화에도 걸어 보았다. 내게 보낸 부재중 전화 한 통이 빨갛게 심장을 찔러 댔다. 나는 그날 자정에 아빠에게서 걸려 온 전화를 얼른 받지 못했다. 마지막으로 나에게 무슨 말을 하고 싶으셨을까. 뇌리에 찍힌 사진들, 몰랐던 사실과 어렴풋한 진실, 기쁨과 슬픔이 고인 웅덩이 주변을 맴돌았다. 누구의 삶이든 눈물겹도록 사랑할 수밖에 없다는 결론에 닿았다.

한 달 넘어 책을 읽지 않고도 살아진다는 건 신기한 일이었다. 1월의 마지막 날, 멀리서 두 친구가 전화를 걸어 왔다. 상실감과 죄책감을 딛고 힘을 낼 수 있는 온기 있는 말에 조였던 심장이 풀렸다. 새봄은 그렇게 다가오고 있었다. 나도 일어나 걸어야 했고 봄살이를 챙겨야 했다.

이 책을 어디서 시작할까, 오래 생각하지 않아도 되었다. 2022년 3월 4일, 사고가 난 그날 이후 나와 하루도 빠지지 않고 동반한 몸-책-영화는 다른 때의 그것들과 다른 의미로 남았다. 시시각각 몸이 걸어오는 말은 예리하고 진지했다. 책과 영화는 늘 그랬듯 다른 길을 내어 주고 회복하는 사람이 되도록 도왔다. 극장에서 두어 시간을 앉아 영화 보기는 다락방에서 책 읽기와 비슷한 체험의 희열을 준다. 기쁜 고립과 편안한 통제의 소망을 반영한다. 열 달 동안 그런 느낌이었다. 우리 삶을 이루는 슬픔과 기쁨에 호응하며 방 안 여행자가 될 수 있었던 걸 행운이라 여긴다. 세상엔 머무르는 것도 사라지는 것도 없다. 잃어버리는 삶이란 없다.

'그날 이후 열 달, 몸-책-영화의 기록'을 엮으며 그때를 한 번 더 산 것 같다. 지금 몸의 상황만큼이나 적잖이 달라진 감정을 느끼며 나를 지나간 시간과 기억에 오롯이 위로받았다. 먼지로 바래고 공기로 흩어지기 전에 누군가에게 비슷한 징후가 될 만한 이야기만 골라 지금의 시점에서 덜어 내고 더했다. 기억과 시간, 그 여정의 출구와 입구를 떠올리지 않고는 이야기될 수 없는 눈이 부시게 환한 것들! 그것은 우리 삶이 사랑이고 기쁨이라고 말해 주었다. 그러니 이 책에 '죽음'이라는 친구가 자주 등장해도 부디 놀라거나 마음 어두워지지 않기를 바랄 뿐이다. 이런 식의 자서에서도 누군가에게 소중하게 남는 한 줄이 있으면 더 바랄 게 없겠다.

'고독'에 孤獨과 苦讀, 두 가지 의미를 담았다. 후자에 힘을 준다. 책상에 스탠드 불빛을 바투 비추고 다친 다리를 올리고 앉아 읽는 일은 육체적으로 힘이 들었다. 글자 그대로 힘써 읽는 동안 작고 익숙한 기쁨이 무시로 찾아왔다.

2023년 늦가을 아침
햇살 밝은 서재에서
배혜경 씀

4일 금요일

바늘 끝 같은 순간, 내 안에서 먼저 비명이 들렸다. 두어 달 완전히 감금되어 있던 몸에서 놓여나 겨우 걸어서 화장실을 가는 아빠와 간호하느라 지친 엄마를 두고 남쪽 섬으로 왔다는 불편한 마음이 돌부리에 걸렸다.

찰나에 나는 완전히 다른 장면으로 들어가 있었다. 작은 바위에 두 손과 두 무릎을 짚고 엎드린 채 양팔과 양다리를 살살 들어보았다. 오른쪽 다리가 도통 움직이지 않았다. 당황하는 친구에게 구급차부터 불러 달라고 말했다. 친구는 등에 메고 있던 내 배낭부터 풀어 주었다. 검멀레동굴에서 나오던 청년 둘이 꼼짝도 못 하고 엎어져 있는 내 몸을 돌려 살그머니 앉게 해 주었다. 극심한 통증이 몰려오기 시작했다. 15분 후 우도 구급차가 도착하고 구급대원 둘이 해변으로 뛰어 내려오는 게 보였다. 정오에 우도에 도착해 점심을 먹은 지 세 시간 반 만에 섬을 빠져나와야 했다.

구급차를 태운 배가 성산항으로 출발했다. 들것에 누워 응급센터를 알아보고 비행기를 새로 예매하고 숙소를 취소했다. 놀란 친구는 구토했고 나는 지독히도 아팠다. 성산항에서 제주 구급차로 갈아타고 하북마을 정형외과에서 진료 후 목발을 샀다. 지금은 목발 짚고 날아갈 수도 있을 것 같지만 그땐 요령을 몰라 몸 전체가 와장창 앞으로 고꾸라질 뻔했다. 2차 부상이 일어나면 큰일이다 싶어 반사적으로 짚었는데, 다친 발이었다. 말할 수 없는 통증에 아뜩해져 온몸이 식은땀으로 젖었다. 선지불하고 택시까지 잡아 태워 준 의사의 친절을 잊지 않는다. 제주공항에서 항공사가 준비해 준 휠체어로 옮겨 앉아 비행기에 올랐다. 녹초가 된 우리는 곯아떨어졌다. 김해공항에 도착해 다시 구급차로 옮겨 응급센터에 도착했다. 신속하고 안전하고 친절하게 부상자를 옮겨 준 구급대원들과 항공사 직원에게 고마움을 이렇게나마 전하고 싶다.

순간 이동이라도 한 것 같았다. 병실 침대까지 오는 데 일곱 시간이 걸렸지만, 잠시였다. 옆 침대엔 발목뼈에 금이 간 여중생이 누워 게임을 하고 있었다. 간호조무사가 부상 부위에 무거운 얼음주머니를 달았다. 악, 소리가 절로 났다. 다리를 높이고 머리 위에 달린 스크린을 쑤욱 당겨 누워서 보기 좋은 각도로 맞추며 리모컨을 쥐여 주었다. 필요할 땐 호출 버튼을 누르라고 말했다.

완전히 헌신하는 순간

▶ 〈라이프Life〉 안톤 코르빈, 2015

리모컨 영화 버튼을 누르고 들어가 고른 첫 영화다. 두 배우의 조합이 마음을 당겨 머릿속에 불이 켜졌다. 영화가 있다면 견딜 만할 것 같았다. 보다가 아프면 진통제를 맞으며 첫 밤을 지새웠다. 뜻밖에 주어진 이 시간을 최대한으로 쓰자는 생각이 들었다. 휴가 온 듯 가볍게 흥분까지 되었다. 읽으려고 줄 세워 둔 책들 위치를 좌표를 찍듯 정확히 알려 주고, 갖다 달라는 메시지를 보냈다. 다음 날 간호사를 통해 갓 드립한 커피와 갓 구운 베이글과 함께 책이 왔다. 코로나19가 아직 기승을 부릴 때라 가족도 들어올 수 없었다.

빛과 그림자가 만들어 내는 찰나의 이미지는 보이는 것과 가려진 것들 사이에 스치는 비언어적 말로 적지 않은 것을 말해 준다. 영화 속 날씨 또한 그 이미지를 창출하는 데 일조하고 언어를 대변한다. 우리의 감정과 우리가 처한 상황은 종종 날씨가 빗대어 준다. 바람이 몹시 불거나 차가운 빗줄기가 긋거나, 그저 맞닥뜨려야 한다. 플로베르가 '대화의 영원한 공통 주제'라고 사전화한 '날씨'는 변덕을 부리고 예상을 벗어나다가도 불현듯 친절하니까.

《라이프 매거진》의 포토그래퍼 데니스 스톡은 저널리즘 사진으로 일을 시작했으나 자기 일의 목표가 흔들리고 삶의 진수가 빠졌다고 느낀다. 완벽하지 못한 나날에서 돌파구가 필요하다. 영화와 영화배우 언저리에서 사진을 담으며 자신이 좋아하는 일로 성과를 내고 싶던 차에 주목받는 신인 배우를 밀착 촬영하겠다고 제안한다.

선뜻 다가가 보지만 제임스 딘은 곁을 주지 않는다. 영화에선 나오지 않지만, 아버지에게 버림받고 목사에게 추행당한 딘은 매사 반항적이다. 카 레이스에 열광하고 그림과 조각에 취미가 있던 딘은 거의 시각장애인에 가까운 고도 근시였다. 조금 떨어진 곳의 풍경과 사람은 상상과 집중을 동원하여 봐야 했다. 미간을 살짝 찡그린 표정은 그래서 나온 것일 테다.

영화는 세세한 서사를 비켜 다른 방향을 잡는다. 카메라는 내적 갈등으로 지지부진한 두 사람의 오만하거나 불만스러운 표정, 유명해지려는 욕망을 감추지 않고 티격태격 말다툼이나 비추는 것 같다. 다른 건 전략적으로 배제하고 사진을 찍고 찍히는 두 사람, 두 사람의 페이스와 바디에 다각도로 집중한다. 농장의 소들에게 콩가 연주를 들려주는 사진을 비롯해 회자하는 제임스 딘의 유명한 사진이 여럿 등장한다. 사진을 찍고 찍히는 과정이 그리 매끄럽진 않지만 두 사람은 투덜거리면서도 자신의 일과 감정에 충실하다. 그렇게 점점 가까워진다. 중요한 건, 마음만 먹어선 안 되고 실행에 옮겨야 한다는 것. 사람을 도구가 아니라 진정으로 대하며 다가가야 한다는 것. 서로 불만을 감추지 않던 두 사람은 점점 속내를 털어 내며 대상의 매력을 느낀다.

인물의 꾸미지 않은 표정과 무례해 보이는 행동의 저의를 유심히 보았다. 데니스 스톡으로 분한 로버트 패틴슨과 제임스 딘으로 분한 데인 드한은 실물의 개성적인 특징을 살려낸다.

움츠린 목에 코트 깃을 세우고 담배를 비스듬히 꼬나물고 비 오는 도시를 걷는 남자. 그 유명한 사진이 찍히고 몇 달 후, 유작이 된 〈자이언트〉 촬영을 마치고 얼마 지나지 않아 제임스 딘은 교통사고로 세상을 떠났다. 카메라 앵글 밖의 인물과 앵글 안의 인물, 사진은 두 사람 모두를 담는다. 실제로 데니스 스톡은 이 사진을 찍고 배경의 구도까지 수학적으로 계산해 필름 인화 작업을 거쳤다. 영화에서 이 작업은 보여 주지 않지만 계산된 구도 안에 들어가 있는 청춘의 우상이라니 재미있지 않은가. 우리의 생이란 계산할 수 없고 측량할 수 없다지만 세상에 진정한 우연은 없을 테니 말이다. 태어나는 일부터 자기 생명의 우주적 의지가 개입된 것이 아닌가. 하물며 生과 死라는 이란성 쌍둥이가 동거하는 예술 작품이란! 우연이 섬세하게 만지고 다듬어지면 필연이 된다. 그리고 신화가 된다.

나는 마지막을 맞을 장소에 대해 종종 생각한다. 선택이 가능하다면 좋아하는 것을 하며 좋아하는 곳에서 맞이하길 누구든 바랄 것이다. 가보지 못한 곳이라든지. 아빠는 병원을 거부하고 주무시던 침대에서 고요히 이별을 고했지만 두고 온 황해도 고향 땅을 꿈꾸지 않았을까. 미래에 대해 말하고 싶지 않다던 딘의 라이프는 24세로 종결되었고 청춘의 표상으로 살아 있다. 나는 청춘의 아빠가 육군 하사 군복을 입은 흑백 사진을 들여다본다. 인민군을 피해 산과 강을 넘었고 먹고살아야 했기에 국군에 자원입대했던 젊음. 목숨을 몇 번이나 잃을 뻔했다시던 전쟁은 오래전의 희화적인 이야깃거리가 되어 버렸다. 90년의 생에 헌신하며 단단하게만 보이던 아빠가 병원에서 나와 흐느끼며 보이신 눈물은 두고두고 마음을 아프게 한다.

괴테가 말했다는, 영화 속 교수가 말한 대사가 기억에 남는다. "문제에 뛰어들기 전에는 망설임이 있기 마련이다. 하지만 완전히 헌신하는 순간, 하늘도 따라 움직인다." 지성이면 감천이라든지 하늘은 스스로 돕는 자를 돕는다는 격언을 떠올리지 않아도 된다. 우리가 완전히 헌신하는 순간이야말로 스스로 인정할 수 있는 기쁨이 차오르는 때일 것이다.

5일 토요일

새벽에 깜박 눈을 감았던 것 같다. 아침이 되니 정신이 좀 들었다. 친구와 좋은 추억을 쌓으려던 계획은 맘대로 안 되었지만 삶은 원래 그런 것이어서 우리에겐 잊지 못할 날이 되었다. 성산항에서 우도로 가는 시원한 뱃길 위로 날던 흰 갈매기 떼, 한적한 하고수동해변의 옥색 물빛, 고양이 두 마리가 꼭 붙어 나른한 낮잠을 자던 카페 앞에서의 볕바라기, 섬의 섬 안에 또 하나의 섬 비양도를 휘감는 품 넓은 바람과 하늘, 검멀레동굴에 들어가 보지도 못하고 빠져나온 검멀레해변까지 머릿속에 너울댔다.

몇 가지 검사를 거치며 주말을 보냈다. 젊은 담당의가 왔다. 내 몸 어디가 어떻게 된 것인지, 어떤 조치를 할 것인지 알고 싶었다. 앞쪽 발목뼈가 가로로 휙, 복사뼈 위 안팎으로 두 군데 브이 자로 뎅강, 뒤꿈치에 조각조각. 경골과 비골에 긴 금속판을 대고 금속정을 다수 심고 절개라인도 길 거라며, 중상이라는 말로 마침표를 찍었다. 선명한 대답에 마음이 놓였다. 부기가 가라앉을 때까지 기다리는 게 더 고역일 것 같아 월요일엔 수술하겠다고 말했다. 부기가 있는 상태에서 해 지금도 절개선 상단 피부가 움푹 물려 다리 선이 왼쪽과 다르다. 밖에 나가 보면 몸을 알게 된다. 나이와 신체 역량, 몸의 취향과 성격까지도. 곳곳에 지뢰밭이니 조심 또 조심하며 살라는 경고장 하나 오지게 받았다.

하나뿐인 소중한 것

▶ 『파워 오브 도그 The Power of The Dog』 토머스 새비지(민음사)

아침 식사 후 드립 커피 한 잔을 마시며 펼쳤다. 커피 향을 들이켜자 살 것 같았다. 앉지 말고 다리를 심장보다 높게 두라는 야단을 맞고, 진통제를 맞으려고 간호사를 호출하길 반복하며, 누워 읽었다.

제인 캠피온이 감독한 동명의 영화와 제작 다큐멘터리를 먼저 보았다. 이안 감독은 토머스 새비지가 쓴 『파워 오브 도그』의 해설을 맡은 애니 프루의 단편 『브로크백 마운틴』을 동명의 영화로 근사하게 살려낸 적이 있다. 와이오밍주에 실재하지 않는 브로크백 마운틴의 장소성을 두 남자가 처한 내적 풍경에 실었다. 영화 〈파워 오브 도그〉는 제인 캠피온의 영상으로 살아난 몬태나의 장소성이 돋보인다. 그 머나먼 땅으로부터 모래바람이 불었고 베일 듯 시퍼런 달이 건조한 땅에 내리꽂혔다. 동성애적 성향을 소재로 깔고 있다는 점에서도 닮은 두 작품 모두 본성이 앞발을 들고 달려 나가려는 황량한 땅을 배경으로 한다.

영화 〈파워 오브 도그〉(제인 캠피온, 2021)는 원작에서 숨은 의미와 기막히게 떨어지는 복선, 섬세한 감정선과 의미심장한 대사 하나까지 놓치지 않는다. 배경으로 한 자연환경은 고독과 고통을 견디고 삶을 개척해야 하는 소외된 인간의 내적 결핍을 절묘하게 드러낸다. 영화와 원작 소설 모두 우열을 가리기 힘든 장점이 돋보인다. 새비지와 캠피온은 "죽지 못해 살아야 할 소털같이 많은 나날"을 살며 각자의 불안을 간직한 인물들의 성격을 입체적으로 빚어낸다. 두 형제와 한 여자 그리고 그의 아들이 몬태나의 한 집에서 엮이는 이야기에 토마스 새비지는 자전적인 슬픈 가족 서사를 옮겨 왔다.

원작 소설을 읽다 엉뚱한 생각이 들었다. 제인 캠피온이 이 작품을 영화화하려고 생각한 지점이 피아노에 있진 않았을까. 영화 〈피아노〉에서 호주 해변에 덩그러니 떨어진 피아노가 오두막으로 오듯 영화 〈파워 오브 도그〉에서는 미국 서부의 거친 모래바람과 진흙탕을 뚫고 피아노가 온다. 부츠를 신은 여러 명의 인부가 달려들어 로즈의 피아노 실력에는 과분한 고급 피아노를 안전하게 옮기려고 끙끙대는 장면을 카메라가 바짝 비춘다. 원작에서 굳이 그렇게까지 살려내진 않아도 될 만한 장면을 캠피온은 선뜻 선택했다.
스스로 존재 의미를 구현하지 못하는 사람은 슬프다. 타인에게서 사랑받고 인정받아야 존재 의미가 존립하는 연약한 두 여자. 〈피아노〉의 여자는 피아노와 한 몸이었고 〈파워 오브 도그〉의 여자는 어울리지 않는 고가의 액세서리처럼 떠안겨진 피아노가 거북하다. 같은 지점을 반복하여 틀리는 자신과 달리, 필 버뱅크가 튕기는 정확한 밴조 음률과 휘파람은 로즈의 손가락을 더욱 얼어붙게 한다. 하지만 두 여자는 나약함에서 강인함으로 발전해 수모의 현실을 이겨 낸다. 거기엔 남자의 사랑과 그에 대한 여자의 믿음이 함께했다.

혐오와 차별

1900년으로부터 25년이 지난날의 이야기를 시작하는 필과 조지. 둘은 형제이지만 다른 성질을 지녔다. 필의 성향이 드러나는 단서들이 쌓이며 이 소설은 혐오와 차별을 이야기한다. 이상한 성적 성향, 땅을 잃고 보호 구역으로 밀려나 도적질을 일삼는 아메리칸 원주민, 상술에 능한 유대인, 이주 개척자 아일랜드인과 스페인 인부들. 새비지는 이런 표현으로 사람들의 편견을 꼬집는다. 우리와 달라서, 특별해 보여서, 마음에 들지 않아서라는 이유로 혐오의 시선을 아무렇지 않게 보내는 이들과 그런 시선에서 자신을 보호하고자 또 다른 자신을 세운 필 버뱅크. 그는 혐오를 되쏘아 자신에게 씐 굴레에 침을 뱉는다.

  산등성이에서 달려가는 개의 형상을 발견한 필. 자연의 형상에서 알아차리고 의미를 놓치지 않는 법을 오래전 브롱코 헨리로부터 배웠다. 죽음을 깔보는 걸로 범상한 사람들로부터 자신을 떼어 놓는 법도. 브롱코 헨리는 필의 정체성을 깨닫게 해 준 의미 있는 타인이었고 필이 유일하게 사랑과 존경을 품은 사람이었다. 그런 존재가 얼마나 중요한지는 말할 것도 없지만 필의 깨달음은 자신이 세상의 혐오 대상이 되어 버릴지 모른다는 두려움을 불러왔다. 명석한 필은 그 사실을 자각하고 위장과 과장으로 자신과 자신의 세계를 재조립한다.

  필은 자신을 저버린 세상을 일찌감치 버리고 은밀한 줄 알았던 숲에서 몸을 돌본다. 영화 속, 정화 의식과도 비슷한 호수 장면에서 처음으로 관객은 옷을 걸치지 않은 그의 몸을 본다. 방을 같이 쓰는 동생 조지에게도 보여 준 적 없는 그만의 성역이다. 거친 언행과 달리 털 한 올 없는 매끈한 몸은 바깥과 안의 이질성을 보여 주며 난감하게도 슬프다. 이 장면을 또 피터가 보고 달아난다. 세상의 혐오로부터 스스로 보호해야 했던 필은 동류를 알아본 피터에게 양가 감정을 가지고 로즈를 질시했던 것이다.

죽음보다 예리한 피터는 필 버뱅크 몸의 정체성을 걸림돌을 제거하는 궁극의 무기로 쓰기로 한다. 잠재워 둔 본성이 필의 마음을 흔들 때 죽음은 바짝 다가와 있었다. 가련한 인간! 죽음까지도 깔본 대가를 톡톡히 치르고 세상은 또 아무렇지 않게 평온하다. 개의 세력으로부터 자신을 구하려 한 사람이 도리어 개가 되고 말았다. 어느 쪽에 서느냐에 따라 보이는 건 다르고 보이지 않는 자에겐 어느 것도 애초에 있지 않다.

개의 세력에서 구하소서

피터는 완전히 새로운 유형의 인물이다. 사랑하는 엄마 로즈의 운명을 구하고 자신을 있는 그대로 살게 할 안전한 세계를 구축한다. 필의 장례가 치러지는 동안 달빛이 칼처럼 내리꽂히는 방에서 피터는 먼저 세상을 뜬 아버지, 지나친 예민함이 의사 생활에 어울리지 않았던 조니 고든의 성공회 기도서에서 한 구절을 빼낸다. 향기를 잃은 말린 장미꽃잎보다는 개의 세력에서 자신을 구할 이 구절이 자기 삶의 스크랩북을 장식하기에 더 어울린다고 여긴다.

긴장감을 놓지 않고 차근차근 쌓이다 달무리처럼 새파란 연기를 날리는 거침없는 문장과 영화에서는 생략한 참된 대사들에 홀렸다. '이 또한 지나가리'라는 솔로몬의 경구는 슬픔과 고난에만 적용되는 게 아니다. 노부인이 한 말처럼 방금 먹은 과일의 기막힌 맛도 곧 잊어버린다. 기쁨과 환희도, 이 또한 지나가리라. 그러니 아로새겨 기억해야 한다. 우리를 이루는 것은 선택과 실행에 있다. 어쩌면 그 뿌리는 개의 힘, 본성의 힘, 무의식의 힘일 것이다. 하지만 이것만으로는 되지 않는다. 무슨 일이 일어날지는 아무도 모른다. 개의 아가리에 먹히지 않을 하나뿐인 소중한 것을 생각해 본다.

8일 화요일

  수술한 다음 날, 4인실로 이사했다. 출입구 벽 쪽이라 휠체어로 오며 가며 덜 힘들 것 같았다. 밤에 잠이 오지 않았다. 반대편 침대에서 코 고는 소리와 텔레비전 소리도 나지막하나 크게 들렸다. 헬스장에 매일 가는 친구가 전화를 걸어 왔다. 숨이 멈출 지경을 훅 넘어설 때 쾌감을 느낀다며 게으른 나만 보면 운동 전도사로 나선다. 마음먹은 대로 몸을 만드는 게 좋다고, 몸은 거짓말을 안 한다고. 다리가 부러져 꼼짝 못 하는 사람에게는 아직 먼 이야기였다.

'사람답게'라는 말

▶ 〈아워 바디Our Body〉 한가람, 2019

　자정이 넘도록 맘대로 뒤척이지도 못하다 리모컨을 쥐고 이 영화를 찾았다. 새삼 몸이 얼마나 중요한지 절감해 제목에 이끌리기도 했지만 좋아하는 배우가 주연이다. 똑똑하고 올바른 배우로 기억한다.
　희망찬 청춘 영화를 기대하면 실망할지도 모른다. 파이팅을 외쳐 주지도 희망을 던져 주지도 않고, 뾰족한 해답이 보이는 것도 아니다. 우리 삶이 그렇듯 오리무중 안갯속을 달린다. 언뜻 자영의 긴 백일몽을 엿보았다는 느낌이 든다. 꿈으로 처리하면 모든 이야기가 간단해지지만, 쓴소리를 감수해야 한다. 하지만 달리 길이 보이지 않을 때 꿈을 꾸지 않는가. 터널을 빠져나오듯 꿈에서 빠져나오면 어렴풋이 길이 보이기도 하는 법이다. 영화를 보는 것도 비슷한 행위다.
　자영이 한밤중 달리기에서 뜻밖의 마음 끄는 길을 홀린 듯 따라가듯 이야기가 나아간다. 그만큼 난데없다 싶은 구석이 있는데 그게 또 신선하다. 삶은 정말이지 난데없으니까. 밤길에서 자영은 또 다른 자신의 욕망을 대변하는 젊은 여자를 만난다. 자신의 기를 빨아먹으라며 뒤따라오라는 날씬하고 활력 있어 보이는 또래 여자다. 자영은 자신의 무의식 혹은 꿈과 동반하여 달리기 시작한다. 나중에는 그녀에게 "나를 따라 뛰어와."라며 앞서가는 자영은 꽤 희망차고 건강해 보인다. 어느 날 갑자기 그 친구가 세상에서 사라지기 전까지는.

초반 장면에 열쇠가 있다. 육체적 합일에서 쾌락을 느낄 의지가 없는 자영을 비춘다. 헝클어진 머리에 늘어진 옷, 추레한 낯빛이 생의 기쁨 따윈 관심 없어 보인다. 공무원 시험에 거듭 마신 고배로 의욕을 잃고 더 이상 반짝이지 않는 자영에게 남자는 머리를 쾅 때리는 한마디를 던지고 나가 버린다. 그만, 사람답게 살아!

멍한 표정의 자영이 안쓰럽다고 여길 틈도 없이 '사람답게'라는 말에 붙들렸다. 쾌락이라면 기쁨, 환희, 만족, 보람, 안락, 모험, 행복, 즐거움과 자부심 같은 생의 온갖 좋은 감정과 상태를 포함한다. 쾌락은 객관적 법칙에 따르지 않고 감각에도 충실하다. 그리고 지속되어야 한다. 육체에 국한한다면 마지막 장면을 오해하기 쉽다. 여성 서사는 아직도 부족하다. 복잡한 구조로 얽히고 촘촘한 올가미로 조인 서사를 풀어놓는 장이 더욱 필요하다.

영화는 여성들의 몸을 이야기한다. 그래서 '아워' 바디이다. 우리의 사적인 이야기는 모두 사적이지만은 않은 이야기들이다. 우리의 신체는 감정으로 연결된다. 영화의 말을 들어 보자면 쾌락은 관계에서 온다. 서로 내뿜는 기운을 주고받으며 하나의 소우주를 형성하는, 관계라는 건 보다 넓은 의미에 있다.

가족과 사회를 벗어난 바디body는 존재하지 않는다. 자영의 바디는 혼자되어 밥벌이로 고단한 엄마와 교복 안에 호기심 가득한 몸을 가둔 여동생과 얽혀 있고 같은 시절 학교 다닌 친구와 사회에서 만난 평범한 또래 동료들에게로 이어진다. 남성 욕구에 대상화되고 사회적 상승과 이익을 위한 도구로 오해받기도 한다. 자영이 상사와 부적절하다 할 행동을 한 걸 두고 친구가 던진 비난의 한마디는 자영의 자발적 행동이 이득을 취하려는 목적이 있는 걸로 오해되었다는 사실을 보여 준다. 자영은 스스로 도발해 봄으로써 그런 폭력적 시선에 일침을 놓고 냉소적인 눈길로 되쏜다.

  자영은 운동과 노동, 섹스 같은 이런저런 몸의 실험을 통해 서서히 자기 욕망을 알고 스스로 쾌락에 도달하는 시간을 갖는다. 행복이라고 해도 다르지 않다. 자신을 알아 가는 과정에서 평안을 얻은 그 시간이 백일몽이라 해도 우리는 하나일 리 없는 쾌락을 다양한 색채로 욕망한다는 걸 알게 된다. 쾌락의 정확한 위치를 몸으로 확인하고 낮잠에 다시 드는 자영은 적어도 이전의 자영은 아닐 것이다. 행복으로 가는 길은 여러 개이고 사회가 규정해 주지도 않는다는 사실을 이제 어렴풋이나마 알았으니.

  청년들의 취업난과 미래에 대한 불안 구역을 엿보았다. 영화는 이십 대를 공무원 시험에 매달려 다른 시간은 모두 희생시키는 자영과 그저 그런 삶을 고만고만 살아내는 평범한 주변인들을 통해 그 구역을 조명한다. 딱딱한 침상에 옆으로 누워 이 영화를 보며 새로운 길로 들어서서 좋아하는 일을 하며 평화를 되찾은 큰딸을 생각했다. 청춘의 두려움은 중장년의 두려움과는 다르겠으나 어느 시기이든 무엇을 하며 살 때 가장 쾌락한 삶을 영위할 수 있을까를 스스로 진단해야 한다. 현재를 누리며 사람답게, 보람되게 살고 싶다고 한 번 더 생각하게 되었다.

13일 일요일

　나흘 전 첫 드레싱을 했다. 붕대를 풀자 발가락과 발등에서부터 퉁퉁 부은 종아리 양쪽으로 매달린 피 주머니, 끔찍하게 기워 놓은 자리 옆으로 올라온 수포들, 발등부터 허벅지 끝까지 넓게 올라와 있는 피멍에 눈을 질끈 감았다. 뼈만 부러지는 게 아니라 주변의 신경과 근막도 손상된다는 걸 처음 알았다. 개별적일 수 없는 몸의 이곳저곳이 아우성을 내질렀다. 시간이 지나며 차츰 사라질 걸 알고 지독히 제 존재를 알리는 것들. 사춘기 시절 큰딸의 몸에 일어났던 홍반, 붉디붉은 그 반란군이 떠올라 감았던 눈을 뜨고 사진을 얼른 찍어 놓았다.

　그저께 두 번째 드레싱을 하는 날, 피 주머니 두 개를 뗐다. 이날부터 몸에서 하나씩 무언가를 뗄 때마다 몸이 얼마나 가벼워지는지 체감했다.

　아침부터 봄비가 내린다는 창가 쪽 인생 대선배의 말이 들렸다. 오전 열 시, 스웨터를 어깨에 두르고 아베 코보의 책 두 권을 휠체어에 태워 옥상 정원으로 비 마중 나갔다. 오른쪽 다리는 뻗고 수액 줄이 감기지 않게 휠체어에 앉아 엘리베이터를 타고 내리기도 후진도 방향 전환도 수월해졌다. 유리문 안에 앉아 촉촉이 젖은 나무 데크를 바라보다 먼 하늘을 쳐다보는데 전화가 왔다. 글벗의 카랑카랑한 목소리가 들리자 봇물이 터진 듯 일주일 전 그날 이후 내 몸의 긴 이송 과정을 처음으로 입 밖에 냈다. 그리고 『모래의 여자』를 펼쳤다.

자기 부정의 에너지

▶ 『모래의 여자』 아베 코보(민음사)

『모래의 여자』는 아베 코보의 실종 3부작 중 첫 작품으로 2년 후 『타인의 얼굴』(1964)과 『불타버린 지도』(1967)로 이어진다. 오에 겐자부로는 아베 코보를 두고 더 오래 살았더라면 노벨문학상을 수상했을 거라고 말했다. 1973년 극단을 만들어 배우를 양성하고 자신의 희곡을 올려 성공을 거두기도 한 코보는 의대를 졸업했지만 문학으로 접어들어 전방위로 재능을 발휘했다. 전쟁으로 아버지를 잃은 후였다. 발명가, 사진작가, 일본 작가 최초로 워드프로세서로 소설을 집필한 데다 과학 지식까지 겸비한 양반이다.

영화 〈모래의 여자〉(데시가하라 히로시, 1964)는 탐미적인 우화였다. 책을 읽고 나니 영화가 원작을 아주 잘 살렸다는 생각이 들었다. 만주에서 살았던 경험이 있는 아베 코보의 특수한 장소성을 풍부한 상상력으로 살려내 인간에 대한 믿음과 해학을 잊지 않았다. 표지 그림 속, 실루엣을 살린 여자의 몸이 내용을 반영한다. 모래'의' 여자는 모래 속의 여자, 모래라는 여자, 모래를 모시는 여자, 모래를 위한 여자, 모래 같은 여자, 모래의 일부인 여자, 모래에 의한 여자 정도로 부를 수 있겠다. 여자로 형상화한, 치워도 치워도 쌓이는 모래는 시간의 은유가 아닌가.

허구와 진실의 경계를 허물며 인간 실존을 모색하는 이 작품에서 주인공의 선택은 시시포스의 그것과 비슷한 면이 있다. 그리스신화의 시시포스는 꾀가 많고 교활했다. 우리가 알고 있는 그 대표적인 일화 외에도 자신의 소를 훔친 아우톨리코스에게 명백한 증거를 제시해 자존심을 박탈한 사건으로도 유명하다.

신을 속인 대가로 제우스에게 벌을 받은 시시포스는 좌절하지 않고 그 반복의 무의미함을 즐긴다. 신에 저항하는 방식이다. 시시포스는 언덕 위로 바위를 굴려 올려도 다시 떨어질 것을 알면서 노동을 멈출 수 없다. 막연한 희망에서라기보다 경험으로 인식된 달콤한 행복감의 정체를 알았기 때문이다. 순전하고 익숙한 기쁨, 저 아래에선 느낄 수 없었던 남모르는 희열. 어차피 멈출 수 없다면 운명의 바위를 좀 더 적극적으로 굴려 보자고 마음먹는다.

우리는 호시탐탐 다른 삶을 꿈꾼다. 모래의 여자와 희희낙락한 한때가 지나가자 남자는 점점 바깥의 다른 삶으로 돌아가고 싶어진다. 기나긴 사구 너머 바다가 있을 거라고 짐작하고 여러 차례 탈출을 시도하던 남자는 어느 날 갑자기 밀려오는 흥분을 억누를 수 없다.

아침저녁으로 사구가 뿜어내는 방대한 안개, 집 안에 벽과 기둥의 재목을 썩히는 비정상적 수준의 습도가 수수께끼였던 그는 유일한 가능성을 추론해 낸다. 모래의 모관 현상을 발견한 것이다. 모래의 표면은 비열이 작아 항상 말라 있지만 조금만 파 내려가면 아래로 내려갈수록 젖어 있다. 표면의 증발 현상이 지하의 수분을 빨아올리는 펌프 작용을 하고 있음이 틀림없다고 생각한 그는 어디선가 물이 끊임없이 보급되고 있다는 결론에 다다른다.

갑갑한 일상의 굴레에서 벗어나 사구에 사는 생명을 채집하는 일을 즐거움 삼았던 남자는 이제 또 다른 일상 공간이 되어 버린 모래마을을 달아나려고만 했다. 남자는 그것이 자신의 욕망이 선택한 두 번째 삶이라는 걸 그제야 알아챈다. 그리고 어딘가 숨겨져 있는 샘물을 알아채고는 흐뭇한 미소를 띤다. 사구 너머 바다가 아니어도 언제든 마음만 먹으면 샘물을 마실 수 있는 것이다. 영리한 시시포스는 아소포스의 딸을 납치해 가는 제우스의 만행을 아소포스에게 알려줘 제우스에게 벌을 받았지만 그 대가로 강의 신 아소포스로부터 도시를 위해 샘물을 내어 주겠다는 약속을 받아 냈다.

우주宇宙라는 말은 글자 그대로 집, 지붕과 대들보로 세운 집이다. 우리의 몸도 소우주라는 하나의 집이라 할 수 있다. 시간이라는 모래로 지은 집이다. 모래가 쌓이고 쌓여 집을 덮칠 때 우리가 할 수 있는 일은 모래를 퍼내어 던지는 것이다. 즐거운 마음으로 가벼이, 콧노래를 부르며, 그냥 노동하는 것이다. 꼬박꼬박 해야 하는 크고 작은 의무들에 쉽게 지치는 나를 돌아본다. 우리에게 주어진 운명의 틀은 압박일 수 있지만 그 안에 들어가 있을 때 안정감이 온다. 헤어 나올 수 없을 것 같은 모래 분지에 갇혀 살아도 샘물이 있는 곳을 알고 있다면 탈주는 조금 미뤄 두어도 될 것이다.

막상 일을 시작해 보니, 생각했던 것만큼의 저항감이 느껴지지 않는 남자는 언젠가 '뫼비우스의 띠'라는 이름을 가진 친구가 같이 가자고 해서 들은 강연의 내용을 떠올린다. 노동 자체에 가치가 있다기보다 노동으로 노동을 극복하는, 그 자기 부정의 에너지가 노동의 진정한 가치라는 내용이었다.

안으로 들어가면 바깥의 이면에 닿는 뫼비우스의 띠. 바깥의 속말을 만나려면 내 안의 깊숙한 곳으로 들어가야 한다. 몸이 속말을 하기 시작한 대여섯 해 전이 생각났다. 입병이 자주 나고 귀에서 매미가 울고 안개 속인 듯 눈도 뿌옇던 그해 가을에 완경을 맞이했다. 어느 날 갑자기 예고도 없이 뚝, 몸이 꼬박꼬박 해 오던 일을 멈췄다. 홀가분하기도 했지만, 대수롭지 않게 넘겼던 증상들을 떠올리며 몸의 계절이 완전히 바뀌고 있다는 걸 알았다.

몸을 다치고 또 한 번 겪어 내야 하는 아픈 감각과 증상들, 마음이 아니라서 개운했다. 도시의 하늘이 높이 내다뵈는 옥상 정원의 유리문을 열고 비 냄새를 마셨다. 비릿하고 차가웠고 말할 수 없이 상쾌했다.

연이어 읽은 실종 3부작의 마지막 『불타버린 지도』(문학동네)는 실종자를 찾는 탐정이 실종자로 전도되는 과정을 긴박하게 그린다. 탐정은 체호프 단편소설 〈내기〉 속 은행가와 비슷한 면이 있다. 자발적 종신형에 든 수감자를 감시하는 일에 매달려 온 그는 인생의 많은 기쁨을 포기한 자신이 도리어 수감자였다는 사실을 뒤늦게 깨닫는다.

『불타버린 지도』는 우리에게 주어진 낡은 지도를 불태우고 지도에 없는 미지의 길로 내디딜 수 있을 때 존재증명이 가능하다고 일깨운다. 동시에 소멸을 반복하며 재생과 존재의 자각을 이루어 내는 인간 실존에 대해 말한다. 인간의 한계를 명확히 인식하고 그로부터 벗어날 수 있는 길, 즉 과거로 이어지는 통로보다 미래의 길을 모색하는 사람이 진정 위대한 인간이라고 말하는 것 같다. 그 길 끝에는 과거가 닿겠지만 그렇게 닿은 과거는 미래를 향해 또 열릴 것이다.

미래의 출구는 과거의 입구로 닿는다. 돌아가는 것이다. 모색한다고 다 찾아지는 건 아니다. 단지 그것이 의무이고 운명의 지도를 받은 자의 권리일 것이다. 그러기 위해 글을 읽고 글을 쓰고 예술이라는 이름으로 고민하며 궁극의 유희를 찾는 게 아닐까. 마지막 단락에서, 차에 깔려 납작해진 고양이에게 이름을 지어 주려는 것도, 그래서 "오랜만에 분에 넘치는 환한 미소"가 번지는 것도 존재의 재미를 찾는 작은 작업, 시시포스의 일처럼 유희의 다른 이름일 것이다.

17일 일요일

 한 달을 병원 노마드로 살았다. 재활의학과 병원에서 거짓말처럼 집으로 돌아온 날은 만우절이었다. 의사가 오늘부터 앞쪽을 살짝 디뎌 보라고 했는데 시도해 보니 어림없었다. 수술 후 첫 드레싱 할 때 본 흉한 몰골에 비하면 사람 됐다. 나아질 일만 남았다는 게 무엇을 의미할까 생각했다.
 책과 영화가 없었다면 그 천산지산을 어떻게 지냈을지 모르겠다. 개방된 공간에서 24시간 공개된 채 살아야 하는 건 생각보다 심란했다. 화장실 문이 바로 앞에서 수시로 열리고 붕대 감은 다리도 올리고 있어야 하고 코로나 확진자가 급증하던 때라 공지문도 붙어 있는데 커튼을 치는 나는 별나게 비쳤다. 우리는 생각이 달랐지만 서로 팔과 다리가 되어 도왔다. 종종 커튼을 쳐서 나만의 작은 방을 만들면 참으로 아늑했다. 낮에는 옥상 정원으로 저녁이면 복도 끝으로 휠체어를 타고 갔다. 인생 선배들은 저녁 식사를 끝내면 일찍 불을 껐고 영화는 이때부터 보기 좋았다. 이어폰을 꽂고 영화를 보며 통증도 불편함도 잊을 수 있었다.

재활의학과 병원 옥상 정원에는 작은 꽃밭이 있었다. 많지는 않지만 줄지어 선 튤립과 히아신스 모종 중 몇 송이가 봉오리를 빼꼼 올리고 있었다. 매일 오전 오후 올라가 눈을 맞추었다. 마주 보이는 황령산 꼭대기 송전탑 위, 내려다보이는 수영구 동네 위로 시시각각 변주하는 구름과 붉게 타는 저녁놀을 바라보았다. 퇴원하는 날 아침, 작별 인사를 하려고 올라갔다. 연노랑 연분홍이 섞인 튤립과 보랏빛 히아신스가 그새 활짝 피었다. 내년쯤이면 제법 소담스러운 꽃밭이 되겠구나. 세상은 온통 봄빛이었다.

그동안 견딜 만했다. 봄 날씨처럼 오락가락하는 마음을 다독이면서도 대체로 낙담하지 않았고 새로운 환경, 단순하고 규칙적인 하루하루가 나쁘지 않았다. 몸이 살려고 그러는지 세끼를 싹싹 비웠고 한 번도 우울하지 않았다. 그런데 집에 온 후로 심장이 조이고 불쑥불쑥 눈물이 솟구친다. 살 만해져서일까.

나보다 더 이른 나이에 비슷한 상해사고로 같은 쪽 다리 수술을 했던 엄마. 30여 년 전 한여름에 나는 친정 가까운 동네로 이사 왔다. 그날 서예 수업을 마치고 집 정리를 도와주려고 부랴부랴 돌아오던 중 내리막길에서였다. 철없던 그때 엄마를 도와드리지 못했던 게 이제야 생각났다. 나는 좋은 도구들의 도움을 받아 움직이고 샤워도 하지만 당시 엄마는 깁스한 다리로 앉은뱅이처럼 몸을 밀어 주방이며 욕실을 다녔다.

퇴원 후 아빠가 엄마와 함께 두 번 나를 보러 오셨다. 병원에 있는 동안 나는 위급한 일이 일어날까 조마조마했다. 내 다리로 찾아갈 수 있을 때까지 아빠가 계시길 빌었다. 다행히 지팡이에 의지해 다시 걷게 된 아빠가 거실로 들어서며 휠체어에 앉은 나를 쳐다보시던 눈빛을 잊을 수 없다. 그 휠체어는 아빠가 쓰던 걸 빌려 온 것이었다.

슬픔을 헤아리다

▶ 『동물은 어떻게 슬퍼하는가 How Animals Grieve』 바버라 J. 킹 (서해문집)

글로리아와 오스카

 무진동 트럭 행렬이 모래 먼지를 날린다. 처음 보는 광경이라 채널을 고정했다. 콜로라도주까지 18시간이 걸리는 대장정에 반달가슴곰 스물두 마리를 태운 트럭들이 종착지를 향해 달리고 있다. 동해시에서 인천공항으로, 공항 검역을 통과한 후 비행기를 타고 미국공항에 내려 쉬지 않고 또다시 육로를 달려서 가는 곳은 동물 보호 구역 '더 와일드 애니멀 생츄어리The Wild Animal Sanctuary'이다.

 개인이 일구어 낸 300에이커의 이 땅은 서커스단과 동물원, 사육장에서 착취와 학대를 당한 동물에게 새로운 삶을 살게 하는 안전지대다. 이곳에서 미국으로의 반입과 항공 운송을 지원하고 동물자유연대가 환경부 및 검역 본부와 치밀한 협의를 이루어 강력하게 진행된, 2022년 3월 15일, 국내 첫 사례다. 우리나라 사육 곰은 430여 마리가 넘는다. 그중 스물두 마리면 5퍼센트에 불과하다.

 카메라가 동해의 불법 사육 곰 현장을 비춘다. 뜬장이라는 오염된 환경에 갇혀 제대로 공급받지 못한 물과 먹이로 연명하며 고통받고 있었다.

 동물자유연대는 동해 사육 곰 농가의 소유권을 이전했다. 꿀과 견과류, 달콤한 과일을 들고 정기적으로 찾아가 영양가 있는 급식을 하며 지속적으로 돌보았다. 드디어 뜬장을 나오는 날, 만반의 준비를 한 의료단이 출동했다. 뜬장을 절단하고 덩치 큰 스물두 마리 곰을 커다란 케이지로 옮기기까지 여러 대원과 수의사들이 한 마리 한 마리에 정성을 다하고 신속하면서도 안전하게 꼬박 하루 걸려 수행했다. 마칠 즈음엔 빗방울이 떨어지기 시작했다.

입양이 결정되고 구출하기 전, 모두 미국 이름을 지어 주었다. 오스카와 글로리아, 글로리아와 오스카. 유난히 두 마리 곰에게 마음이 갔다. 오스카는 왼쪽 앞다리와 오른쪽 뒷다리가 없어 뜬장 안에서 균형 잡기가 더 힘들어 보였다. 두 다리로 설 수 없는 지금의 나와 비슷해 안쓰러웠다.

글로리아는 시각 장애 곰이다. 암컷 글로리아는 다른 곰에 비해 덩치도 조금 작고 귀엽다. 태어나면서부터 안구가 없어 눈이 꾹 감겨 있는 글로리아에게 세상은 암흑천지다. 비가 오면 철장을 붙들고 서서 밖으로 코를 내밀고 비 냄새를 더 가까이 맡으려 하는 글로리아. 맛있는 과일을 주어도 빨리 먹지 못하고 냄새로 더듬거려 찾고 물을 찾을 때도 마찬가지다. 다른 건강 상태는 나쁘지 않아 좋은 환경으로 갈 수 있게 되었다.

생츄어리에 도착한 반달가슴곰들은 일주일에서 길면 두어 달까지 적응 기간을 가진다. 땅을 분양해 주듯 구획을 정해 주고 달라진 환경에 친숙해질 수 있도록 동물관리사들이 보살핀다. 편평한 땅에 발바닥을 딛고 폭신한 풀이 깔린 보금자리가 신기한지 들어갔다 나왔다 하며 풀 위를 뒹굴고 냄새 맡고 물을 찾아 먹고… 진작 당연히 했어야 할 동작들을 보는데 콧등이 시큰해졌다. 멀고 먼 길을 오느라 지쳤을 법도 한데 두리번거리는 것도 잠시, 이내 동물다운 천진함을 보였다.

글로리아도 달라진 바람의 냄새, 달라진 사람 목소리와 손길을 느끼고 오래지 않아 마음을 놓는 눈치다. 눈앞이 캄캄하다는 말은 최고의 공포감과 좌절감을 비유하는 말이다. 한 발도 내디딜 수 없는 고립감의 꼭대기에 선 기분. 그렇게 아홉 해를 살아왔을 글로리아가 이제 안심하고 한 발을 그냥 내디뎌도 괜찮을 삶을 살 수 있을 것 같다. 자연이 목숨을 거두어 갈 때까지 종을 떠나 누구든 그래야 마땅하지 않은가.

슬픔, 사랑에서 오는 숭고한 감정

『동물은 어떻게 슬퍼하는가』는 감상에 매몰되지도 주장을 전적으로 강요하지도 않는다. 바버라 J. 킹이 기술한 내용은 놀랍기 그지없다. 중국, 한국, 베트남 등 아시아 곳곳에 감금된 곰의 담즙이 의학적 효능이 있다고 여겨지며 살아 있는 곰에서 추출한 담즙이 희소가치성을 띠고 널리 알려졌다. 담즙을 얻기 위해 자행하는 처참한 일들이 이어졌다. 우리가 사는 땅 어딘가에서 인간의 용도에 따라 동물이 학대와 희생의 도구로만 쓰이는데도 우리는 인간의 품격에 대해 말한다.

곰뿐만 아니라 코끼리, 고양이, 돌고래, 토끼, 새, 개 이외 여러 종의 동물을 사려 깊게 관찰하고 실례를 통한 자료를 근거로 하나의 이야기를 끄집어낸다. 동물들도 슬픔을 느끼고 그 슬픔을 표현하며 슬픔의 이면에는 종을 넘어 사랑이 존재한다는 사실이다. 슬픔의 안으로 들어가면 기쁨의 이면과 맞닿는 순간이 온다. 그렇듯이 함께하는 기쁨의 이면이 고독한 슬픔이라고 바버라 킹은 말한다. 생명체에 대한 깊이 있는 통찰이 마음에 들어왔다.

이런 통찰은 우리의 의식을 깨우는 측면이 있다. 고인의 영정 앞에 모여 며칠간 명복을 비는 장례식장 풍경에 버금가는 애도의식을 동물도 치른다. 슬픔을 애도하는 방식이 인간처럼 세심하고 정교하지는 않지만 동물도 기쁨과 슬픔, 고통과 만족을 느끼고 표현한다는 충분한 증거들이 널려 있다. 저자는 다른 동물들한테서도 우리와 비슷한 애도의 방식을 찾을 수 있다는 게 다가오는 슬픔을 예감할 수 있는 우리에게 위로가 될 것이라고 말한다.

후반부에서 저자는 슬픔을 애도하는 다른 동물과 달리 인간만이 할 수 있는 일 즉, '슬픔을 쓴다는 것'에 대하여 이야기하며 좀 더 성숙한 애도의 자세와 방법을 제시한다. '실제로 존재하는 것들'에 대해 쓰려고 한 니콜 크라우스는 글로써 서술되지 않은 세계에 산다는 것은 너무나 외로운 일이라 했다. 기쁨이 그렇듯 슬픔이 제대로 존재하려면 글로 남아야 한다. 문자화한 언어로 슬픔을 헤아려 본다는 것은 종을 넘어 동물은 모두 사랑하는 가족과 친구의 상실에서 오는 슬픔을 표현하는 자기들만의 방식이 있다는 사실을 이해하게 만든다. 자기 삶을 성찰하는 능력은 인간만이 지닐 수 있기에 슬픔을 표현하는 좀 더 정화된 방식이다.

어찌 보면 동물은 식물보다 나약하다. 식물은 강인한 생명력으로 스스로 에너지를 만들고 자정하는 능력이 있지만 동물은 좀 다르다. 공동체를 이루어 서로 기대어야 하고 밖으로부터 에너지를 공급받아야 하며 감정을 나누지 못하면 마음이 먼저 죽는다. 슬픔은 동물의 감정 중 가장 숭고하다고 생각한다. 사랑이 있어야 나오는 감정이지 않은가. 진정 사랑하면 슬픔이 빚어내는 고독감을 끌어안아야 한다.

　드넓은 자연에서 행복한 삶을 누리고 있을 글로리아와 오스카를 상상한다. 기분 좋은 일이다. 구례에 반달가슴곰 50마리가 뛰어노는 환경이 이미 마련되었고 사천에도 계획 중이라는 희소식이 들렸다. 동물이 행복할 수 있는 환경이 인간도 행복할 수 있는 환경이라는 사실을 잊지 않아야 한다. 장애인과 동물, 약자를 대하는 태도는 진정한 선진국의 지표이다. 한 사람을 구하는 일이 인류를 구하는 일의 시작이듯 동물 한 마리를 구하는 일로 더 많은 동물의 생존 환경이 나아질 수 있게 되기를 바란다.

아무것도 하지 않아 일어난 일

▶ 『체실 비치에서On Chesil Beach』 이언 매큐언(문학동네)

정형외과 병원의 개인 스크린으로 동명의 영화를 뒤늦게 보았고 집에 와 책을 읽었다. 체실 비치는 잉글랜드 남부 해안에 있는 연안 사주로 해변이 온통 조약돌로 이루어졌고 해안의 위치에 따라 조약돌의 크기가 달라진다. 어부들이 한밤중에 이 해안에 도착하더라도 조약돌의 크기로 위치를 알 수 있었을 정도라고 한다.

영화 〈체실 비치에서〉(도미닉 쿡, 2018)의 남자 주인공을 맡은 배우는 영화 〈예감은 틀리지 않는다〉의 어린 토니로 나온 배우와 동일 인물(빌리 하울)이다. 역사학을 전공하고 역사책 한 권 정도 쓰고 싶고 별자리와 꽃과 나무를 이야기하며 척 베리를 좋아하는 에드워드와 모차르트를 좋아하는 맑고 강인하고 다정하며 진보적 견해를 가진 바이올린 전공자 플로렌스.

두 사람이 사랑의 감정을 조심스레 나누며 서로를 알아 가는 과거 장면들이 우리의 이십 대 시절처럼 싱그럽고 풋풋하다. 이 장면은 예감된 훗날의 장면과 대조되어 아련한 감정을 고조한다. 해맑아 보이는 두 사람의 이면에 도사린 상처와 두려움, 미성숙함이 부른 내면의 머뭇거림이 서로를 어긋나게 만들 거라고는.

체실 비치는 새로운 출발선 앞에 선 두 남녀의 결핍과 두려움, 결정적인 감정과 불통, 정직하지 못한 결단과 운명의 갈림길을 재현한다. 인적 없는 체실 비치에서 두 사람이 앉고 선 구도와 그것을 비추는 카메라의 각도도 두 사람의 표정만큼 불안하다.

어떤 면에서 소설 『체실 비치에서』는 줄리언 반스의 『예감은 틀리지 않는다』와 비슷한 이야기를 다르게 한다. 어리석은 귀와 현명하지 못한 감각이 낳은 오해 그리고 예감은 틀릴 것이라는 예감만이 틀리지 않았 듯. 더구나 개인의 사건은 역사라는 씨실 날실과 얽혀 직조되며 개인의 머릿속에서 각색되어 기억되지 않는가. 인생 미로의 엉킨 실타래를 어디서부터 풀어야 할지, 가위로 중간을 잘라 버릴 수도 없고 풀어서 다시 감기는 더욱 어렵다.

소설의 두 남녀가 체실 비치로 신혼여행을 간 때는 변혁의 입김이 태동하는 1962년이다. 1940년에 태어난 에드워드는 전쟁 후의 불안하고 보수적인 시대에 성장의 뿌리를 내린 세대를 대변한다. 독일어를 모국어로 쓰게 될지도 모른다는 아버지의 말이 그냥 화법이었다는 걸 열 살이 되어서야 알게 된다. 뇌가 정상이지 않은 엄마를 두고 온 가족이 숨 막히듯 위선과 허위의 만족감 안에서 살아온 에드워드. 역사성을 저버리고 지적 탐구에만 열중한 냉랭한 엄마, 특히 신체적으로 극히 소원했던 엄마와 기이한 억압감을 주는 아빠와의 비정상적 관계를 뒤늦게 깨닫는 플로렌스. 극도로 민감한 몸과 불안한 내면을 풀어헤치는 데 있어서 어찌할 바 모르는 두 사람의 서툰 과정이 적나라하다.

이언 매큐언은 그들을 방해하는 두려움과 소심함 뒤에 '막장에 다다른' 종교적 금기와 영국인 특유의 민족성을 꼬집고, 나아가 역사 자체가 그들을 가로막고 있었다고 본다. 영화에서 플로렌스의 잘 벗겨지지 않는 단정한 원피스를 통해 짓눌린 사회적 목소리와 관습의 틀, 솔직하게 드러내지 못하는 욕망과 억눌린 감정의 긴장감이 날카로운 통각을 불러 주었다.

플로렌스와 헤어진 후 1960년대 말 무렵, 에드워드는 런던에 살고 있었고 세상은 달라졌다. 여자들의 몸은 성적 욕망의 죄의식에서 비약적으로 해방되었고 자발적 의식이 급격히 자라났다. 누구도 예측할 수 없었다. 에드워드는 이 시절을 '형벌에서 풀려나 어리둥절한 채' 누렸고 현재에 안주하며 역사에서 멀어져 갔다고 스스로 생각한다.

영화에서는 이런 역사적 배경은 뚜렷이 드러내지 않고 사적인 이야기에 초점을 둔다. 인적 없는 바닷가, 황량해 보이는 비치에서 두 사람이 울먹이며 다투는 장면이 조악한 시절의 어리석음 같아 안타까웠다. 어긋나려고 할 때가 가까워지기 좋은 때이다. 하지만 자기 상처만 내세울수록 사랑은 멀어진다. 내 사랑이 부족했더라는 걸, 내 사랑이 미성숙했더라는 걸 오랜 세월이 지나서야 깨닫게 되는 두 사람은 무엇을 놓쳤던 것일까.

나쁜 게 없는 좋은 것이란 있기 어렵듯 좋은 감정만 나누어서는 사랑이 성장하지 않는다. 좋을 땐 모르는 것들이 있다. 어긋나기 시작할 때, 그때가 사랑을 재조립하기에 적기다. 나사를 조여 봐도 안 되면 다 풀고 처음으로 돌아가 볼 것. 그 과정에서 내가 알고 있는 게 다가 아니라는 걸 잊지 말고 완전히 새로 다가가 볼 것, 상대를 먼저 생각할 것. 관계가 어려울 때면 사랑을 먼저 생각하라는 괴테의 충고를 다시 떠올린다. 체실 비치의 장소성은 그런 의미에 있을 것이다.

크고 작은 조약돌들이 길게 이어져 있다가 길가로 나오기 시작하면 언제 있었냐는 듯 사라지는 체실 비치. 여기까지가 바로 체실 비치예요! 확실히 알 수 있는 지점이란 거다. 내가 서 있는 발아래가 어딘지 항상 알아차려야 한다. 체실 비치에서 그들은 무엇을 할 수도 있었고 무엇을 하지 않을 수도 있었다. 그날 무너진 채로 달아나던 플로렌스의 뒷모습을 기억하며 세월이 지나 육십 대가 된 에드워드는 지난날의 과오를 생각한다. 그때 체실 비치에서 아무것도 하지 않음으로써 놓쳐 버린 것들, 인생 전체를 바꿀 수도 있었던 것을.

25일 월오일

　오전 열 시경 햇살이 활짝 열어 놓은 동남향 창으로 방 안 깊숙이 들어왔다. 정말이지 처음으로 느껴 보는 종류의 행복감이 폐부에 스며들었다. 참으로 단순한 감정이었고 단정한 감각이었다. 행복은 심장이 물리적으로 편안한 상태를 동반한다 걸 느꼈다. 마냥 편안한 책과 고운 꽃밭이 보고 싶어졌다.
　우연히 잡힌 채널에서 '아내의 정원'을 만났다. 오산의 호숫가에 800여 평의 자연 정원을 40여 년간 가꿔 온 여인과 그 남편의 이야기다. 86세의 남편과 사는 83세의 아리따운 여인은 시인이자 퀼트 예술가다. 두 사람 모두 멋스러움이 배어나는데, 그 멋이란 게 타고난 예술적 감각에도 있겠지만 상대를 배려하는 진중한 마음씨, 고마워하고 추켜세워 주는 진심에서 우러나오는 것이었다. 아내의 커다란 퀼트 작품에는 정원일과 정원의 아름다운 식물들이 한 땀 한 땀 바느질되어 있었다. 정원을 가꾸며 모자를 쓰지 않는다는데, 햇볕이 자신의 약한 몸을 치료해 주었다고, 기미 정도는 햇살의 은사에 비하면 아무것도 아니라는 태도였다. 계절마다 꽃들이 고개를 내밀고 인사하는 시기면 돌보아 줄 꽃들이 많아 손이 바빠진다며 미소 지었다. 생명을 돌보는 시인의 마음, 예술가의 마음이 느껴졌다.
　아내의 남편은 이 모든 걸 영원히 담아 두기 위해 사진 수업을 듣고 아름다움을 채집했다. 주말이면 와서 음식을 해 주는 중년 딸과 호숫가 그늘 식탁에 둘러앉아 만찬을 즐기는 노부부. 김장철이면 와서 이북식 김치를 담그는 청년 손자. 가족이 모두 온유하다. 정원을 가꾸고 싶다는 소망이 불현듯 일어났다.

정원을 가꾸는 마음

▶ 『그리움이 나를 밀고 간다』 헤르만 헤세(문예춘추사)

하지만 나같이 게으른 인간은 헤르만 헤세의 정원 일에 대한 문장을 떠올려야 한다. 헤세는 게을렀던 우리의 정원과는 비교도 되지 않게 꽃과 열매가 만발하고 잡초 따위는 찾아볼 수 없는 정원의 주인은 따로 있다고 한다. 정원을 가진 사람들은 봄날 명상에만 잠겨 있을 수 없다고, 그들은 겨울에 이미 해 두었어야 할 많은 일을 미뤄 놓고 게으름을 부렸다는 걸 문득 깨닫는다고 직설을 날린다. 우리처럼 꿈을 꾸거나 겨울잠을 자는 사람들은 불쑥 찾아온 것 같은 봄을 보고 깜짝 놀란다는 것이다. 부끄러워진 우리는 태만을 벌충하려고 부산스럽게 나서지만 제대로 한 일도 없이 또다시 하루를 흘려보내고 만다니, 뜨끔한 구절이다.

정원 일의 대가였던 헤세는 그래도 포기하기엔 이르다고, 우리도 좀 늦었지만 일을 준비하고 마무리한다고 용기를 준다. "어쨌든 자연은 너그럽다."로 이어지는 헤세의 문장이 마음에 봄 햇살을 비추었다. 너그러운 자연 덕분에 결국 모두의 정원 안에는 시금치와 상추로 가득한 텃밭이 가꾸어질 것이라는 말이 왜 이렇게 좋은지.

주변에 정원을 가꾸는 이도 있고 텃밭을 가꾸는 이도 있다. 텃밭이라고 하면 정원과는 좀 다른 말이지만 가꾸는 마음은 비슷한 게 아닐까. 그날 우도에서 부산까지 내 배낭과 목발을 들고 긴 시간 동행한, 성실히 자기 삶을 꾸리는 어른스러운 친구와 나대로 또 좋아하는 일을 하며 대책 없이 사는 나는 이 모든 걸 '텃밭 가꾸는 일'로 부르곤 한다. 친구가 전화를 걸어 왔다. "오늘도 텃밭 잘 가꾸고 있지?"

헤세는 수채화와 정원 일로 스스로 치유의 즐거움을 누렸다. 가끔 들 쳐 보는 『정원 일의 즐거움』(이레)에서는 정원은 무관심한 시선을 던지는 이방인 보듯 우리를 대하지 않고 무한히 많은 것들을 준다고, 정원과 눈길 나누는 기쁨에 대해 썼다.

〈인생 후르츠 Life is Fruity〉 후시하라 켄시, 2018

몸과 마음에 꽃을 밝혀 줄 정원이라면 이 영화를 빼놓을 수 없다. 90세 건축가 츠바타 슈이치와 그의 아내 87세 츠바타 히데코가 도심 마을에 그들만의 작은 집을 지었다. 효율성을 생각해 목조 원룸을 짓고 부부는 소소한 일상과 소박한 자연 정원의 아름다움을 유머 깃든 넓은 품성으로 꾸린다.

문은 늘 열려 있고 슈이치에게서 배우고자 하는 사람들이 무시로 집을 들락거린다. 이들의 작은 정원에는 방울토마토가 열리고 무당벌레도 날고 애벌레도 기어간다. 꽃만 어여쁜 게 아니라 예술가의 눈에는 온갖 생명이 다 애정을 갖고 응시할 동무들이다.

특유의 밝은 분위기가 이어지는 넉넉하고 조촐한 삶, 그 삶의 과정에 마지막으로 죽음이 등장한다. 자연의 순환에 따라 지극히 당연하다. 여느 때처럼 정원 일을 하고 들어와 자는 듯이 떠나 버린 남편을 히데코는 여전히 사랑한다. 소박하고 정갈한 품성으로 죽음도 축복하는 마음. 남은 자의 안쓰러울 법한 여생도 수럭수럭하게 그러안는 마음. 무엇보다 생을 명랑하게 꾸려 나가는 태도가 비 그친 후 물방울 맺힌 빨간 방울토마토 같다.

내레이션을 키키 키린이 맡아 열연하는데, 히데코의 무심한 듯 낙천적인 목소리로 잘 어울린다. 벚꽃이 흐드러진 포스터도 마음에 등불을 켠 듯 눈이 부시다.

〈모리의 정원 Mori, The Artist's Habitat〉 오키타 슈이치, 2020

키키 키린의 유작이 된 영화다. 포스터 속 정원 한 귀퉁이에 앉은 흰색 고양이가 빤히 쳐다본다. 나라에서 주겠다는 문화훈장도 귀찮아서 안 받겠다는 94세 화가, 모리카즈는 아내 히데코와 작은 정원이 있는 이 집에서 30년을 산다. 실제로 1880년에 태어나 1977년에 타계했으니 영화는 세상을 뜨기 3년 전의 상황이다. 이 수수한 집에도 매일같이 사람들이 드나든다. 여관 간판 글씨를 써 달라고도 오고 그림을 배우겠다고도 오고 전혀 모르는 사람도 불쑥 찾아온다.

모리는 정원 한가운데 땅을 파서 자연 굴을 만들었는데 자연적으로 물이 고여 연못이 되었다. 연못에서 노니는 물고기를 바라보는 건 작은 풀들에게 인사하고 개미가 발을 뗄 때 왼쪽 두 번째 발부터 뗀다는 걸 관찰하는 것처럼 모리의 일상이다.

모리에게 정원은 자신의 모든 것, 우주다. 모리는 바둑을 두다가도 시간이 되면 학교에 간다. 집에 있는 화실이다. 그곳에서 아이의 그림 같은 작품을 그려 낸다. 딸이 그린 태풍 그림을 보여 주며 의견을 구하는 남자에게 모리가 하는 소중한 한마디.

"잘 그린 것은 끝이 보이잖아. 못 그려서 좋아. 잘 그린 것만 작품이 되는 건 아니야."

죽음의 사신이 어느 날 모리의 손을 끌지만 가고 싶지 않다고, 아내가 번거로워질 거라 안 된다고 거부한 모리는 더 살고 싶고 다르게도 살고 싶은 생의 열망을 품었다. 나이가 들어도 몸이 불편해도 그 열망이 나쁘지 않아 보였다. 잘 살아 낸 삶만 훌륭한 건 아닌지도 모른다. 그렇게 자신에게 조금은 관대해져도 좋을 것이다. 좀 못 그려도 그림을 그렸고 좀 못 살아도 살아냈으니. 이 모든 이야기를 밝게 담아내어 다시 보아도 언제 보아도 훈풍이 불어온다.

『모네가 사랑한 정원』 데브라 N. 맨커프(중앙북스)

2014년 2월, 도쿄에 32년 만의 폭설이 내린 다음 날이었다. 나리타공항에서 전철을 타고 진보초역에 내렸다. 눈길을 걸어가 숙소에 짐을 두고 간다 고서점 거리로 나갔다. 다행히 그다음 날 눈은 내리지 않고 거리는 걷기에 괜찮았다. 우에노역에 내려 우에노공원으로 들어섰다. 국립서양미술관에 마침 클로드 모네 특별전이 열리고 있었다. 노년으로 보이는 여성분들이 특히 많았고 한 그림 앞에 오래 서서 감상하는 조용한 풍경에 깊은 인상을 받았다.

그날의 기억이 떠올라 모네의 정원이 보고 싶어졌다. 사진첩을 뒤져 추억 여행을 떠났다. 지베르니로 가기 전, 앙드레 말로 미술관 MuMa에서 모네의 스승, 외젠 부댕 특별전을 먼저 보았다. 그가 태어난 옹플뢰르 항구와 폭풍과 구름, 바다를 배경으로 선 사람들이 생생하게 살아 있는 그림을 오래 응시하는 사람들. 모네의 집으로 걸어 들어가는 길섶에는 꽃양귀비들이 반겼다. 생의 절반을 보낸 집, 주방의 예쁜 타일 벽에 일렬로 걸린 조리 도구와 천장에 주렁주렁 매달린 자색 양파, 자유자재로 비치된 커다란 캔버스와 화구들에 방금 알리스와 모네의 손길이 닿은 듯했다.

정원을 한 바퀴 걷는 동안 아이리스와 버드나무가 에워싼 수련 연못 주변으로 맑은 기운이 스멀스멀 올라왔다. 빗방울이 한두 방울 떨어지더니 이내 사라졌다. 청명한 공기를 머금고 초록 물빛 위로 색색의 수련이 그림처럼 피어 있었다. 모네는 열정적으로 연못과 정원을 가꾸었고 수많은 작품을 이곳에서 탄생시켰다. 지베르니의 정원을 스스로 가장 아름다운 명작으로 꼽았고 예술가로서 자기 정체성의 일부로 생각했다.

『모네가 사랑한 정원』은 무한한 자연의 모습을 관찰하기 위해 정원을 출발점으로 삼은 모네의 삶과 작품을 풍부한 그림 자료와 함께 들려준다. '동화의 나라를 묘사했다는 비평가의 말에 모네는 정원을 그리는 것은 믿음과 사랑, 겸손에서 나오는 행위라고 반박했다. 중요한 것은 대상 그 자체라기보다 대상과 나 사이에 일어나는 일이고 모네는 그것을 담고 싶었다.

모네는 그림을 보러 찾아오는 사람들에게 그림을 이해하려면 자신이 직접 가꾼 정원을 보는 게 낫다고 말하며 정원 보여 주기를 좋아했다. 구불구불한 길을 내어 물과 꽃이 어우러진 인상이 모네의 손끝에서 그림으로 탄생하기까지는 시간이 걸렸다. 모네는 사람들이 수련을 보며 잠시나마 긴장에서 벗어나 명상의 시간을 가지길 바랐다.

오르세 미술관에서 본 〈수련〉은 가까이에서 보기보다 거리를 두고 한눈에 담아야 했다. 마치 우리 삶의 아름다움도 그 거리에 있다는 듯이. 처음부터 의도하고 싶은 게 아니라 만개한 수련들을 보는 어느 순간 빛이 번쩍인 것처럼 붓을 들었다고 했다. 특이한 것은 한 시점에서 그렸다는 것. 우리의 '지금'이 그러하듯 천변만화의 빛의 순간을 포착한 화가의 눈을 흠모한다.

29일 금요일

창밖은 봄이 무르익고 있었다. 목발이 서툴러 꽃을 보러 걸어 나가는 대신 사진으로 부드러운 꽃잎의 감촉과 향기, 선연한 색, 산들바람에 조용히 몸을 맡기는 보일 듯 말 듯한 움직임을 연상했다. 노랑이 필요해 프리지어 한 다발을 집으로 주문했다. 주방에 두니 금방 노란 향기가 퍼졌다. 손 닿기 좋은 곳에 타샤 튜더의 책을 올려 두고 수시로 펼쳤다. 탐스러운 꽃들이 내 마음을 빼앗았다. 작약을 특히 좋아한 타샤는 아이다운 천성을 지녔다. 정말 좋은 건 보여 주고 자랑하고픈 순수한 마음. 봄날도 그랬으면 좋겠다, 꽃향기처럼.

『행복한 사람, 타샤 튜더』 타샤 튜더(월북)

타샤 튜더는 1915년 보스턴에서 조선 기사 아버지와 화가 어머니 사이에서 태어났다. 소로우, 에머슨, 아인슈타인, 마크 트웨인 같은 인물들이 출입하는 명문가였다. 9세에 부모가 이혼해 아버지 친구 집에서 살기 시작하며 그 집의 자유로운 가풍에 영향을 받았다. 23세에 결혼하고 첫 그림책 『호박 달빛』을 출간할 때 갓 결혼한 새댁이었다. 그 책에 나오는 아이가 나중에 타샤가 낳은 아이들과 똑같이 생겼다고 사람들이 말했을 때, "내가 그런 아이를 갖기 바라면서 그렸을까." 타샤는 생각했다. 30세에 뉴햄프셔의 시골을 거쳐 더욱 시골인 버몬트주 산골에 18세기 풍의 농가를 짓고 생활하기 시작한 건 56세 때이다.

타샤가 꾸민 정원은 그림을 그리는 데 전념할 수 있는 장소였다. 온갖 종의 화초가 넘쳐 나는 은신처가 될 터였다. 키 큰 라일락 나무들이 에워싸 외진 곳이 있었는데, 사슴이 틈타지 못하도록 설치한 전기 울타리를 라일락 나무들이 가려 줬다. 타샤는 이곳을 비밀의 화원이라 불렀다. 좋아하는 꽃들로 정원이 눈부셔지기 시작하면 사람들이 찾아오고 원래 목적은 온데간데없어졌다. 비밀의 화원은 더 이상 타샤만의 장소가 아닌 게 되었다.

타샤만큼이나 온화하고 강인했던 문우도 정원을 가꾸었다. 쑥부쟁이며 수선화며 장미며 계절을 알리는 꽃이 차례로 피어나는 정원은 우리가 대문을 열고 들어서면 두 팔 벌려 맞이하는 그분을 닮았다. 한 뼘 땅도 놀리지 않고 잡초가 무성할 틈도 주지 않던 그 땅에는 올망졸망 텃밭도 자리했다. 뭐라도 뜯고 캐서 쥐여 보내려 하신 당신은 매실나무에서 떨어진 알알이 초록 매실을 바구니에 담고 서툴게 감자를 캐는 우리를 그윽이 바라보셨다. 이름도 다 모를 야생화, 고추며 상추며 온갖 푸성귀에 물고기가 노니는 작은 연못까지 거실에 앉으면 통유리 밖으로 이 모든 게 한눈에 들어왔다.

수채화도 연필화도 잘 그리셨던 당신은 사람을 보는 눈길이 늘 애틋했다. 어느 고요한 날에 먼길 가신 선생님과 고아가 되었을 정원을 생각하고 있는데, 꽃 사진이 날아왔다. 상가 관리소장이 건물 옥상에 제법 너른 화원을 만들어 꽃을 가꾼다는 말은 벌써 들었다. 일반인 출입 통제라 그야말로 도시의 비밀 화원이다. 정원을 가꾸는 마음은 같을 것이다. 그 사진을 찍어 보내 준 마음도 함께, 꽃멍!

30일 토요일

무려 30년 전 사진이 어디서 튀어나왔는지, 날짜가 선명히 찍혀 있다. 인천에 살던 친구 결혼식에 가서 찍은 사진 속에 지금보다 젊은 셋이 앉아 있다. 내 표정이 부루퉁하다. 순수했구나 싶어 슬며시 웃음이 났다. 여름호 청탁 원고를 준비하다 내 마음의 숲을 이제 내놓아야겠다는 생각이 들었다. 그때의 숲에서 빠져나왔지만 언제든 다시 들고 싶은 숲이다.

몸이 구현하는 숲의 시간

▶ 『내 젊은 날의 숲』 김훈 (문학동네)

　마크 트웨인은 인생의 순간적인 일을 60만 단어 이상으로 확장하는 게 자서전 쓰기의 목표라고 말했다. "내 자서전은 거울과 같아서 나는 항상 자서전을 통해서 내 모습을 본다. 또한 지나가는 사람을 거울을 통해서 본다. 그들이 내 관점에서 나를 선전하고 나를 우쭐하게 하고 나를 치켜세우는 말이나 행동을 할 때마다 자서전에 싣는다." 자신만만한 그는 뻔뻔하리만큼 즐거운 글쓰기를 했다.
　이 글귀가 떠오른 건 『내 젊은 날의 숲』과 같은 방식의 자서전도 괜찮지 않을까 하는 생각에서였다. '나'의 이야기를 주변 인물의 이야기로 우회하여 쓰는 방식을 말한다. 이 소설이 주인공 조연주의 자서전(어느 날 그걸 쓴다면) 안에 들어갈 한 꼭지가 될 수도 있겠다는 생각이 들었다.
　조연주의 자서전은 수줍고 담담하다. 본인의 이야기나 감정을 거의 드러내지 않는다. 인연의 길에서 지나가는 사람들이나 질기게 엮인 사람들을 통해 자신을 보여 준다. 아니, 보여 준다기보다 그들을 통해 자신을 '본다'. 그들의 상처, 그들의 과거와 현재 그리고 미래를 이야기함으로써.
　자신을 잘 볼 수 있고 잘 보여 줄 수 있는 방식 중의 하나로 이렇게 무던하고 느린 방식을 채택한 작가의 길게 휜 눈과 불안한 눈빛을 떠올려 본다. 원고지를 밀고 나아가는 몽당연필의 심이나 풍경을 밀고 달려가는 자전거의 페달처럼 강직한 사랑과 희망의 '밀고 나감'이 결미와 작가의 말에서 느껴진다. 다시 서울을 향해 가속 페달을 힘껏 밟는 조연주의 발바닥에도 그것은 실려 있다.

　사랑이야말로 덧없는 것들의 중대 사업이라고 말하는 저자는 하덕규의 노래 중 끝부분의 가사에서 제목을 따왔다. 제목을 먼저 세우고 거기에 여러 가지 이야기들을 하나로 들여앉혔다고 한다. 로맨틱한 이야기도 심금을 울리는 대목도 없이 건조한 분위기로 일관하는데, 강직해 보이는 문체에 세상과 사람에 대한 초연한 이해와 냉랭함을 가장한 온기가 느껴지는 건 어쩔 수 없다. 그것은 작품 속 김 중위가 조연주에게 뼈 세밀화를 부탁하러 왔을 때 채택한 방식이기도 하다. 이를테면 직설보다 암시를 택하고 소심하게 변죽을 울리는 방식이다. 다급하고 절실할수록 그럴 수도 있지 않을까.

　포유류의 슬픈 탯줄과 생명의 내적 음향 '쟁쟁쟁', 죽음 그리고 사랑과 희망에 대한 조연주의 이야기를 읽고 나서 나는 '나'를 볼 수 있는 인연에 대해 생각한다. 나를 둘러싸고 나를 키워 왔고 나를 좀먹고 나에게 상처를 입히고 나를 보듬어 주는, 내가 상처 입히는 그 모든 인연의 근원을. 내 생명에 대한 사실을 무엇으로 어떻게 설명할까.

　인연의 부재를 이야기하는 소설 속 인연들은 날강날강하다. 세상의 밑바닥을 긁어서 가족을 입히고 먹인 아버지, 부부의 질긴 연을 끊지 못하고 "그 인간"이라는 익명성과 구체성의 중간에 남편을 두고 불면의 밤을 보내는 어머니, 유전적 폐쇄성을 극복하지 못하는 父子, 미래의 사랑을 기대하며 오늘 어쭙잖은 명함을 건네는 청년 김 중위 그리고 만주 벌판에서 한반도 작은 땅에 건너와 덧없이 무너진 야망과 욕망의 대명사로 불리는 늙은 말 한 마리. 이 모든 인연의 결핍이 꽃과 잎과 사람의 뼈를 세밀화로 그려 내는 차갑고도 따스한 여자 조연주가 세상과 맺은 인연을 말해 준다.

일관된 하나의 은유는 '아버지'인데 그의 역할은 '미안하다'와 '죽었다'로 요약된다. 그것은 '나'의 생명의 사실이기도 하고 배경이기도 하다. 아버지의 부재야말로 아버지의 존재를 극명하게 증명해 준다.

나는 한때 좀 오래도록 아빠가 부재한다는 결핍감이 들었던 적이 있다. 그것은 괴롭기도 외롭기도 한 기억이다. 아빠가 떠나신 지금에야 몸으로 부대낀 비교적 어릴 적 기억이 되살아난다. 아빠의 커다란 주먹에 삼 남매가 매달려 팔씨름을 할 때라든가 두툼한 발등에 올라서서 둥가둥가 같이 스텝을 밟았던 기억, 누워서 다리로 태워 주셨던 비행기라든가 엎드린 당신의 등과 다리에 올라서서 밟아 드리면 시원하다고 좋아하시던 기억, 돋아나는 흰 머리카락을 뽑아 드리고 한 올에 얼마씩 동전을 받을 때라든가…. 몸이 기억해 내는 존재감은 끊어 낼 수 없다.

사람의 태생적 결핍성은 소멸과 생성의 고리를 순환하는 생명의 나무들과 그것들이 이루는 초연한 숲의 이야기 속에 녹아 있다. 숲에는 시간이 흐른다. 숲의 시간은 사람의 시간과 다르다. 다르지 않기도 하다. 인연의 부재가 가져오는 결핍감이 숲에서는 느껴지지 않는다. 숲을 이루는 나무들은 탯줄이 아니라 씨앗으로 태어나 "혈육이 없어서 인륜이 없고 탯줄이 없어서 젖을 빨지 않는 것이 나무의 복"이라고 수목원의 안요한 실장이 말하는 '것 같다고' 한 조연주.

연주는 가을 서어나무 숲속에서 숲에는 피의 인연이 없다는 깨달음에 이른다. 소멸과 생성이라는 생명의 사실이 그려 낸 형상이 바로 자신이고, 자신의 몸이 구현하고 있는 건 그런 숲의 시간이라는 것을. 수목원의 안 실장이 굳이 사진이 아닌 세밀화를 고집하는 이유는 인간의 몸을 통과해 나온 표현이야말로 생명의 사실을 그릴 수 있다고 여겼기 때문일 것이다.

숲에서 어느 정도의 충만감을 얻어 가는 과정이 세밀화를 그리는 과정과 그 풍경의 특별한 묘사에 은근히 배어난다. 연주의 심리 또한 세밀화를 그리기 위한 생명 있는 것들에 대한 시선으로 세밀하게 그려진다. 월별로 민들레나 패랭이꽃 등 계절의 꽃을 세밀화로 그려 내기 위한 연주의 시선은 새벽 강물 위로 은비늘 돋는 물결 같다.

인연의 부재와 사랑의 결핍으로 머뭇거리며 어쩌면 행복한 방황을 하던 숲의 안쪽에서 탈주한 연주는 숲의 바깥에서 다시 또 다른 부재와 결핍을 안고 살아가게 될 것이다. 사랑과 희망에 대한 가느다란 불빛을 앞세우고 가속 페달을 밟는 소리를 가만히 듣는다. '내 젊은 날의 숲은 그렇게 열려 있기를. 부재를 말할수록 소중한 존재감을, 결핍을 말할수록 인정할 수밖에 없는 충만감을 우리는 부둥켜안고 살아간다. 왠지 가슴이 벅차오른다.

9일 월요일

    오월 장미가 불타오를 때면 성모동산을 떠올린다. 다 자란 우리의 몸을 휘감고 있던 자주색 교복, 그 붉음을 닮은 장미가 기숙사 입구부터 뒷동산으로 불을 질렀다. 오랜만에 탐스러운 그 붉음을 만났다.
    아빠와 나는 각자 지팡이와 목발을 짚고 만났다. 서툰 걸음을 서로 쳐다보았다. 마음에 눈물이 고였다. 식사를 마치고 엄마가 화선지에 쓴 편지를 내밀었다. 뭐라도 주고 싶으셨던 것 같다. 봄은 다시 오지 못한다고, 가족이 있어 힘든 날들을 다 이겨 낼 수 있었다고, 사랑한다고. 오래 전에 나는 봄은 오는 것이 아니라 우리 안에 늘 있다고 썼다. 열여섯 살 당돌한 에피소드와 함께. 여든셋 엄마의 아포리즘처럼 봄날은 다시 오지 못한다는 걸 새파란 그때 제대로 알았을 리가. 그래도 아직은 봄! 봄이 아니면 계절이 아닌가. 집에 돌아와 식당 주차장 담벼락에 피어 있던 붉은 장미 사진을 보내 드렸다. "장미는 참 예쁘다." 돌아온 한마디였다. 장미 향기가 사진 속에 담겨 전해졌기를.

마리보다주

▶ 『나는 네(Nez)입니다』 김태형 (난다)

젊은 조향사의 산뜻한 에세이를 만났다. Nez는 코를 의미하는 프랑스어, 비유적인 표현으로는 조향사를 가리킨다. 조향사에게만 허락된 이 재미있는 표현이 자랑스러울 따름이라는 저자는 조향사를 꿈꾸는 독자가 있다면 '그랑 네Grand Nez', 즉 '왕코'가 되기 위한 노력을 게을리하지 말자고 조언한다. Nez라고 부르는 데는 왠지 더 전문적인 느낌이 배어 있어, 장인Artisan다운 별칭으로 자부심이 느껴진다.

저자 김태형은 후반 절반을 할애하여 A~Z에서 향수와 관련한 전문 용어와 장인들을 소개한다. 사전 부록이 아니라 자신의 언어로 설명한다. 2015년에서 2020년까지 향을 배우러 그라스에서 베르사유, 이집 카에 들어가 몸으로 느끼고 익힌 흔적들이다. 과거를 회상하며 차분하고 절제된 산문도 향기롭지만 이 부분은 썩 유용하다. 예를 들어 N장에서 Niche를 설명하는데, '니치'는 프랑스어 'Niche'에서 왔다. 니슈는 조각상이 놓이도록 움푹 들어간 벽면의 부분으로 마케팅에서 사용될 때는 틈새시장을 의미한다. 매스 퍼퓸의 반대쪽에서 독특한 니치 퍼퓸이 특정 취향의 사람들을 겨냥한다.

고객의 요구를 반영해야 하는 조향사의 위치를 늘 고민해 온 김태형의 외국 이름은 가브리엘이다. 부드러운 그 느낌이 좋아 정했다며 조향계의 여러 가브리엘 중에 자신도 기억에 남길 바란다. 가장 유명한 가브리엘이라면 비시Vichy에서 태어나 불우한 환경을 딛고 용맹하게 자신의 브랜드를 확립한 그 여성, 1909년 양장점 문을 열고 다양한 제품군을 가진 프랑스 기업의 모체를 키운 가브리엘 샤넬Gabrielle Chanel을 든다. 샤넬 향수 회사가 세워진 건 샤넬이 조향사 에르네스트 보와 함께 탄생시킨 '넘버5'(1921)와 '넘버22'(1922)가 어마어마한 성공을 거둔 후다. 샤넬이 우아하고 절제된 이미지로 흑과 백을 사용했듯 이 책은 흑과 백으로 디자인되었다.

천재적인 감각을 지닌 디자이너의 어두운 이력을 생각한다면 가브리엘을 이름 삼지 않았을 것 같기도 하다. 샤넬의 무덤은 스위스 로잔에 있고 프랑스 정부가 국내에 만들기를 거부했다. 전쟁 당시 나치 스파이로 독일군에 협력했다는 매국적인 혐의가 지워지지 않았기 때문이다.

군더더기 없는 문장에 섬세하고 사려 깊은 결이 엿보이는 젊은 조향사는 태생으로 주어진 문학적인 분위기에서 벗어나려고 애썼다. 하지만 그 유전자가 어디 가겠나 싶을 정도로 문학이거나 아무튼 예술의 길로 접어들 것 같은 예감을 숙명적으로 떠올리며 자랐다. 요절한 작가 김소진과 지금도 번역과 작품 활동에 매진하는 함정임 작가의 외아들. 두 사람의 분위기를 그대로 닮았다. 에트르라 대표 조향사인 저자는 와인의 맛도 향으로 표현하고 섬진강 풍경도 향으로 그려 내고 문학적 문체도 향으로 읽는다. 문학이 독자와 만나 작품이 되듯 향수도 시향자의 감각과 만나 작품이 된다.

아버지와 어머니를 생각하지 않는 자기 삶이란 없을 것이다. 조향사 김태형은 후천적 환경에 의해 아노스미Anosmie가 되어 후각을 잃은 아버지를 생각하며 자신이 조향사가 되는 것은 아이러니라고 생각했던 때를 지나 이제는 아버지의 안타까운 운명을 풀어낼 사명이라고 여긴다.

아버지를 떠올리게 하는 이름, 조향계의 베토벤이라 불리는 장 까를 Jean Carles을 소개하는 대목이 인상 깊다. 장 까를은 최초로 조향사 양성 기관을 설립하고 향료 교육 방식을 정립한 교육자이다. 그의 컬렉션 중 가장 유명한 마 그리프와 미스 디오르가 아노스미 상태에서 동료 조향사의 도움을 받아 만들어진 제품이라는 사실은 놀랍다. 조향사들은 원료의 특색을 기억해 내고 그들의 조합 효과를 어느 정도 예상해야 하므로 조향을 공부하는 학생은 원료 학습에 가장 많은 시간을 투자하여 반복적이고 꾸준한 노력을 쏟는다. 기본에 충실해야 한다는 건 불변의 진리다.

어쩔 수 없이 싫어하는 향기와 어쩔 수 없이 좋아하는 향기를 써 둔 장은 신선하다. 좋아하는 것보다 싫어하는 것이 정체성을 더 잘 보여 줄 것이다. 사랑하는 사람의 살 내음을 좋아하는 저자는 씨벳 향을 싫어한다. Civette은 에티오피아가 본 서식지인 사향고양이의 사향샘에서 얻어 낸 아니말 계열 원료로 동물이 죽어야만 얻을 수 있기에 인위적으로 죽이는 것은 금지되어 있다. 소량 사용하면 향수에 따스함과 관능적인 매력을 불어넣어 오리엔탈 향수와 잘 어울린다. 겔랑 향수가 부담스러웠던 이유를 알겠다.

내가 제일 싫어하는 향기는 뭘까. 얼른 떠오르는 게 생선 굽고 난 후 집 안에 밴 비린내다. 내가 어쩔 수 없이 좋아하는 향만 떠올려 볼까. 아이들 씻길 때 쓴 아이보리 비누와 베이비파우더 향, 밥이 되는 냄새, 번지고 채우는 커피 향, 버터 녹여 빵 굽는 냄새, 고양이 털 냄새, 우중 포구의 비 비린내, 건조기에서 꺼낸 빨래 냄새, 외할머니가 보글보글 끓여 준 된장찌개 냄새 그리고 중고책 냄새와 새 책 냄새.

그라스Grasse는 오래전 『향수』(파트리크 쥐스킨트, 열린책들)를 읽은 후 알게 된 곳이다. 인간은 냄새로부터 도망칠 수 없다는 이 기이한 소설에서 체취가 없는 그르누이는 '인간의 냄새를 풍기는 향수를 만들기 위해 선악과 미추의 경계를 넘는다. 그라스의 3대 향수박물관은 가 보고 싶은 곳이다. 영국 빅토리아 여왕이 찾았다는 일화로 유명한 몰리나르Molinard, 270년의 역사를 간직한 갈리마르Galimard 그리고 프라고나르Fragonard.

저자가 시향해 보길 권하는 프라고나르 향수는 그라스 출신의 18세기 프랑스 풍속화가, 장 오노레 프라고나르의 이름에서 가져왔다. 그의 그림은 상당한 암시를 군데군데 숨겨 두고 세태를 풍자했다. 『파워 오브 도그』에서 로즈가 조지와 재혼하며 그와 필이 사는 집으로 처음 발을 들이는 장면에서 '장 오노레 프라고나르의 그림 같은 숲속 색깔'이라고 벽지가 묘사된다. 1766년경의 작품 〈그네타기〉의 숲을 부르게 된다. 빨려 들 듯 깊고 비밀스러운 분위기의 숲 가운데로 눈부신 하늘에 숲이 반영되고 그네 타는 여자가 훔쳐보는 귀족에게 추파를 던지고 있다.

세밀한 사랑의 대사

향수가 출시되기까지 여러 중요한 과정을 거치는데 이름을 정하는 작업은 조향만큼이나 신중하게 진행된다. 저자가 지은 이름 중 '마리보다주Marivaudage'에 대한 애정이 남다르다. 18세기 프랑스 극작가 피에르 드 마리보의 문체를 칭하는 마리보다주는 '사랑이 시작되어 표출되는 상호 간의 심리를 세밀하고 미묘하게 담아내는' 마리보의 대사(말투)를 이르는 말이다.

저자는 향수와 꽃이라는 두 오브제가 가지는 말투, 즉 생물 간에 사랑의 매개체이자 소통의 통로로서 사랑의 대사를 예민하게 감지한다. 사랑하는 사람들이 나누는 섬세한 이야기를 사랑의 매개체인 향수로 풀어내고 싶었다고 한다. '마리보다주'는 향수의 이름으로 최종 선택되지 못하였다. 경박스럽다는 비판을 자주 받았던 마리보 문체의 이미지가 향수에 덧붙여질 수 있다는 이유에서였다.

젊은 조향사의 생각에는 사랑이 항상 우아한 게 아니고 가끔은 경박하고 가끔은 촌스럽기도 하기에 이 이름에 무척이나 애착을 보인다. 사랑은 원래 그런 것일 가능성이 좀 더 크다. 그런 게 사랑의 실체일지 모른다. 마리보다주가 향수로 태어나면 당장 들이고 싶다.

향기로 기억한 사랑

영화 〈사랑이 지나간 자리The Deep End of the Ocean〉(울루 그로스바드, 1999)에는 세 살 때 가족을 잃어버린 소년이 나온다. 열두 살이 되어 기적적으로 재회한 샘(원래 이름은 벤)은 석 달간 가족의 집에서 지내는데, 적응해 보려고 애쓰지만 9년이라는 간격이 쉽사리 좁혀지지 않는다. 기억의 공백을 채워 줄 어떤 것도 찾지 못해 공허한 샘은 친아들처럼 키워 주신 양아버지에게 그만 돌아가고 싶다. 평범할 법한 이야기이지만 미셸 파이퍼와 아이들의 연기가 좋아 계속 보다가 풀어 가는 방식이 의외로 마음에 들었다.

어느 날 밤, 양아버지에게 돌아갔던 샘이 다시 집을 찾아온다. 형과 농구를 하다 샘은 이야기를 시작하고 형은 눈을 반짝이며 듣는다. 엉킨 기억의 실타래를 풀고 진심으로 가족이 되는 이 장면이 따뜻하다.

샘이 집에 와 있는 동안 하루는 엄마가 — 물론 아줌마라고 불렀지만 — 향나무로 짠 상자에서 샘과 형이 어렸을 적에 입었던 조그마한 옷가지를 꺼내어 보여 주었다. 샘은 무슨 냄새가 난다며 이 냄새를 어디서 맡았을까 생각한 적이 있다. 집을 다시 찾아온 그날 밤은 바로 그 냄새의 정체를 기억해 낸 밤이었다.

어딘가에 숨어 있기를 좋아했던 세 살배기 벤은 다 같이 외출을 해야 할 시간에 향나무로 짠 커다란 상자 안에 들어갔던 적이 있다. 걸쇠가 잠겨 나오지 못하자 형이 열어 주어 나왔던 기억이 되살아난 것이다. 어린 동생을 돌보는 게 때때로 귀찮았던 형은 꽉 잡은 손을 놓아 버리고 싶은 마음이 있었을 것이다. 사건이 일어난 그날은 형이 진짜로 손을 놓아 버렸지만 항상 자기를 데리고 놀아 주었던 형을 기억해 냈다. 샘은 자기 손을 놓아 버려 죄책감을 품었던 형에게도 "그게 뭐 어때서."라며 아무렇지 않게 말할 수 있는 힘이 생겼다.

후각은 기억을 푸는 암호장 같은 것이라며 우리의 오감 중 가장 종류가 많은 후각 세포는 복합적이고 다양한 자극을 받아들일 수 있다고 저자는 말한다. 냄새로 기억하고 냄새로 떠올리는 시공간, 어떤 연결성과 소속감 그리고 그 모든 것의 사랑. 다소 가볍게 여겨지더라도 세심하게 담아내는 사랑의 언어 마리보다주. 그것은 우리의 관계를 향기롭게 한다.

15일 일요일

 오월로 들어서면서 목발을 한쪽만 짚고 걸을 수 있었다. 한 손을 쓸 수 있게 된 것이다. 첫 주에 후발백내장 수술도 양일간 그렇게 가서 받았다. 오랜만의 외출이었다. 사람들 붐비는 시내에서 살짝 어지럼증을 느꼈다. 퇴원 후 한 달 보름을 집에서 지내고 어제 다시 재활의학과 병원, 같은 병실에 들어왔다. 집에서의 하루하루는 나쁘지 않았지만 아침에 침대에서 첫발을 딛고 일어나 방을 나올 때마다 가슴이 조였다. 정강이뼈와 복숭아뼈에서 시작한 통증이 전류처럼 퍼져 신경을 건드렸고 자주 눈물이 고였다. 무심을 가장하기도 했다. 고양이가 햇볕바라기 하는 옆에서 책을 읽을 땐 몹시도 평화로워 마음이 자박대곤 했다.

소라의 집

▶ 『한 게으른 시인의 이야기』 최승자 (난다)

중순이 지나고부터는 두 발을 딛고 절뚝절뚝 걷는다. 많이 디뎌야 한다고 해서 아픔을 참고 그러는 중이다. 의존심을 버려야 하는데 또 실패다 싶은 순간, 이 책을 읽었다. 필요한 때에 기가 막히게 책과 영화는 내게 온다. 시인의 오래전 산문을 읽고 마음을 살펴 또 씩씩하게 사는 게 할 일이라는 결론에 닿았다. 특히 죽음에 대하여, 죽음을 죽인 후의 삶에 대하여 통찰한 문장이 새겨 읽혔다. 지금의 나보다 훨씬 젊을 때의 사유라는 점은 지지고 볶아 대는 나를 부끄럽게 했다.

모든 죽음의 의식은 어디로부터 왔을까. 그 근원을 시인은 '공포'로 보았다. 그것은 "근본적으로 세계에 대한 공포"(시 〈악순환〉)였다. 죽음은 절망, 고통, 기타 등등 행복의 감정이 아닌 것들을 포함한다. 육체의 죽음 이전에 마음의 죽음이 먼저 온다. 우리는 매일같이 작은 죽음을 죽이고 그 무덤을 넘고 넘어 생을 쌓아 가는 것이다. 어느 한 단계를 건너뛸 수는 없다. 좋아지는 것도 단계적, 나빠지는 것도 단계적이다. '나'를 이루는 모든 걸 걸머지고 넘을 수도 없다. 어느 것은 내려놓아야 하고 소화를 잘 해내야 할 것은 또 그렇게 삼켜야 한다.

정면은 도시를, 뒷면은 나무의 한 시절과 자연을 마주한 베란다에 테이블을 놓고 사는 일상 에피소드는 자연스럽다. 어머니를 상실한 경험과 『양철북』에 대한 에피소드는 묵지근하다. 펭귄 이야기는 또 웃음이 난다. 펭귄은 섭취한 열량의 70%를 버티고 서 있는 데 소비한다. 두 발로 버티고 서는 일은 실로 대단한 것이다. 아가가 처음 두 발로 서서 3초만 버텨도 세상에 기적이 일어난 듯 손뼉 치지 않았던가. 수술 후 8주가 지나 목발을 두고 두 발로 버티고 서는데 온몸에 식은땀이 흘렀다. 찢어지는 것 같은 아픔에 비명을 질렀는데 신기하게도 이후 차츰차츰 견딜 만한 단계로 나아갔다. 우리는 모두 그렇게 '한 번 더' 아픈 단계를 거쳐 여기에 있다.

마지막에 실린 산문은 2013년에 쓴 글이다. '신비주의적 꿈들'이라는 제목의 이 글에서 시인은 서양 신비주의 공부에 들었다가 얻게 된 정신 분열증에서 빠져나와 다시금 문학의 자리로 돌아와야 한다고 다짐했던 경험을 쓴다. 서양 점성술, 카발라, 타로 등이 포함된 서양 신비 체계는 이런저런 이유로 개인 심리에 악영향을 미칠 수 있겠다는 판단이 들었다고 한다. 시인은 15년간 계속된 환청 병에 걸려 있을 때 노자를 접하게 되었고 전대미문의 신비주의라는 감이 들어 의식이 달아오르기 시작했다.

다 읽고 나니 마음이 가지런해졌다. 침상에 상체를 세우고 앉았다. 내 마음에 충고하듯 예전의 기록을 자동으로 소환했다. "울음에서 가장 중요한 핵심은 그 울음이 진부해지기 전에 멈추는 것이다. 슬픔의 핵심은 그 슬픔의 고통이 아직 정직할 때, 아직 무언가 의미를 띠고 있을 때 잘라내는 것이다." 오래전 낭독 녹음을 했던 『레볼루셔너리 로드』(리처드 예이츠, 노블마인)의 글귀가 떠올라 마음이 힘든 친구에게 보내 주었다. 슬기로운 병원 생활을 응원한다며 남산에서 아르바이트 중 읽고 있던 시를 날려 주었다. 정현우 시인의 시 〈소라 일기〉였다.

놀라워라. 책 운명이 있듯 종종 단어 운명과 맞닥뜨리곤 한다. 방금 읽은 마지막 산문에 소라가 등장했는데 말이다. 최 시인은 신비주의 책을 읽다가 잠이 들면 유치한 색깔의 원색적인 짧은 꿈을 꾸곤 했고 심지어 원색 한복을 입은 여자 귀신들이 나타나 싱크대 위에 비닐봉지에 담긴 소라와 고둥을 놓고 갔다고 한다. 소라, 고둥은 카발라 상징체계에서는 맨 하급의 의식 상태를 상징한다. 꿈이 먼저 알려 주었다는 점에서 무의식의 세계는 측량이 불가하다. 우리를 벌거숭이 심연으로 이끄는 물상들. 우리는 소라의 말에 귀를 기울여야 한다.

기억의 집으로 가는 길을 잃어 외롭고 무서운 소라 이야기를 친구가 슬며시 보내 준 건 우연의 일치이겠지만, 우리는 평소 감당해야 할 우연과 운명의 손짓에 고개를 끄덕이는 편이다. 〈소라 일기〉에서처럼 돌아갈 기억의 집이 없다는 건 아무리 생각해도 슬픈 일이다. 나쁜 기억도 기억이 없는 것보다는 나을까.

아빠가 떠나가신 밤, 남동생은 맞았던 일 말고는 아무런 기억이 나지 않는다고 기막혀 했다. 속으로 울먹였을 불쌍한 녀석. 나는 지금 삼 남매가 까르르 웃으며 일렬로 달려가는 광경을 저만치 뒤에서 환하게 웃으며 바라보고 선 아빠를 보고 있다. 내가 제일 좋아하는 이 사진 속, 미색 봄 점퍼를 입은 아빠는 젊고 건장하다. 어린 남동생이 반바지에 타이츠를 신고 맨 앞에서 날쌔게 달린다. 몸이 다 자랐던 열한 살 나는 뭐가 그리 우스운지 맨 뒤에서 함박웃음을 지으며 달린다. 중간에 귀여운 표정을 한 여동생이 얌전히 달리고 이 모든 풍경을 군복 입은 이십 대 초반의 오빠가 담았다.

우리를 키우고 살려내는 건 기억이다. 기억은 망각과 해석의 씨실 날실로 직조된다. 몸에 새겨진 기억은 소망을 새긴 암각화처럼 굳건하다. 슬픈 기억도 고요히 벗 삼으면 따숩고 잔잔한 물결을 보내온다. 우리의 감정도 기억도 부조리하기에 결국은 모두 긍정과 행복으로 귀결한다. 우리에게 남을 것은 그런 소라의 집이다.

침상에 집게 스탠드를 밝혀도 별로 밝지 않았지만 단숨에 읽고 옥상 정원으로 올라갔다. 가슴을 활짝 벌려 심호흡을 했다. 폐부에 상쾌한 바람이 퍼졌다. 서리 거인 이미르의 뇌수가 하늘에 흘러 퍼지며 노을을 맞이할 준비를 하고 있었다.

처음으로 대선에 불참하고 닷새 정도 지난 3월의 늦은 저녁, 정형외과 병동을 울리는 남자의 열변이 들렸다. 한참 지나도 그치지 않자 휠체어에 시집을 싣고 병실을 나왔다. 간호사에게 좀 자제시켜 달라고 부탁하고 반대편 복도 끝, 밝은 천장 조명 아래로 갔다. 창문을 여니 봄밤의 명랑한 바람이 훅 들어와 갑갑하던 마음이 뚫리는 듯했다. 최승자 시집 『연인들』을 펼쳤다. 불과 2주 전에 혜화동 시집 서점 '위트 앤 시니컬'에서 산 시집이었다. 소리 내어 읽는 동안 머릿속이 환해지며 몸속이 빛으로 차오르던 시들 중에 마지막 시 〈연인들3-몸속의 몸〉이 떠올랐다.

18일 수요일

　병실 바깥의 일이 먼 나라 이야기 같다. 오늘도 쾌청하고 낮엔 조금 덥다. 안 좋은 날씨는 없다던 존 러스킨의 말대로 모든 날이 다 좋구나. 이러다 비나 한번 내렸으면 싶다. 아침에 눈 뜨면 걷기 연습 삼아 옥상에 올라간다. 식사 후 운동 치료 받고 와 홍차 한잔 마시려는데 사진 한 장이 왔다. 이기대를 걷다 노란 괭이밥을 만나 유리병에 모시고 그 옆엔 어여쁜 잔에 홍차 한잔. 이 아침의 호사를 함께하곤 글벗의 마음이 전해졌다.

다 쓰지 않고 말하기

▶ 『차 한 잔』 캐서린 맨스필드(코호북스)

내가 마시는 홍차는 어제 받은 책, 캐서린 맨스필드의 단편선집 『차 한 잔』이랑 같이 온 티백이다. 병원으로 바로 주문했더니 금속 소재 황동색 앤티크 티스푼이랑 출판사 선물로 냉큼 당도했다. 크게 쓸모없는 물건이 가끔은 기분을 좋게 한다. 티팟이 그려진 무광 책 표지도 단아하고 순한 질감이 마음에 든다. 책을 대면하면 손으로 쥐고 만지고 냄새 맡는 버릇이 있다. 책장이 순하게 넘어가는 책을 좋아한다. 가끔 성질을 부리는 책장을 만나면 읽는 내내 고역이지만 그대로 또 괜찮다. 문장이 매끄러워 확인해 보니 코호북스라는 독립출판사에서 기획을 맡고 번역가로 활동하는 구원 님이 옮기고 엮었다.

버지니아 울프가 유일하게 질투했다는 캐서린 맨스필드는 1888년 뉴질랜드 태생이다. 런던에서 작가의 길로 본격적으로 들어간 맨스필드는 1916년 블룸즈버리 그룹과의 인연으로 버지니아 울프와 상호 존경과 라이벌 의식이 뒤섞인 복잡한 우정을 키워 나갔다고 한다.

1915년에 각별했던 막냇동생의 죽음에 충격받고 프랑스 방돌에서 동생을 애도하며 다짐하기를 "두 사람 모두 살아 있던 아름다운 시절에 진 빚"을 갚기 위해 글을 쓰겠다고! 혼자가 아니라 모두 살아 있던 나날, 어느 날 그런 날이 다시는 오지 못할 거라는 자각과 함께 지금의 생을 얼마나 더 귀히 여겼을까. 우리는 모두 태어나기 전의 나날과 함께 살아온 나날에 빛꾸러기로 살아간다. '공동의 생을 사랑하는 뜨거움이 엿보여 작가에 대한 뭉클한 애정이 올라왔다.

동생의 죽음 이후 맨스필드는 전쟁으로 돌이킬 수 없게 달라진 세상에 어울리는 표현법을 찾아야 한다는 신념을 굳혔다. 예술가들은 그런 세상을 작품에 반영해야 한다는 것이다. 세상을 바라보는 냉엄한 시선을 견지하며 남에게 자비를 베풀지 않는 현실 속에서 인정 어린 마음의 중요함도 슬쩍 심어 둔다. 사람의 내면과 외면을 보는 시선도 순진하지 않다.

자신의 껍질이 본질이고 본질이 껍질이 아닐까 자문하면서도 야비하고 교만한 프랑스 젊은 작가(나는 프랑스어를 못합니다)부터 우리의 틀에 박힌 선한 잣대를 보기 좋게 이탈한다. 이기적 순진함을 꼬집는, 노회하고 교활한 남성으로 대변되는 세상과 맹렬한 분노를 실천하는 늙은이(올드 언더우드, 어린 가정교사), 자신이 취급당한 대로 생명을 경시하는 짓을 아무렇지 않게 하는 아이(피곤한 아이)에 이르기까지 차가운 현실과 각박한 환경에 지배당한 인간의 빛과 그림자를 직시한다.

캐서린 맨스필드는 오른쪽 폐에서 결절이 발견되고 의미 있는 작품을 못 남기고 죽을지도 모른다는 초조함에 쫓기기 시작했다. 1920년 겨울부터 1922년 여름까지 스무 달 동안 스무 편의 단편을 썼는데 특히 1921년 여름부터는 걸작을 연달아 집필했다. 1923년 1월 요양소에서 세상을 뜨기까지 정열적인 집필도 그렇지만 문장으로 쓰지 않고도 많은 말을 깔아 둔 문장과 느슨한 듯 단단히 결속된 구성이 특별한 느낌을 불러 주었다.

우리의 안팎도 일상의 안팎도 속속들이 말하지 못하고 속속들이 느껴지는, 삼키기도 뱉기도 어정쩡한, 위선과 속물근성이 이성 아래 짓눌린, 콤플렉스투성이이지 않은가. 서두부터 결미까지 일관되는 복선이 어떤 이미지를 지속해 떠올려 주며 흐트러지지 않게 이끄는 이야기에 빨려 들어갔다.

스물두 살에 처음 발표한 〈피곤한 아이〉부터 미완성작 〈결혼한 남자의 이야기〉까지 1909년부터 연대순으로 16편이 실려 있다. 영국 문학의 체호프로 불리지만 체호프의 영향력에서 벗어나 개성적인 스타일로 독창성이 담긴 이야기들. 여러 가지의 삶을 살고자 했던 맨스필드는 냉소를 머금고 우리 생의 달그림자를 조금씩 걷어 가다 한 방에 과감한 충격을 주고, 한순간 입을 다문다. 바로 그 순간부터 이전의 이야기를 되감아 보고 이후의 이야기를 상상하게 만든다. 다 쓰지 않고 말한 이야기에 감전되어 버렸다.

1922년 발표한 〈차 한 잔〉에서는 꿀꺽 차 한 모금 넘기다가 사레들리는 기분이 들어 자세를 고쳐 앉았다. 가진 자의 욕망과 위선을 이토록 깜찍하게 꼬집다니. 〈환희〉와도 비슷한 환경의 여성과 남성이 등장한다. 우월한 위치에 있다고 생각하며 사는 사람들의 내면세계가 무너지는 순간은 미묘한 균열에 있다. 질투나 자만이 초래하는 균열이라기보다 우리 내면의 벽이란 원래 그렇게 건드리면 깨어질 미세한 균열끼리 서로 기대어 선 것이다.

비릿한 배신감을 안기지만 실망하지 말라. 맨스필드는 뒷마당 정원에서 꽃을 피우는 '당신의 아름다운 배나무'는 언제나처럼 풍성한 꽃을 피우고 있을 뿐이라며 꽝, 마침표를 찍어 버린다. 씁쓸하지만 울음을 터뜨릴 수도 없다. 너무나 맞는 말이라서.

  캐서린 맨스필드의 다 쓰지 않고 말하는 방식은 행간에 생략된 장면을 상상하게 하고 인물의 숨은 심리와 내면 풍경을 생각하며 읽게 한다. 그렇게 차근차근 끌고 가서 방심하고 있는 사이 그럼직한 예상에 일격을 가한다. 꾸지람을 들은 나태하고 순진한 인식은 보기 좋게 나가떨어진다. 아련하게 펼쳐지는 자연 풍경이라든가 선연한 꿈의 이미지에서 서늘한 온기가 느껴지는 것도 특이하다. 우리 생이 그러하듯 모순 형용이다. 글자 아래 깔아 둔 암시와 말하지 않은 것의 말이 구름 사이 달빛처럼 예리하게 반짝이며 보이지 않는 것과 느껴지는 것, 들리지 않는 말과 들리는 말 사이에서 날을 세운다. 그 스멀거리는 긴장감이 읽는 내내 극도의 만족감을 주었다.

29일 일요일

열흘간의 2차 병원 생활을 마치고 돌아온 첫 일요일. 착지하면 온몸이 지면에서 뜨는 느낌이고 사이보그처럼 발목과 정강이가 뻣뻣하다. 일어나면 주방에서 좀 움직이고 커피를 들고 책상에 앉다가 복숭아뼈가 살짝 닿기라도 하면 봉합한 자리가 정신이 번쩍 나게 찌른다. 부어오른 살갗이 통각을 불러 자기 존재를 또 알린다. 복숭아뼈 부위가 제일 어렵다고 물리치료사가 한 말이 생각났다. 처방받은 흉터연고를 한 달 정도 바르다 그만두었다. 별다른 의미가 없다는 생각이 들었다. 시간이 가면 희미해질 것만 같았다. 아니나 다를까. 그렇게나 제 존재를 알리던 그 자리가 지금은 아무렇지 않게 생각된다. 친구는 나중에 좀 더 낫고 나면 그 선에 맞춰 예쁘게 지워지는 타투를 해 보라고 권했다. 신선한 제안이었지만 나는 이 문양 그대로 멋진 타투라고 여긴다.

아끼는 책 『밀어』(김경주, 문학동네)에서 시인은 우리 몸의 수많은 작은 이름 중 복숭아뼈를 만지며 '단단해 보이지만 여린 구석'에 대하여 시적으로 몽상한다. 여려 보이지만 단단한 구석은 어디일까. 두 가지 구석이 모두 필요할 것 같다. 불과 석 달 전에 찍은 가족사진 속 내 작은 복숭아와는 달리 껍질에 흠결이 났지만 '나를 잊지 말아요.'라고 말하는 것 같다.

예술가의 일

▶ 『작품』 에밀 졸라(을유문화사)

에밀 졸라의 20권 대작 루공-마카르 총서에는 '제2 제정 하의 한 가족의 자연적 사회적 역사'라는 부제가 달린다. 그 14번째 작품인 『작품』(1886년)은 세잔을 고뇌하게 한 작품으로도 유명하다. 이 작품으로 두 사람의 40년 우정이 종지부를 찍게 되니 모든 일엔 끝이 있다고 해도 그럴 만한 이유가 있지 않았을까 궁금증이 남았다.

에밀과 세잔의 만남은 중학생 때 엑상프로방스에서 시작한다. 이탈리아 이민자 출신의 에밀이 따돌림당하자 비교적 유복했던 세잔이 먼저 손을 내민다. 이때부터 희망과 좌절을 함께 겪으며 우정을 나누었고 한 사람은 작가로서 또 한 사람은 화가로서 예술가의 길을 간다. 파리에 먼저 진출한 에밀은 작품을 쓰면 세잔에게 보내어 의견을 들었다. 『작품』도 보냈지만 냉정한 인사말만 의례적으로 돌아왔다. 어조는 날카롭지 않았고 예의 바른 문장이었으나 두 사람은 그때 이후 다시 만나지 않았다.

『작품』 속 화가 클로드는 누가 봐도 세잔 자신이었고 작가 상도즈는 에밀이었다. 여러 면에서 명확한 사실이라고 세잔은 생각한다. 클로드를 스스로 목숨을 끊은 괴팍하고 불운하고 재능 없는, 실패한 화가로 그렸다고 여긴 세잔은 에밀과 절연을 결심한다. 에밀은 세잔이 불편한 심기를 드러낼 만한 내용이라는 생각을 못 했던 걸까. 아니면 소설이라는 예술 작품으로 이해해 주리라 여겼던 걸까. 알 수 없는 일이다. 둘의 오랜 우정으로 보아 에밀 입장에선 후자가 아니었을까 싶지만 세잔 입장에선 충격이었을 것도 같다.

세잔의 실제 삶과 클로드의 실제 삶이 완전히 일치하는 것은 아니고 세잔과 마네를 섞어 놓은 면이 있다. 미술 비평에도 활발했던 에밀은 마네의 살롱전 비평과 논란이 되었던 마네의 〈올랭피아〉를 옹호하는 비평을 썼다. 당시 빛을 발하지 못하고 있던 세잔으로선 이런 일에도 마음 상했을 것이다. 인간의 나약함이라는 약점 때문에라도 우정을 유지하기란 쉬운 일이 아니다.

〈나의 위대한 친구, 세잔 Cezanne and I〉 다니엘르 톰슨, 2015

약간의 상상력을 입혀 이런 에피소드는 영화에도 풍부하게 등장한다. 프로방스의 자연 풍경이 눈부신 이 영화는 원제가 말해 주듯 주로 에밀이 세잔을 바라보는 시선으로 그려진다. 실제로 세잔이 『작품』을 읽은 이후로 두 사람은 만나지 않았지만 영화는 세잔과 에밀에게 만남과 대화의 시간을 주어 분노든 비난이든 마음을 드러내어 밝힐 기회를 준다. 여기서 에밀은 세잔에게 왜 그런 작품을 썼는지 예술가의 고뇌를 피력하고 예술가의 임무에 대해 날카로운 충고를 하는데, 인간적으로 약점이 많은 세잔의 얼굴이 일그러진다.

세잔도 에밀도 회한이 남았을 테지만 넘을 수 없는 선을 이미 지나 버린 그들은 말없이 자신의 '일을 하러' 돌아간다. 세잔은 우정을 나누었던 시절을 추억으로 남기고 그림에 매진한다. 사과도 시간이 가면 모양도 색깔도 변하듯 모든 것에는 수명이 있다. 받아들여야 한다.

어릴 적 에밀이 자신을 도와준 고마움의 표시로 세잔에게 사과를 주는 장면이 나온다. 후에 세잔의 사과는 현대회화의 역사를 바꾼 유명한 오브제가 되는데 영화에서는 두 사람의 우정과 세잔의 미술사적 승리를 상징하는 장면으로 빠뜨리지 않고 넣은 것 같다. 사과라면 제일 좋아하는 과일로 꼽는 나는 쿠르베의 단조롭고 과묵한 사과도 좋아한다.

내성적이고 외고집에 활화산을 품었던 세잔은 사과로 파리를 평정하겠다고 야심만만하게 말했다. 세잔의 그림 중 다른 것들은 평단의 이견이 있다 해도 사과 그림에 대한 평가만은 이견이 없다. 〈사과와 오렌지가 있는 풍경〉을 비롯해 수많은 사과 그림은 시점과 시간과 원근을 비틀어 한 캔버스 안에 배치해 구도와 색감이 살아 움직인다. 테이블 위에 자유롭게 놓인 사과 중 모서리에 둔 작은 사과 한 알은 즉시 굴러떨어질 것만 같다. 세잔은 찰나의 인상보다는 사물의 본질에 천착하기로 했다. 말하자면 사과 한 알을 오랜 시간을 두고 뚫어지게 쳐다보는 식이다. 인상주의 화풍을 넘어서기로 결심한 세잔은 피카소에게는 유일한 스승으로, 마티스에게는 화가들의 아버지로 불린다.

세잔은 당시 화가들 사이에서도 원만하게 지내지 못했던 것으로 그려진다. 실제로 모네의 지베르니 정원을 방문해 카유보트와 셋이서 강에서 보트를 타기도 했던 세잔을 조금 오해하게 한다. 은행가 출신 아버지는 화가 아들을 못마땅하게 여겼지만 화단에서 크게 인정을 받지 못할 때에도 경제적 지원을 놓지 않았다. 훗날 거액의 유산을 받은 세잔은 아틀리에를 손수 설계하여 만들고 정원도 꾸몄다.

유월 초에 찾아갔던 엑상프로방스, 세잔의 아틀리에는 조용한 마을의 작은 대문을 들어가 오른쪽으로 있었다. 연노랑 벽면에 초록 잎 음영이 멋진 그림을 그리는 건물로 들어가 2층으로 올라갔다. 사과와 다른 정물들, 소품과 자필 편지를 비치해 둔 실내의 창밖으로는 눈부신 햇살이 살랑이는 바람에 일렁였다. 아틀리에는 크지 않았고 소박해 보였지만 세잔이 살았던 당시에는 또 다른 느낌이었을 것 같았다.

구석에 커다란 사다리가 놓여 있었다. 영화에도 나오지만 세잔은 이 사다리 위에 올라가 커다란 캔버스에 그림을 그렸다. 『작품』에서 이 사다리는 클로드의 죽음의 도구가 된다. 특이한 점은 아틀리에 구석에 난 창문 모양이었는데 길고 좁고 높게 네모 모양으로 낸 이 창문으로 세잔은 커다란 캔버스를 올리고 내렸다.

따사로운 아틀리에를 나와 세잔이 생트 빅투아르산을 바라보고 그림을 그렸던 장소로 걸어갔다. 야트막한 고갯길이었고 사방이 고즈넉했다. 그다지 멀지 않게 산의 윤곽이 눈에 들어왔다. 날씨에 따라 산은 날마다 다른 모습을 보여 주었을 것이다. 바람이 불든 비가 오든 화구를 챙겨 들고 밖으로 나가 늘 그 자리에서 버티는 생트 빅투아르산을 수없이 그렸던 세잔의 뒷모습에는 예술가의 고뇌와 비장한 임무가 얹혀 있다. 연작으로 등장하는 〈생트 빅투아르산〉을 바라보면 시간에 시간을 들여 자신을 극복하고 '작품'을 탄생시킨 세잔에게 숭고함이라는 단어가 어울린다. 인간의 결함과 위대함에 숙연해지는, 영화 〈나의 위대한 친구, 세잔〉의 마지막 장면이다.

일하러 가시죠

　에밀 졸라는 아내와 자녀가 인정하는 꽤 충실한 결혼 생활을 했고 하루도 빠지지 않고 규칙적인 집필을 했다. 사회적으로도 명망을 갖추게 되면서 가정과 일의 측면에서 모두 행복을 누리는 장면은 영화에서도 드러난다. 자전소설 『작품』 속에서는 크게 드러내지 않았다. 단지 상도즈의 입을 통해 예술가의 결혼 생활이란 게 괴물과 싸워야 하는 것이라는 정도로 말한다. 클로드를 위로하고 응원하며 동시에 자신에게 똑같이 그러는 셈이다.
　『작품』에서는 예술가로서, 특히 당시의 인상주의 예술가로서 화가와 건축가, 글을 쓰는 자신을 그려 낸다. 세잔의 고뇌는 에밀이 소설 작품을 창작하며 느낀 것과 다르지 않았을 것이다. 소설 속 클로드가 자신의 작품이 실패라는 생각에 끊임없이 괴로워하면서도 희열하고 또다시 도전하는 과정에 상도즈와 서로의 생각을 대화로 나누는 장면이 길게 자주 이어진다. 고요히 들어볼 만한 대화이고 예술가로서의 열망에 잔잔한 감동이 밀려오는 장면이다.
　에밀도 상도즈라는 인물을 통해 예술가로서 창작자로서 고민과 열망을 자세히 드러낸다. 자신을 위한 위대한 변명이자 다짐일 것이다. 그리고 어떤 흔들림 속에서도 본연의 정신을 놓지 않고 충실히 복무해야 할 예술가의 의무로 돌아가는 결미는 결연하다.
　마지막 장에서 상도즈는 클로드의 주검을 구덩이에 묻고 "적어도 한 명의 논리적이고 용감한 남자가 있었다는 것만은 확실하다."라고 말한다. 눈물이 앞을 가릴 정도로 절망에 빠진 상도즈는 다시 정신을 차리고 옆에 있는 화단畵壇의 선생, 봉그랑에게 이렇게 말하며 『작품』은 끝난다.
"자, 일하러 가시죠. Allons, travailler!"

에밀 졸라는 구상 단계에서 늘 집필 밑그림을 그리곤 했는데 이 작품을 구상하면서도 그 윤곽을 길고 분명하게 적었다. 『작품』의 의도를 이해하기 위해 읽어 볼 만하다. 이 글을 당시 세잔이 읽지는 못했을 것이다. 읽었더라면 더 분개했을까, 아니면 작가 친구를 이해했을까. 졸라는 클로드 랑티에라는 인물에 대하여도 "극적으로 각색된 마네나 세잔과 같은 인물, 오히려 세잔에 가까운 인물"이라는 구상을 남겼다.

세잔의 실망과 분개와는 달리 소설은 소설이고 등장인물은 실제 인물을 각색한 가공의 인물이라는 사실을 잊지 않았더라면, 에밀이 말하고 싶었던 의도를 좀 더 깊이 이해할 수 있을 정도의 우정을 마음에 품었더라면 두 사람의 사이는 어떠했을까. 알 수 없는 일이긴 하지만 클로드를 성공한 화가로 그려 냈더라면 세잔은 화가들의 아버지로 불리는 인간승리의 결과를 내지 못했을지도 모른다. 누가 알겠는가.

에밀 졸라는 미완성 작품 앞에서 과도한 욕심을 가진 창작자를 죽음으로 몰아 파멸시킴으로써 자연의 우등함과 인간의 미약함을 증명하고 싶었을 것이다. 불구의 운명을 타고난 작품 앞에서 한 번도 완벽할 수 없는 예술가의 숙명적 한계를 고뇌하면서도 받아들이고 예술가로서 부단히 정진하는 것만이 예술가의 일이라고 생각했다. 그의 위대한 친구 세잔은 결국 에밀의 생각을 그림으로 구현해 낸 것이다.

크리스틴

 또 하나 인상적인 건 예술 작품의 절대적 권력 앞에 인간의 하찮음을 증명하는 에밀의 방식이다. 다른 소설에서는 여성을 전면에 등장시키지만 이 소설에서는 크리스틴을 클로드 옆에 등장시킨다. 새벽 2시 소나기가 퍼붓는 거리 풍경이 압도적인 『작품』의 도입부부터 곧바로 클로드와 동거하며 모델도 되어 주고 사내아이까지 낳은 여자. 크리스틴의 변해 가는 심리를 통해 날로 발전해 가는 세잔의 그림을 표현하고 그런 세잔의 그림을 깊이 이해하게 되는 단계에서 존경과 질투가 섞이는 과정까지 이어진다.

 실제로 가정과 아내에게 충실한 자신과 달리 에밀은 여자에게 자상하지 못하고 이기적이며 거친 면모를 자주 드러내는 변덕스러운 남자로 클로드를 창조했다. 화자로서 크리스틴의 고통에 찬 외로움을 자주 들여다보고 묘사한다. 크리스틴은 늙어 가는 자신의 육체와는 달리 그림으로 담긴 또 다른 자신, '다른 여자의 젊음에 질투심을 불태우고 살갗이 늘어져 가는 자기 몸에 수치와 모욕을 느낀다. 아름다움이 사라지면서 사랑이 떠나간다고 생각하여 절망하기를 거듭한다. 화가 클로드의 집요한 열망과 클로드의 충분히 훌륭한 작품을 비추는 또 다른 시선으로서의 크리스틴, 재능이 있었지만 희생된 여인이다.

 당시의 예술가들과 나폴레옹 3세가 마련한 낙선전(세잔의 그림은 여기서 마저도 혹독한 비난을 산다) 등 19세기 인상파 미술계의 다채로운 풍경을 엿보고 다른 화가의 그림을 찾아가며 읽은 만족스러운 시간이었다.

3일 금요일

  입원해 있는 동안 미뤄 두었던 성인 시각장애인 대상 프로그램, 드디어 개강날이다. 자동차를 조심스레 운전해 보았다. 오른발의 감각이 둔하고 접촉면이 붕 뜨는 느낌이었지만 발목이 아닌 무릎 아래 전체를 옮겨 가며 브레이크와 가속 페달을 조심스레 밟았다. 점자도서관에 주차하고 나니 온몸이 뻐근했다. 또 양해를 구하고 의자에 오른쪽 다리를 얹고 앉아 10주간 수업하며 그분들의 선한 에너지를 받았다. 낭송 대회에서 몇 분이 수상했다는 소식도 하반기에 들려 기뻤다.

우연히 만나 애송시가 될 수도

▶ 『꽃샘바람에 흔들린다면 너는 꽃』 류시화(수오서재)

지난 학기 성인 시각장애인을 위한 문학 수업은 '테마가 있는 시'였다. 매 차시 주제별 테마를 정해 비교적 접근하기 좋은 시부터 소개해 드리고 싶은 시까지 골라 두 시간을 꽉 채웠다. 귀로 듣는 데에 몰두하셔야 하니 낭송도 해 드리게 되는데, 낭송에 관심 있는 분들의 요청으로 이번 학기엔 '시 낭송과 감상'으로 결정했다. 낭송하기에 좋은 시를 골라 실제 낭송에 필요한 사항을 함께했다.

낭송시는 몸으로 짓는 또 하나의 시이므로 같은 시도 어떻게 낭송하느냐에 따라 다른 분위기가 된다. 시의 어조를 이해하고 자기 것으로 소화해야 청중에게도 감동이 전해진다. 시인의 원래 의도와 감정을 전달하는 것도 필요하지만 낭송자가 창조해 내는 발성에 따라 시의 느낌은 다르게 산다. 자신의 목소리 색깔에 어울리는 시를 고르는 게 중요하다. 자연스럽게 우러나는 진동과 명확한 전달이 중요한 건 말할 것도 없다.

시가 좋아지고 시가 가슴에 들어온다고 말씀하시는 분들. 이미 시를 사랑하는 마음이 있으니 불편한 환경에도 여기까지 나오신다는 걸 알기에 늘 존경스럽다. 우리는 모두 한마음으로 기쁘고 보람된 시간을 보냈다. 4차시 때는 장마가 시작된 날이라 오시기 불편하면 어쩌나 했는데 다행히 비가 오지 않았다. 장마가 오더라도 금요일만은 잠시 무춤하면 좋겠다고 생각했다.

도서관으로 운전 중 'EBS 라디오 북카페'를 듣는다. 어느 날에는 김소연 시인이 이수명 시집 『물류창고』를 들고 나와 첫 번째 시 〈물류창고〉를 낭독했다. 이수명 시인은 거리에서 물류창고라는 단어를 보자 바로 시의 습격이 시작되었다고 했다. 어느 날에는 김혜순 시인의 시집 『지구가 죽으면 달은 누굴 돌지?』가 소개되었다. 어머니를 소재로 쓴 시들 중 〈엄마란 무엇인가〉는 엄마라는 생명체에 이어져 있는 또 다른 엄마로서 '나'라는 여성 화자에 대한 통렬한 시선이 빛났다. 소개하고 싶었지만 이번 수업에 오시는 분들에게는 밝고 친근한 시를 전해 드리고 싶었다.

『꽃샘바람에 흔들린다면 너는 꽃』은 이 수업을 주관하는 부산시민도서관에서 특별히 수강생들을 위해 준비한 시집이다. 비교적 낭송하기 좋은 신간 시집 중에서 골라 추천했다. 평소 시인이 번역한 시를 좋아한다. 번역된 시를 읽는 건 레인코트를 입고 샤워하는 기분이라고 영화 〈패터슨〉에 나오는 일본 시인이 패터슨에게 말한다. 하지만 번역자에 따라 다른 느낌이란 건 두말 할 것 없다.

1980년 시 등단 후 『시운동』에서 활동하다 1983년부터 활동을 끊은 시인은 필명 류시화로 인도 등을 다니며 수행과 영적 체험에 든다. 내면의 소리에만 귀 기울인다는 평을 받기도 하지만, 시가 꼭 난해해야 할까. 수강생 중 몇 분도 그런 점에 대해 질문했다. 이 시집에 수록된 〈슬픔에게 안부를 묻다〉를 듣고 시가 이제 마음에 들어온다고, 시가 이렇게 좋은 줄 이제 알겠다고 어느 분이 말씀하셨다.

그렇구나. 이렇게 스며들어 심경을 대변하고 가슴 촉촉해질 수 있다면 그분의 여생에 애송시가 되어도 좋겠구나, 그런 생각이 들었다. 그렇게 말한 분은 칠십 대 후반 여성이고 후천적 시각장애인인데 한글 포인트 30 정도면 글자를 읽을 수 있다. 담당 선생님이 자료를 확대 프린트해 드리고 점자를 읽을 줄 아는 몇 분에겐 점자로 만들어 드린다. 여러 가지로 쉽지 않은 조건에서도 항상 밝은 분들. 한 주 또 무탈하게 보내시고 다음 주에도 건강한 모습으로 만나길 바라며 조심히 차를 몰고 돌아왔다.

특히 내 마음에 들어온 시는 〈고독과의 화해〉였다. 문밖에서 서성이다가 내 마음의 적막을 틈타 문 두드리는 존재. 내가 문을 열고 나갈 구실을 만들어 주는 존재. 그의 많은 이름 중 하나는 고독이라지.

9일 목요일

착한 고양이 모꾸가 식구가 된 지 3년이 되었다. 가장 많은 시간을 나와 보냈는데 한 달 만에 나타난 내가 휠체어에 앉은 채 들어서자 놀라 다가오지 못했다. 소심한 녀석이 멀찌감치서 동태를 살피며 한동안 멈칫거리길 반복했다. 이상하게 생긴 덩치 큰 존재에 겁먹은 녀석이 웃겨서 적응되려면 또 시간이 가야겠구나 하고 기다렸다. 내가 시무룩하거나 화난 표정이면 눈이 똥그래져서 쳐다보는 녀석이 슬그머니 다가와 바퀴를 툭툭 건드렸다. 술래잡기를 하며 놀아 주지 못해 영 심심한 눈치였다. 존재 자체만으로 위안이 되는 신통방통한 생명체와 나는 동거한다.

시민 기자로 반려동물 부문을 맡았다. 한 달에 두 번 정도 기사를 쓰면서 고양이와 강아지, 다양한 반려동물 관련 정보에 관심을 두었다. 연초부터 활동했어야 하는데 발로 뛰어다닐 수 있는 상황이 아니라 오월부터 전화 인터뷰와 서면 인터뷰로 기사를 썼다.

함께 사는 삶에는 여러 가지를 내어 주고 교감해야 행복이 따라온다. 나는 우리 집 고양이 모꾸와 침대도 소파도 부엌도 베란다도 공유하지만 특히 화장실이라는 은밀한 공간을 함께 쓴다. 모꾸가 좋아하는 수족관 옆 화장실의 한구석에 자리를 마련해 주었다. 모래를 새로 갈아 주면 모래 위를 뒹굴기도 한다. 미처 못 치워 감자 덩이가 남아 있으면 내게 와서 야옹거린다. 바로바로 치워 줘 버릇해서인 것 같다.

처음 왔을 때 화장실 교육을 할 필요도 없이 본능적으로 그곳을 찾아가 너끈히 일을 보고 나오는 걸 보고 경탄했다. 앞발로 모래를 야무지게 싹싹 긁어 자신의 속 깊은 냄새를 덮는 걸 보고 또 신기했다. 생존 본능이라고 하지만 사람보다 낫지 뭔가. 물론 처리는 내 손이 가야 한다. 소위 맛동산 캐기, 감자 캐기. 요상하게도 사랑하는 여린 존재의 배설물에서는 냄새가 안 난다. 그래도 화장실에 은근한 냄새가 배는 것 같아 탈취제도 뿌리고 덮개 달린 통에 배설물 봉지를 넣어 두었더니 괜찮다. 보조 기구를 설치해야 해서 몇 달간 화장실을 같이 쓰지 않았다. 하루에 일고여덟 차례 정도 내 손으로 처리하는 임무에서 벗어나 있은 지석 달이 지났다. 이제 두 발로 딛고 일어설 수 있으니 슬슬 다시 복무해야 할 기쁜 일이다.

작은 구석
▶ 『깃털』 클로드 앙스가리(책공장더불어)

깃털처럼 (무게가) 가볍고 사랑스러운 책이다. 클로드 앙스가리가 8년간 함께 산 고양이 '깃털'을 떠나보낸 후 쓴 다정한 편지 『깃털』은 종을 떠난 사랑과 연대를 증언한다. 우리에게 남은 기억은 함께 있을 때는 미처 깨닫지 못하는 말을 무시로 걸어온다. 『깃털』은 떠난 생명이 여전히 현존하는 우리의 삶을 차분히 들여다보게 한다.

브르타뉴 지방의 최서단에서 문학 선생으로 활동하고 글을 쓰며 음악과 동물을 사랑하는 클로드 앙스가리. 번역가 배지선은 고양이와의 삶을 시작한 이후 이 공동의 삶을 고민하는 이들 중 한 사람이 되었다고 한다. 표지 그림으로 등장한 몽글몽글한 고양이는 실제 고양이 '깃털'을 닮은 건지 잘 모르겠다. 애정과 연민을 나누는 존재와 함께 사는 사람, 함께 살다가 혼자가 된 사람이라면 소란스럽지 않은 문장들에 담긴 가벼운 무게에 가만가만 위로받을 것이다.

클로드는 "집을 통틀어 하나의 공간, 부엌과 직접적이고 논리적 관계, 즉 원인과 결과라는 자연적인 관계를 이루고 있는 작은 공간, 필요를 해소하는 작은 구석"이 집에 있다고 했다. 고양이는 작은 구석을 좋아하고 작은 비밀 구석이 필요한 존재다. 우리가 그렇듯.

나와 모꾸는 그 작은 구석을 같이 쓴다. 내가 변기에 앉으면 녀석도 슬그머니 따라 들어와 자신의 네모난 해우소에 조용히 들어간다. 드나들기 좋게 처음부터 뚜껑을 떼어 주었다. 연약한 생명체가 명상하듯 눈을 지그시 감고 오줌이나 똥을 눈다. 동시에 두 가지 일을 보지는 않는다. 우리는 서로 시선이 마주칠 때도 있지만 턱시도를 입은 녀석은 대개 45도 정도 고개를 돌려 턱을 살짝 들고 그 순간을 음미한다. 집사 너는 예의도 없이 나를 빤히 쳐다보지만 나는 너의 민망한 순간을 모른 척, 시선을 피해 주겠다는 듯. 신중함과 친밀함의 균형, 소박함과 솔직함이 밴 태도가 이 작은 구석에서 하루에도 몇 번씩 일어난다.

가벼움과 다정함이 필요한 때면 '사랑은 계산되지 않는다'고 말하는 이 책을 펼친다. 그야말로 깃털처럼 가벼우니 창가 의자에 다리를 올리고 앉아 한 손에 쥐고 보기에 좋다.

**

『고양이를 쓰다』(박성민 엮음, 시와서)에는 수필, 시, 단편소설로 고양이를 쓴 작가들의 소품이 실려 있다. 나쓰메 소세키는 1909년 수필 〈고양이의 죽음〉에서 생명에 무심한 듯하면서 애정을 보인다. 『나는 고양이로소이다』의 주인공인 이름 없는 고양이가 이 고양이다. 이후 데려온 고양이들에게도 이름을 짓지 않고 그냥 '고양이'라고만 불렀다. 언젠가는 올 피할 수 없는 이별의 감정으로부터 미리 단정한 거리를 유지한 게 아닌가.

나이 들어 아픈 고양이를 소세키는 세심하게 관찰했고 죽은 후 고양이를 데려갈 인력거꾼을 불러 묘표를 써 준다. 앞면에는 '고양이의 죽음'이라고 쓰고 뒷면에는 하이쿠로 썼다. 아픈 고양이의 눈동자에서 본 "해가 지고 희미한 번개가 치는 듯한 느낌"을 살린 시구다.

"여기 아래에／ 번개가 친다／ 밤이 오려나"

고양이가 죽고 나서야 아이들은 갑자기 다정한 행동을 했고 아내는 연어 한 토막과 가쓰오부시 얹은 밥을 무덤 앞에 올린다. 살아서 온전히 주고받아야 미진한 그리움으로부터 자유로울 것이다.

13일 월요일

우도에서 사고가 있기 두 달 전 그러니까 2022년 새해가 되자, 미뤄두었던 올레길을 떠올렸다. 이제 본격적으로 한번 걸어 보고 싶다는 생각이 들었던 것이다. 우도는 제1-1코스에 들어간다. 코스를 모두 따르진 않고 나름 약식으로 조금씩 시작해 보려고 했는데 그만 당일로 브레이크에 걸렸다.

Buen Camino

▶ 『제주올레여행』 서명숙(북하우스)

 놀멍 쉬멍 걸으멍, 이 책을 오래전 사 두었다. 제주를 수차례 갔지만 이 책을 펼쳐 보지 않았다. 누가 정해 놓은 길을 따라 걸을 생각을 안 했던 것이다. 그러면서 왜 샀던지 모르겠지만, 못 할 형편이 되니 더 하고 싶어 이 책을 들춰 본다. 사진만 봐도 가슴이 뻥 뚫린다. 눈으로 가슴으로 따라 걸으며 두 다리로 걸을 수 있다는 건 기적에 버금간다는 걸 절감한다. 책에는 내가 가 본 곳들도 많지만 걷기에 집중해 새로이 길을 경험해 보는 건 또 다른 기쁨일 것이다.

 제주에서 나고 자란 서명숙은 일찍이 오십 살 생일을 한 달여 앞두고 혼자 800km 스페인 산티아고 길에 올랐다. 걷는 내내 자신을 키워낸 고향 제주가 그리웠다고 한다. 여정 막바지에 한 영국 여자가 말했다. "우리가 이 길에서 누린 위안과 행복을 다른 사람들에게 나누어 줘야만 한다. 당신은 당신의 나라로 돌아가서 당신의 까미노를 만들어라. 나는 나의 까미노를 만들 테니." 이 말에 감전되었다고 서명숙은 서문에 썼다.
 그는 학생 운동 시절 고난을 함께한 사람들, 그 처음의 열정에 관한 이야기 『영초언니』(문학동네)에서 영광스럽지 못한 삶의 순간마다 가장 어려웠던 시기의 그날로 돌아가게 된다고 했다. 우리가 정작 추억으로 간직하고 힘을 얻어 빠져나올 수 있는 지점은 가장 힘들고 막막했던 그날

들에 있다는 것이다. 나는 동감의 박수를 보냈다.

제주는 언제 가도 좋은 곳이 수두룩하지만 특히 납읍난대림은 추천하고 싶은 곳이다. 올레 코스에는 속하지 않는다. 애월읍 납읍리 마을로 들어가 골목을 조금 걸어도 좋다. 가장 최근은 재작년 시월, 코로나 상황이었지만 훌쩍 떠났다.

마을에 예전엔 없었던 소담한 카페가 있었다. 마침 고등어 무늬 고양이가 내 곁을 바삐 지나갔다. '초록달'이라는, 이름도 예쁜 그곳에서 커피를 마시며 다리를 좀 쉬었다. 갑자기 내린 비에 주인장에게 우산을 빌려 쓰고 나왔다. 마스크를 벗고 빗소리를 들으며 혼자 숲으로 걸어 들어갔다. 맑고 시원한 비 냄새와 우산 지붕을 후두둑 때리는 소리가 마냥 좋았다. 우산을 돌려주러 다시 카페에 갔다. 학생 같아 보이는 젊은 커플이 부탁하길래 사진을 몇 장 찍어 주었다. 내 사진도 찍어 주겠다고 해서 사양하며 마냥 좋은 호우시절을 향해 배시시 웃어 주었다.

처음 간 건 2014년 9월 2일이었다. 당시 생채기를 달래려 내린 처방전 삼아 휘적휘적 내키는 대로 다니다 무언가에 이끌려 이 숲으로 왔다. 몇 번 갈 때마다 사람이 없었고 그래서 내겐 천생 비림祕林이다. 혼자 알고 싶은 곳, 새소리만 들리는 이 숲은 사람의 목소리 따윈 없어야 할 곳이다. 처음 이곳을 다녀온 후 초고를 써 두고는 오래 묵혔다. 그날 이후 내게 온 어떤 상황에서든 이 숲이 생각났다. 여름이 바짝 다가오고 있었다.

비림秘林

 도시가 여름을 향해 팔을 벌린다. 여름이 지나면 초록 잎사귀들이 울긋불긋 꽃을 피우는 두 번째 봄을 통과해 정열의 언저리마저 다 태워 버릴 휴식년이 찾아올 것이다. 영원한 휴식의 시간은 근사할까. 알 수 없는 일이다. 자신을 태우지 않아도 되는 상록 난대림, 울창한 그 숲으로 가고 싶어진다.
 세상에 같은 길은 없다. 초행길은 멀고 힘들지만 두 번째 길은 좀 더 가깝고 수월하다. 인생행로에도 두 번째가 있다면 좀 다를까. 사흘의 휴가를 나에게 주기로 하고 비행기에 오른다. 그해 막바지 여름에도 꼭 그랬다. 가방 하나 달랑 메고 이른 아침 제주에 내렸다. 굽이감는 해안선을 따라 애월읍을 휘휘 다니다가 가지고 간 책에서 처음 보는 이름의 숲에 이끌렸다. 수수한 마을로 들어가 아담한 운동장이 보이는 납읍초등학교를 마주하고 납읍난대림 입구에 섰던 게 엊그제 같다.
 그리웠던 숲에 다다르자, 포슬포슬 내리던 빗줄기가 굵어진다. 푸른 잎 성성한 후박나무가 고색창연한 일주문인 듯 우매한 객을 반긴다. 서서히 숲의 품으로 들어간다. 두 발로 걸어서 들어가지 않는 관계란 헛것이다. 바람이 잠 깨지 않은 아침 숲에 새소리만 간간이 백색소음으로 들려온다. 참말로 명랑한 소리다. 삶도 그렇게 가벼워야 하거늘. 잠시 무춤하다 다시 발걸음을 놓는다.
 온몸의 숨구멍이 뚫리는 것 같다. 눈망울만 쳐다보며 서로 거리를 두는 동안 마음의 거리는 어찌 되었을까. 그 거리가 안녕하면 참이라는 생각이 든다. 마스크 쓴 얼굴이 낯설어 피식 웃으며 마음 한편에 몰아

낼 수 없는 의심과 불안이 바이러스보다 더한 공포였던 건지도 모른다.

나만 아는 숲일 리야. 숲을 독차지하니 나만 알고 있다는 착각이 든다. 사람의 손길이 닿지 않은 숲에 다시 오고 싶었다. 도심 가까이에도 잘 조성된 숲이 있지만 내가 그리웠던 숲은 그런 숲이 아니다. 인위적인 것, 의무적인 것, 사회적인 것들에서 놓여나고 싶었다. 두 발로 걸어서 들어가기 어려운 미천한 관계 속에서 허탈감에 자주 허우적댔다.

초록 생명을 고스란히 간직한 이 난대림은 금산錦山공원이라 불리는 1만 3천여 평 땅이다. 원래 빌레왓(돌무더기)이었다고 한다. 풍수지리적으로 화재가 염려되어 액막이 나무를 심고 벌목을 금해 금산禁山이라 부른 것이 수백 년 세월이 흘러 '금지 禁'은 '비단 錦'으로 바뀌고 울창한 숲이 되었다. 원시림이 민가와 한동네에서 동숙하다니.

우산을 두드리는 빗소리가 새소리만큼 청량하다. 물기 머금은 흙 내음과 싱그러운 나무 내음에 머리가 맑아진다. 피톤치드로 씻기며 숲을 홀로 갖는 금쪽같은 시간. 처음 보았을 때 이 시원始元의 숲은 마냥 안겨들고픈 내게 비현실적인 느낌을 주었다. 이번엔 숲이 오히려 친근하게 안겨 든다. 깊은숨을 들이마시며 삶이 주는 의외의 선물에 가슴이 벅차오른다. 이 세상에 진실로 소유할 수 있는 것. 순한 눈과 열린 가슴, 느린 발걸음만 내어 주면 될 것을.

시간을 거슬러온 듯 신비한 숲속에 나는 들어와 있다. 짙푸른 수음樹蔭에 우거진 넝쿨과 마삭줄 정령의 손길이 눌어붙은 영혼의 찌꺼기를 더듬는다. 약손이 쓸고 간 듯 온화한 저릿함이 퍼진다. 초록 물 내음이 허파에 스미자, 조이고 짓눌렸던 가슴이 한껏 퍼진다. 여우비였던가. 우람한 나무가 치받든 쪽으로 고개를 드니, 그늘 짙은 숲의 빼꼼한 초록 틈새로 손바닥 반만큼 빛나는 하늘이 보인다. 반짝! 생의 환희도 그렇게 눈부신 틈에 숨어 있을 것이다.

저만치 원생림이 더 가까이 오라 부른다. 올망졸망 삐죽빼죽 돌길을 밟고 안쪽으로 들어서자 더욱 짙은 상록수림이 기다린다. 이름을 다 알 수 없는 난대 식물들의 영지靈地로 이끌린 나는 상록활엽수림의 위용에 압도되어 가닿을 수 없이 높은 곳을 우러러본다. 한결같다는 것, 늘 푸르다는 것은 무엇을 품고 무엇을 견뎌야 함일까. 작은 풀 한 포기일 뿐인 나는 나무처럼 의연하라는 숲의 목소리를 들은 것 같다. 옷깃을 여미듯 발밑을 살피며 조심스레 나아간다.

귓전을 떠나지 않는 새소리를 따라 왼쪽으로 올라가니 현무암 돌담 안쪽으로 기와집 한 채가 보인다. 마을제를 지내는 사당, 포제청이다. 포제단 터에 이끼 낀 바위가 묵묵히 비손하고 섰다. 예로부터 납읍리 유림촌 선비들은 영험한 기운이 서린 이 숲에서 영감을 얻어 시를 짓고 마을의 풍요와 무사안녕을 빌며 제사를 지냈다. 인간만이 벌이는 기원祈願의 한판 굿, 시작詩作과 제사祭事는 서로 닮았다.

더 깊은 수풀로 들어간다. 크고 작은 바위 위로 소담하게 앉은 세월의 이끼가 포슬포슬하다. 숲에서는 숨길을 다 헤아릴 수 없는 풀과 초록 덩굴이 어우렁더우렁 제 몸을 허적허적 날려서 산다. 몸피가 어마어마한 난대림 나무들도 제각각의 모양새로 서로 사이를 두고 기대어 일가를 이룬다. 굽은 나무든 곧은 나무든 자신을 친친 휘감는 초록 동종同宗을 기꺼이 안아 준다. 갖가지 처음 보는 버섯들도 나무에 기생해 목숨을 잇는다. 서로 넘보지 않고 탓하지 않으며 자기 자리에서 말 그대로 자연스러워서 보배로운 생명! 서로 어여삐 여기며 제 모습을 지킨다는 건 얼마나 올바른 일인가. 서로 불쌍히 여기며 제 모습을 지킬 수 있게 해 주는 건 또 얼마나 따뜻한 일인가.

발아래에 견고한 나무뿌리가 흙을 뚫고 올라와 있다. 사방으로 뻗어 나간 힘찬 뿌리가 무언의 말을 한다. 마음의 뿌리를 잊지 말라고, 그 출발지의 마음을 잃지 말라고. 늦잠에서 깬 한 자락 바람이 온몸을 훑고 지나간다. 비림祕林을 적시는 바람처럼 빗물처럼 시간의 춤은 또 흐를 것이다. 품 넓은 그늘과 영롱한 빛을 동시에 보여 준 숲! 제 삶의 숲으로 방향을 돌려 걸어 들어가고 있는 하얀 얼굴의 딸에게도 숲이 들려준 목소리를 전하고 싶다. 지상으로 올라온 뿌리의 전언傳言을 간직하며 내 마음 시원始原의 숲을 마법처럼 빠져나온다. 이토록 홀가분할 수가! -《에세이문학》2022년 여름호

24일 금요일

미국이 49년 만에 낙태법 합법화 판결을 공식 폐기했다는 뉴스가 나왔다. 현재 60개 나라에 철저히 금지되어 있고 스웨덴 등 60개 나라에는 완전히 허용되어 있다. 우리나라는 헌법불합치 3년째다. 성인 여자라면 임신 중지 경험이 없는 여자들은 흔하지 않을 것이다. 이유야 여러 가지가 있을 것이고 중요한 건 몸의 결정권이다. 생명 존중 어쩌고는 몸으로 겪어 보지 못한 남자들의 몽상적 시선에 가까울 가능성이 크다.

몸의 결정권

▶ 『사건』 아니 에르노(민음사)

아니 에르노의 『사건(레벤느망)』에는 영화 〈타오르는 여인의 초상〉의 한 장면을 즉각 떠올려 주는 문장이 나온다. 원치 않는 결혼을 앞둔 귀족 아가씨의 초상화를 그리기 위해 외딴섬 저택에 간 화가 마리안느가 하녀가 임신중절 시술을 받는 장면을 그리는 장면이다. 역사에 가려진 여성 미시사, 그 비밀스러운 장면을 그림 그리게 한 셀린 시아마 감독은 에르노의 이 문장을 보았을까.

'레벤느망L'Événement'은 세잔이 그린 그림 〈신문을 읽고 있는 화가의 아버지〉에서 아버지가 보고 있던 신문 이름이기도 하다. 보수 성향의 신문을 보고 있는 아버지의 손에 당시 에밀 졸라와 친했던 세잔은 진보 성향의 신문 '레벤느망'을 그림으로 그려 쥐여 준다.

여자의 생에 그건 생명을 잉태한 걸 알게 된 때만큼이나 사건이다. 사건을 치르고 성당에 들어가서 신부에게 고해하고 이내 실수했음을 깨닫는 여주인공. '나(아니 에르노)는 광명을 찾았다고 느꼈는데, 신부에게는 범죄자일 뿐이었다. '나'는 성당을 나오며 종교의 시대가 끝났음을 안다고 말한다.

아니 에르노는 노동자 계급의 부모를 의식해 지적 상승을 꿈꾼 대학생 시절 1963년 10월부터 1964년 1월 21일까지 자신의 몸에 일어난 일을 이 소설로 용기 있게 고백한다. 아니 에르노의 다른 소설보다 더욱 베일 듯 날카로운 사회적-자전적 소설이다. 조마조마 기다리던 생리가 나오지 않고 임신했다는 사실을 알게 된 순간부터 임신하지 않은 상태가 되기까지 벌어진, 그동안에는 수많이 생략되었던 이야기를 정확하고 치밀하게 쓴다. 이 소설을 원작으로 한 동명의 영화 〈레벤느망〉(오드리 디완, 2022)은 원작의 충격만큼 강하게 단단한 벽을 부수며 날카로운 통증을 부른다.

에르노는 남자들은 겪지 못하는 경험에 대한 막연한 매혹을 지적하고 존 어빙의 소설 『사이더 하우스The Cider House Rules』(프랑스어로는 '신의 작품, 악마의 몫'으로 번역됨)에서 대중이 사로잡혔던 엄청난 매혹에도 냉소를 보낸다. 작품 속 인물의 가면을 쓴 작가는 끔찍한 불법 임신중절 시술로 죽어 가는 여성들을 바라보고 모범적인 병원을 만들어 여성들이 그 안에서 제대로 된 중절 시술을 받도록 하고 출산 후 버려진 아이들도 그곳에서 자라게 한다. 그렇게 존 어빙은 여성들의 삶과 죽음에 관한 능력과 몸의 결정권을 여성에게 주지 않고 남성 자신의 것으로 만들어 규제한 것이다. "자궁과 피에 대한 몽상."

에르노의 이런 문구에서 나는 삶과 죽음에 관한 여성의 창조적 능력을 기묘한 방식으로 그려 낸 영화 〈죽어도 좋은 경험〉을 보았을 때의 신성함을 떠올린다. 악마적 유미주의 김기영 감독의 미개봉작 특별전으로 보았는데 지금은 2021년 복원된 필름이 나왔다.

영화 〈브로커Broker〉(고레에다 히로카즈, 2022)를 아침 첫 시간에 관람하러 갔을 때 청일점에 위쪽으로 여자 셋, 아래쪽으로 여자 넷이 앉았다. 아랫줄에 앉은 여자들 중 셋은 나보다 열 살 이상 많아 보였고 나머지는 나와 비슷해 보이는 연령대였다. 우리는 모두 어떤 생각으로 이 영화를 보았을까. 남자는 여자들과는 다른 결의 생각을 하며 각자 몸의 추억을 떠올렸을 것이다.

로드 무비 형식으로 우리나라 곳곳의 소박한 풍경을 잔잔하게 담으며 고레에다 히로카즈는 〈어느 가족〉의 다른 버전 같은 영화를 만들었다. 희망적이고 온기 있고 아무튼 착한 동화 같은 결론을 내고 엔딩 크레딧이 올라갔다.

결론이 아프지 않아 마음은 놓였지만 몇 가지 심란한 질문을 던졌다. 임신중지(낙태), 유기, 입양, 보육원, 영아 매매, 미혼모 지원, 출산보호법···. 고아로 이른 나이부터 성매매자로 산 소영(세상에 믿을 사람 없다고 생각하는 소영은 처음엔 선아라고 거짓말한다)은 뒤를 쫓아온 여형사의 멱살을 잡고 잡아먹을 듯 쏘아붙인다. 낳기 전에 죽이는 게 낳고 나서 버리는 것보다 죄가 적으냐고. 버릴 거면 낳지 말았어야지, 라는 여형사의 추궁에 역으로 쏜 대답이다. 소영을 빌어 고레에다가 덧씌우는 죄책감이고 여자에게 그런 죄책감 정도는 있어야 할 거라고 말하는 듯해 마음이 불편했다.

이 대사는 샬럿 퍼킨스 길먼이 『엄마 실격』의 첫 문장으로 쓴 "두말할 것 없어요! 세상 무엇을 준다 해도, 자기 자식을 버리는 엄마는 없어요!"를 불러 준다. 한 여자의 엄마 자격을 두고 이런 말을 한 사람들은 대개 마을의 여자들이었다. '엄마 자격'이라고 하는 말은 무겁기 그지없다. 고등학생 부부가 임신을 중지하지 않고 용감히 삶을 뚫고 나아가는 내용을 담은 드라마를 보았다. 임신이 교칙으로도 허용되어 있다는 사실은 처음 알았다.

오래전 몸의 기억이 떠올랐다. 낙태에 대해 소영이 미리 느낀 죄책감 같은 건 없었다. 우리는 모두 상세히 고민하지 않았던 것 같다. 그때 임신중지를 하지 않았더라면 어땠을까. 처음에 나는 그런 생각을 조금은 했었다. 5, 6년 정도 일찍 엄마가 되었더라도 지금의 삶과 크게 다르진 않았을까. 모를 일이다. 당시로는 나보다 양가 어른들의 상황이 더 어려워 보였다. 결혼식 전이었고 한 번은 결혼식 후 남편이 군대에 간 후였다. 일명 혼수라고 생각하는 요즘과는 다른 정서가 몸의 결정권을 압박하는 사회적 무게로 작용했다.

의원은 역전 골목 안에 있었다. 나를 데려간 엄마는 소파 수술이라고 불렀다. 뜨듯한 회복실 방에 누워 한숨 자고 골목을 힘없이 걸어 나왔던 기억만 난다. 마음이 아무렇지 않았던 건 아니다. 집에 돌아와 하루는 그냥 아랫목에 누워 있었다. 몸이 감당해야 하는 몫은 오롯이 여자에게 있다는 게 억울한 기분도 어렴풋이 들었다. 남자는 전혀 알 수 없는 몸의 일이고, 지금도 상상하지 못한다. 기억에 없으니까. 위험하다는 말은 구체적 상황에 놓여 있지 않은 이들의 막연한 환상이거나 무책임한 말일 가능성이 크다. 임신중지는 몸의 선택권에 그치지 않고 포괄적으로 여성 삶의 결정권에 닿아 있다는 사실이 중요하다. 몸의 흔적은 지워지지 않는다. 추억만 희미해질 뿐.

잡지 《IF》는 2001년 봄호 특집으로 낙태 문제를 공론화한 적이 있다. 쉬쉬하는 문제를 끄집어낸 것이다. 아이들은 가정의 분위기와 부모의 말, 도서 및 교육 환경으로 은연중 많은 걸 습득하게 된다. 당시 아이들과 다양한 어린이책을 접하면서 성 역할에 대한 고정 관념과 왜곡된 의식을 심어 줄 내용에 고민이 있었다. 이 잡지에 『약이 되는 동화 독이 되는 동화』(심혜련, 이프)에 대한 내 서평이 실렸다. 당시 뜻깊게 창간된 페미니스트 잡지로 이후 계속 발행되다 언젠가 폐간되었다.

『임신중절』리처드 브라우티건(비채)

1984년 권총 자살로 생을 마감한 리처드 브라우티건의 소설 『임신중절』의 부제는 '어떤 역사 로맨스 1966'이다. 설정부터 기발하고 문장은 날아갈 듯 유쾌하다. 책이 되지 않은 원고를 보관하는 도서관에서 일하는 남자와 그 도서관을 찾아온 미녀 바이다가 등장한다. 이 여자의 미적 카리스마는 누구도 대적할 수 없는 수준이다.

아무 때고 불쑥 시간을 가리지 않고 자신이 쓴 글을 가져오는 사람들 때문에 이 도서관은 연중 24시간 무휴다. 남자는 누가 찾아오든 기억할 만한 특이 사항을 메모해 둔다. 그중에 〈닥터 오의 '합법적 낙태의 필요성'〉이라는 메모 글이 있다. 이 원고를 가져온 자는 삼십 대 후반 남성 의사였다. 그가 300페이지 분량의 깨끗하게 타이핑된 원고를 남자에게 주며 그냥 알아서 해 달라고만 한다는 내용이다. 자신이 할 수 있는 일은 이게 전부라는 것이다. 그러곤 단물 빠진 껌을 뱉듯 말한다. "빌어먹을, 유감이네요."

사랑에 빠진 젊은 두 사람은 여자의 임신중절을 위해 낙태가 합법인 멕시코 티후아나로 가는 데 동의한다. 아직은 아이를 낳아 기를 형편이 못 된다고 생각하기 때문이다. 이 소설은 꽃피우지 못하고 금속성 기계 문명에 의해 제거할 수밖에 없는 생명과 상실한 목가적 낭만을 도서관이라는 공간과 도서관 밖의 세상에 비유한다. 여자의 이름, 바이다는 스페인어로 Vida, 생명이라는 뜻이다. '나의 첫 임신중절'부터 세 번째까지로 제목을 붙여 가며 여러 차례 사장될 뻔한 저자 자신의 글도 빗대어 놓았다. 신체적 임신중절은 말할 수도 공감할 수도 없을 것이다. 남자이기 때문에.

브라우티건이 이 소설을 쓸 당시 캘리포니아는 낙태 수술을 불법으로 규정했다. 소설이 출판된 1971년에는 합법이 되어 부제가 '로맨스'에서 '역사 로맨스'로 바뀌었다. 임신중절 수술 금지법이 역사 속으로 사라졌기 때문이다. 미국의 새 낙태제한법은 낙태 금지 시기를 임신 20주에서 6주로 앞당기며 강간이나 근친상간에 따른 임신의 경우에도 허용하지 않는 법이다. 50개 주 가운데 26개 주가 금지할 전망이라니 2022년 미국은 1966년 그때로 돌아가려는 걸까.

**

강렬하고 슬프고 아름다운 영화 〈스왈로우Swallow〉(카를로 미라벨라 데이비스, 2020)도 권하고 싶다. 전혀 원하지 않은, 그야말로 사건이었으나 모친의 종교적 가치관 때문에 중지하지 못하고 세상의 빛으로 내놓을 수밖에 없었던 딸. 성인이 된 여자와 엄마의 숨은 이야기가 드러나면서 그동안의 삶은 말 못 할 아픔을 짓밟고 위태로이 서 있었다는 걸 알게 된다. 겉으론 화려하지만 어딘가 불안하고 자존감이 결핍되어 보이는 여자에게는 세상의 빛이 아니라 어둠이 늘 도사리고 있었다.

상처가 깊이 밴 이 여자는 뭔가를 자주 삼킨다. 자기 존재감만큼이나 아프고 차갑고 날카롭다. 여자 몸을 출산의 도구로만 여기는 오만한 사람들이 사는 집에서 탈출해 자신이 태어난 배경을 직면하기로 용기를 낸다.

몰랐던 아버지와 상면하는 장면이 인상 깊다. 그가 새 삶을 꾸려 살아오면서 죄책감을 가진 걸로 보였다면 좀 보상이 되었을까. 세월이 흘러 남자 자신도 놀라우리만치 모호해진 죄의 민낯을 확인하고 여자는 허탈감에 돌아 나온다. 그리곤 어떤 '확신'을 하는 묘한 표정을 보인다. 마지막 장면도 꽤 인상 깊다. 어느 한 여성의 목소리가 아니라 다수의 목소리라는 걸 영화는 주지시킨다. 몸의 결정과 자기 삶의 선택에 단호함이 필요한 다수를 생각하며 이 영화!

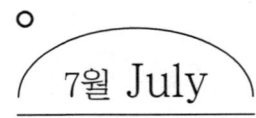

1일 금요일

  작은이모가 반찬을 해서 날 보러 왔다. 우리는 소소한 이야기로 이어진 강물을 굽이굽이 잘 넘어왔지만 앞으로 또 어떤 물살이 다가올지 알 수 없다. 겉으로 보아서는 모르는 일. 중요한 건 내부의 틈새 먼지와 고요한 이동, 감정에 있다. 모르고 있었던 사건도 알게 되어 한 사람의 고단한 생이 애잔하게 느껴졌다. 희미한 윤곽만 남아 있는 일들, 부끄러워 말 못 할 이야기, 가족에게 묻어 둔 서운함 같은 게 엿보여 손발이 고운 채 나이든 얼굴을 다시 보았다. 일상을 온기 있게 꾸리는 이모는 매사 주인공을 자처하지 않는다.

내 인생의 주인공 따위

▶ 『명랑한 은둔자』 캐롤라인 냅(바다출판사)

캐롤라인 냅의 마지막 저서 『명랑한 은둔자』는 이지적이고 냉담했던 부모에게서 건져 올린 한 줄기 따스한 기억과 중독성에 빠졌던 자신에게 메스를 댄다.

우리의 기억과 감정은 때때로 우리를 속인다. 감정은 신체에 연결되어 있어 슬픔의 바닥도 몸의 변화에 따라 기쁨의 고지로 끌어올린다. 불행의 색감은 시간이 흘러 흐려지고 행복의 물감이 덧칠되어 살게 한다. 그리고 억눌려 있던 꿈과 욕망이 주머니 속 송곳처럼 삐죽 나온다. 우리의 통제되지 않는 욕구들은 대개 두려움에 뿌리를 두고 중독으로 나아가 진실을 회피하려 든다. 숨기 좋은 그곳, 중독된 지점에서 빠져나와 자기 삶을 지키는 값진 일을 캐롤라인은 해냈다.

20년이 넘은 글이지만 오늘날 유효하고, 자신을 냉정하게 들여다보고 차분하게 분석하고 가능한 변화를 시도하는 주체로서 저자에게 이끌렸다. '분노 표현의 기술'이라는 제목의 글에서는 분노 표현의 타이밍 못지않게 대상을 잘 고르는 게 중요한데 그 이유가 마음에 와닿았다. 분노의 숨은 얼굴은 친밀함일 때가 많다고 캐롤라인은 말한다. 백번 공감되는 말이다.

먼저 제대로 상처받고 제대로 분노해야 한다. 분노 표현을 피하려는 이유는 여러 가지다. 누군가 내게 분노를 표현했다면 가까워질 수 있는 절호의 기회다. 그가 나를 싫어하는 게 아니라 반대로 친밀감을, 친밀하고자 하는 욕구를 가졌고 지금 그것을 표출한다는 말이기 때문이다. 내가 누군가에게 분노를 표현하지 못하고 끙끙대고 있다면 내가 그에게 친밀감을 충분히 갖고 있지 못하다는 말이다. 친밀해지고 싶은 마음이 없든지.

자기 자신에게도 해당하는 조언이다. 피하기만 했던 자신에게도 제대로 분노하고 몸싸움을 붙어야 한다. 정신적으로 치고받고 소리 지르며 고통의 시간을 견딜 만한 믿음과 근력이 필요하다. 비겁과 졸렬이 나 자신과의 싸움도 피하게 했다는 걸 깨달았다.

영화 〈연애 빠진 로맨스Nothing Serious〉(정가영, 2021)에서 29살 함자영은 자신이 자기 생의 주인공이 아니라 조연이고 엑스트라인 것 같아 방황하는 청춘이다. 연애도 실패, 솔직하지 못한 우정에도 실망하고 직업도 세상의 기준치에 모자란 것 같다고 여긴다. 그래도 밝고 씩씩한 자영에게는 자신을 낳고 다음 해 죽은 엄마를 대신해 선한 아빠와 능구렁이 할머니가 있다.

서로 다른 이유로 데이트앱을 통해 만나게 된 섹스잡지 기자 박우리. 그와의 데이트가 반복되면서 사랑에 빠진 줄도 몰랐던 자영은 모종의 일로 분노하게 된다. 이 데이트는 계략이고 위선이었다고, 자기는 이용당했다고, 술에 취해 집에 와 화내며 펑펑 운다. 자영은 할머니에게 조연이고 엑스트라는 왜 화 좀 내면 안 되냐고 대들며 응석 부린다.

이때 할머니가 손녀를 보고 씨익 웃더니 이런다. "이제 좀 주인공 같구먼. 인생이란 게 조연일 때도 있고 엑스트라일 때도 있고 주연일 때도 있는 거야."

스스로 깨우치게 될 거라는 걸 알고 할머니는 자영이 내민 화두 '내 인생의 주인공'이라는 말에 일찍이 콧방귀를 날린 것이다. 할머니에게 '내 인생의 주인공은 나'라는 말은 가소로운 개똥철학일 뿐. 내 인생의 주인공이 내가 아닐 때 좀 더 솔직하고 자유롭고 배려심도 깊어질 수 있지 않을까. 자영과 우리의 허심탄회한 술자리, 솔직하고 달뜬 대화 장면도 의외로 좋다.

자신이 생각하기엔 이십 대에 묻기 시작할 만한 인생의 질문들을 서른일곱에 하지만 예상보다 훨씬 어렵다고, 주야장천 취한 상태에서 벗어나 살고 싶다고 끊임없이 자문한 캐롤라인 냅. 중독을 스스로 분석하고 극복하며 아름다운 개와 동반한 삶은 놓아두고 미처 쓰지 못한 의미 있는 문장들은 껴안고 폐암으로 세상을 떠난 지 오래다. 마흔둘이었다. 인생의 질문들에 대답하기란 나이가 더 들어도 역시 어렵다는 걸 몰랐을 테지.

7일 목요일

베란다에서 바라본 밤하늘에 상현달이 높이 떴다. 왠지 하현달보다 마음이 놓인다.

동물성과 영혼

▶ 『내 방 여행하는 법』 그자비에 드 메스트르(유유)

여행 관련한 많은 책들 중 가장 근원적이고 훌륭한 책으로 가끔 들춰 본다. 『여행의 기술』을 쓴 알랭 드 보통이 반했다는 소문이 전하는 책이다. 비자발적 가택연금 상황에서 일찍이 자유로운 여행을 한 사람이 그자비에 드 메스트르이다. 그림에도 조예가 깊어 러시아에서 화가로도 활동했는데, 이 책을 쓰며 작가의 길에 들어섰다.

42개 장마다 소제목을 달고 형식과 주제가 자유분방한 길지 않은 글에 여러 갈래 생각의 여행으로 독자를 이끈다. 경쾌하고 절제된 문체에 위트와 재치, 번뜩이는 비유가 무심한 듯 맛깔나다.

1763년 샹베리에서 태어나 직업 군인이었던 그자비에는 1790년 어느 장교와 토리노에서 금지된 결투를 벌여 42일간의 가택연금형을 받는다. 집 안에서 무료함을 달래려고 시작한 게 집 안 여행, 방 안 여행이다. 저택이라는 걸 감안하면 방이라 해도 큰 공간이었을 것이다. 이 특별한 여행 기록은 근대성이 태동한 18세기 말에 출간 후 베스트셀러가 되었고 여행 문학의 고전으로 선구적 작품 가운데 하나로 꼽힌다. 여행의 개념을 재정의하게 되는 게 이 책의 놀라운 미덕이다.

나는 왜 떠나고 싶어 하고 왜 여행을 했던가. 나를 놓아 버리는 데에 즐거움을 두는 사람도 있지만 여행길에 오르면 오히려 나를 더 찾게 되고 알게 된다. 무엇을 진짜 좋아하고 무엇에 관심이 있고 무엇을 잘하는

지 예민하게 포착된다. 반대로 무엇을 싫어하고 무엇을 잘 못 하는지도 실감한다. 나는 무엇보다 새롭고 낯선 환경을 접하는 데서 즐거움을 찾는다. 익숙한 풍경과 비슷한 문화보다는 완전히 달라 보이는 대상에 다가가고 싶다는 열망이 더 크다. 책과 영화가 대신해 주기도 하지만 실제로 내 발로 가서 그 공간으로 몸이 들어가는 경험은 다를 수밖에 없다.

하지만 우리의 풍부한 정신 작용은 또 다른 공간 이동을 가능하게 한다. 여행에 대한 우리의 고정 관념을 뒤집는 이 책은 특별할 것 없는 내 방 안에서도 여행은 가능하다고, 진정한 여행이야말로 새롭고 낯선 것보다 익숙한 것에서도 새로움을 발견하는 눈이라고 다시금 일깨워 준다. 여행은 만나게 되는 대상과의 사이에서 새로이 발견되는 내 안으로 들어가 대화하고 다시 빠져나오는 일의 반복일지 모른다.

혼자 여행을 떠날 때면 책 한 권을 가방에 넣는다. 집에서 가지고 나오지 못했을 때는 공항의 작은 서점에서 한 권 골라서 탑승한다. 공항에서 대기할 때 여행 가방 위에 고단한 다리를 뻗고 읽거나 낯선 방에서 잠들기 전이나 아침에 창문을 열고 신선한 공기를 마시며 읽는 책, 얼마나 좋은지 모른다.

내 방 여행에서는 내키는 대로 고르기만 하면 된다. 책갈피에서 툭 떨어지는 메모 한 장이라든가 압화가 된 낙엽 한 장, 책꽂이에 놓인 추억을 부르는 소소한 물건, 나른하게 낮잠에 빠진 고양이의 게슴츠레한 눈꺼풀, 창밖으로 보이는 구름 한 점에서도 어떤 생각의 꼬리를 무는 쓸데없어 보이는 상념을 따라 저 먼 곳으로 걸어 나갈 준비를 하기에 어렵지 않다. 기억은 그 모든 걸 가능하게 한다.

그자비에 드 메스트르는 방 안에서 그림과 예술을 통해 우리 영혼의 심층을 거침없이 여행하며 유쾌하게 현학적인 문제를 구사한다.

특히 39장, 영혼과 동물성, 동물성과 영혼이 나누는 대담한 언쟁을 좋아한다. 내면으로의 여행에 집중한 그자비에는 인간성의 두 가지 성질을 동물성과 영혼으로 두었다. 그는 영혼이 동물성이 하는 일에 끼어들지 않고 주시만 하기란 "인간이 수행하기엔 경악하리만치 어려운 형이상학적 과제"라고 한다. 프랑스어로 영혼, 정신의 의미로 쓰는 단어 'áme'가 여성형이므로 '영혼 부인'이라고 부른 것도 재치 있다.

영혼 부인은 자신이 홀로 여행을 간 동안, 시키는 일을 잘할 수 있도록 단잠으로 기력을 보충하지 않고 향락에 빠져 있었다고 고압적인 언사로 동물성을 다그친다. 영혼 부인에게 동물성은 격하게 반박한다. 영혼 부인의 고상한 사고 체계를 비난한 적 있느냐고, 내팽개쳐져 있는 동안 자연이 주는 호의와 즐거움을 누릴 권리가 있는 것 아니냐고.

여행은 자신과 대상 사이에 일어나는 말에 귀 기울이는 일이다. 대상이란 폭넓은 의미의 세상으로 오래된 건축물, 산과 바다, 숲과 호수, 음영이 교차하는 도시 골목과 수수한 시골 마을을 넘는다. 여행은 장소의 문제가 아니라 영혼과 육체, 이성과 본성이 이루는 균형과 조화의 문제라고 생각된다. 흔히 그러듯 삶과 여행을 동의어로 두면 삶의 조화와 균형의 문제로 가닿는다. 영혼 부인이여, 동물성을 존중하라. 동물성이 하는 말에 귀 기울여라. 동물성이여, 영혼 부인의 고귀함을 언제나 잊지 말라. 그리고 서로 존중하고 친하게 지내라, '나라는 저택에 먼지가 앉지 않도록.

20일 수요일

　우연히 잡지에서 이달의 별자리 운세를 보았다. 순전한 우연은 아닐 테지. 주변 사람의 기분을 살피느라 자신의 감정을 놓치는 일이 생길지 모른다며 이번엔 내 입장만 생각해도 홀로 고립될 일은 없을 거라는 조언이다. 그런가.

우리에게 빠진 것

▶ 『토니와 수잔』 오스틴 라이트(오픈하우스)

여러 겹으로 읽히는 씨실 날실이 특이하게 직조된 소설이다. 소설 안에 작중 인물이 쓴 하나의 다른 소설이 병행한다. 수잔의 전남편 에드워드는 작가이다. 이혼 후 세월이 흘러 소설 원고를 수잔에게 보낸다. 마뜩하지 않지만 읽어 가며 수잔은 점점 흡입되고 자신과 에드워드의 과거를 떠올리며 불안에 잠식된다. 에드워드가 쓴 소설 〈녹터널 애니멀스〉가 전개되는 과정에서 수잔의 현재와 과거가 수시로 개입한다. 수잔은 독자를 대표하는 셈이다.

〈녹터널 애니멀스〉의 주인공 토니는 뭔가 아주 큰 약점을 지닌 문명인으로 살면서도 그에 의구심을 품는 것에 자부심을 지녔다고 스스로 생각한다. 수잔은 토니와 자신이 어느 부분에선 동일한 약점을 지녔다고 여긴다. 그래서 '에드워드와 수잔'이 아니라 '토니와 수잔'이 이 책의 제목이다. 수잔은 이 소설을 읽고 있는 지금의 우리이기도 하다.

토니는 밤의 고속 도로에서 괴한들에게 큰 사건을 당하고 가족을 잃는다. 사건은 느닷없었고 자신에겐 일어날 것이라고는 생각지도 못한 일이었다. 그렇지 않은가. 누구도 자신에게 불행한 일이 느닷없이 닥칠 것이라고는 생각하지 않는다. 이후 토니의 행동이 주목된다. 그는 머리를 써야 하니까 모텔에서 잡지를 여러 권 읽고 표정 관리도 중요하니까 눈물이 나오는 것도 참는다. 매제가 차로 데려다준다는 걸 거절한 것도 그렇게 하는 게 중요했기 때문이고 이런 일들이 중요하다는 걸 인식하는 것이 그에겐 중요하다. 문명사회에선 이런 규칙적인 일상이 가장 중요하다고 여긴다.

스스로 문명인이라고 여기는 토니. 자신의 가짜 감정을 깨닫고 그 허위의 심연 때문이 아니라 다른 사람이 그걸 알아내면 어쩌지, 하는 두려움과 마주하는 대목에서 이야기는 유턴한다. 토니는 타이어에서 끽 소리가 날 정도로 차를 휙 돌려서 고속 도로로 나간다. 평소의 토니답지 않게 레이 일당이 자신의 차에 가해했던 것처럼 차선을 오락가락하며 중간에 낀 차에 경적을 울리고 옆으로 밀어내기도 한다. 토니는 집으로 돌아와 기분이 가라앉은 상태에서 억눌러 둔 자신을 상상한다. 그것은 야만적이고 원시적인 남신이다.

토니가 가식적으로 슬픔의 동작들을 위조했다는 걸 깨닫고 드디어 분노를 표현하는 장면으로 나아가기 전에 수잔은 또 원고를 덮는다. 흐르는 의식의 일시 멈춤 버튼을 누르는 것이다. 수잔은 토니에 대해 동정과 분노 사이에 서서 에드워드가 토니를 비난해도 어쩔 수 없지만 수잔을 비판한다면 거부할 마음을 먹는다. 부부로 살 때 에드워드는 글을 쓰면 수잔에게 보였고 수잔의 보이지 않는 비웃음과 애정 없는 비판에 상처받은 적이 있다.

지금 에드워드는 그런 수잔에게 복수라도 하려는 걸까. 합리적 의심이 드는 순간 수잔은 "비판의 아픔이 수그러들어서 다 지나간 일이 되는 나중에는 좀 더 공정하게 독서를 하게 된다(233쪽)."라는 문장을 만난다. 누군가의 삶이라는 책을 읽을 때도 그렇다는 듯이 이 문장은 『위대한 개츠비』의 초반에 나온 문장을 떠올려 준다. 비판 이전에 자신의 유리한 입장을 먼저 살피고 비판을 보류하라는 충고는 진실하다. 과연 수잔은 공정한 독서를 할 수 있을까.

문명과 야만

톰 포드 감독은 명징한 '복수' 코드로 영화 〈녹터널 애니멀스Nocturnal Animals〉(2017)를 만들었다. 원작 소설의 제목보다 에드워드의 소설 원고 제목을 선택하여 내면의 아찔한 순간과 인간의 치명적인 슬픔을 피처럼 선연하게 연출했다. 소설이 숨겨 두었다가 끌어내는 이야기를 다 하지는 않는다. 특히 글쓰기와 관련해 주목할 만한 대목들을 영화에서는 제쳐 둔다. 에드워드와 수잔 모두 글쓰기에 관심이 있는 인물이다. 하지만 영화가 선택해야 할 것들 앞에서 이 영화는 영리하다.

소설은 문명과 야만의 대조를 세밀하나 무심한 듯 던져 놓으며 눈먼 우리 모두에게 우아한 복수를 한다. 신의 숨결은 무의식에 속해 있다. 문명과 야만으로 대변하는, 기존의 질서를 유지하려는 세계와 파괴하려는 세계 사이에서 우리의 꿈, 욕망 혹은 무의식은 힘을 발휘한다. 그것은 망설임과 나아감을 반복한다. 파도가 밀려오고 밀려 나가며 격랑을 일으키듯 우리는 난파선인 듯 꿈의 바다에서 스스로 몰아친다. 이것은 아니마와 아니무스가 밀고 당기며 한데 섞여 한 세계가 나아가는 방식이기도 하다. '나'라는 소우주 안에서도 다를 바 없다.

영화에서 폐암으로 구체적 죽음을 눈앞에 둔 경관 바비 안데스에게 토니는 편지를 보낸다. 아주 많은 엉뚱한 사람들을 탓하고 있었고 이젠 그게 누구 잘못인지 안다며 자신에게 말한 셈이다. "마침내 화를 내기로 결심했어요?"
 바비의 답장에 토니는 스스로 자신의 격노를 완성해 간다. 영화 〈드라이브 마이 카〉(하마구치 류스케, 2021)의 한 장면이 강렬하게 떠올랐다. 남자 주인공이 홋카이도의 눈밭에 서서 "난 제대로 상처받았어야 했어."라던 무참한 얼굴. 제대로 화를 내는 절차를 우선 밟아야 나중에 그 감정이 헛되다는 걸 깨달을 수 있다.

 에드워드가 쓴 〈녹터널 애니멀스〉 속 토니와 아내 헬렌, 딸 로라는 복수와 정의를 아슬아슬하게 구분했고 복수는 원시적 감정이라고 여겼다. 토니는 자신들이 얼마나 문명인인가 생각했었다. 토니인 듯 수잔도 마찬가지다. 수잔이 원고를 읽고 있는 동안 반려동물 마르타와 제프리는 꼼짝 않고 책에만 시선을 고정하고 있는 사람을 괴상하다고 생각한다. 수잔은 읽을 수 있는 능력이 자신을 문명인으로 만들어 준다는 점을 계속 증명할 필요가 없으면 좋겠다고 생각한다.
 지금 책상에 힘들게 앉아 책을 읽고 글을 쓰고 있는 나를 우리 집 고양이도 괴상하다고 생각하는지 앞발로 내 팔을 건드리고 보챈다. 나도 무언가 증명하고 싶어 읽기를 멈추지 않는 걸까. 책을 다 갖다 버렸다는 사람이 생각난다. 나도 언젠가 그런 날이 오길 바란다.

 문명인 토니와 야만인 레이의 독대는 필연적이다. 살인은 재미있다며 처음엔 별로였다가 서서히 좋아지는 거라고, 사냥처럼 배워야 아는 거라고, 어려운 고비를 넘겨야 한다는 레이의 말에 토니는 "눈이 부시는 빛을 보는 것 같은 경험"을 한다. 토니는 마음속에서 혐오감이 아닌 기쁨의 감정이 폭발하는 걸 느낀다. 토니에게 당신도 다른 사람과 다를 바 없다고 말하는 레이와 자신과의 차이가 얼마나 단순한지 느낄 만할 순간, 예상을 뒤엎는다.

저자 오스틴 라이트는 끝까지 우리를 헛간 구석으로 밀어붙인다. 반격하라고! 토니는 살인의 쾌감을 느끼기엔 이미 너무 많은 걸 알고 너무 많은 상상력을 품고 있는 문명인이다. 토니는 성숙이라는 자연스러운 과정을 거쳐서 야만의 쾌감에서 벗어난 것이다. 문명인이 되는 과정에서 교육을 받고 성장하면서 그런 재미 따윈 떨쳐 낸 토니는 이제 선명한 느낌을 받고 자신감이 생긴다. 드디어 자신의 본능과 감정을 믿을 수 있다는 걸 알고 자신이 옳다고 느낀다. 그리고 다시 권총의 공이치기를 잡아당긴 순간, "태양이 폭발했다(438쪽)."

레이는 죽어 가면서도 죄도 벌도 이해하지 못한다. 야만의 세계에 있는 레이는 그런 경계를 넘은 존재다. 레이는 그저 고통을 느끼다 죽은 몸일 따름이고, 오히려 평온하다. 토니가 레이의 죽음을 즐길 수 있었을까. 다시 한번 반전! 그렇지 않다. 토니의 증오와 복수심은 이제 그와 동떨어져 죽은 감정에 불과하다. 우리의 감정은 좋거나 나쁘거나 그렇게 물거품 같은 것이다.

토니는 레이가 살인의 쾌감에 대해 자랑하던 것과 스스로 우월하다고 상상했던 걸 기억했다. 그렇게나 우쭐대는 것에 대한 대가를 치르게 하려고 레이가 그의 눈을 멀게 했을까, 그게 궁금해졌다. 레이는 토니 역시 뭔가 깨닫게 만들고 싶었기 때문에 그의 눈을 멀게 했을 것이다. 오딘이 물푸레나무에 몸을 꿰뚫어 매달려 한쪽 눈을 지불하고 세상의 모든 지혜를 보는 눈을 가지게 된 것처럼.

토니의 눈을 멀게 했다는 점에서 레이는 수잔을 반영하기도 한다. 에드워드는 자신이 쓴 글의 존엄성을 수잔이 이해하지 못하면 크게 분개했었다. 수잔은 자기의 태도가 그를 장님으로 만든다며 에드워드가 화를 냈던 기억을 떠올린다.

이제 수잔도 분노한다. 〈녹터널 애니멀스〉를 읽어 내려가며 자신이 틀렸다는 굴욕을 계속 견디면서 공정한 시각을 유지하려고 에드워드에 대한 사랑과 증오의 감정을 무시해야 했던 압박감, 그 '순전한 압박감'이 분노의 정체다. 수잔은 '그 압박감마저 무시해야 한다는 압박감'을 견디다가 결국 모욕받았다. 우리는 대부분의 수잔이지 않은가. 어느 순간 무너져 내릴지도 모를 삶의 내용을 부여잡고 자신을 둘러싼 평안의 조건들 안에서 전전긍긍 사는 수잔은 에드워드가 왜 〈녹터널 애니멀스〉를 자신에게 보냈을까 궁금해하며 원고를 읽었고 어느 정도 알 것만 같다.

우리에게 빠진 것은 무엇이었더라?

영화가 원작을 잘 살렸지만 다층적인 이미지를 그려내지는 않았다. 차가운 물이 발목에서부터 차고 올라와 심장을 덮고 목을 움켜쥐고 코를 채우고, 토니의 불타는 눈을 감기는 소설 속 소설 〈녹터널 애니멀스〉의 마지막 장면은 영상으로 재연되었어도 좋겠다는 생각이 들었다.

마지막 장면까지 읽기를 끝내고 수잔은 꿈을 꾼다. 항구의 보트에 탄 수잔과 에드워드가 해변에서 멀리 떠밀려가고 해변에 선 사람들이 자신들이 물에 빠져 죽는 모습을 지켜보는 상상을 한다. 상황은 다르지만 토니가 물에 잠기는 장면과 함께 영화 〈헤어질 결심〉의 엔딩이 연상되는 이 장면은 난타당한 이 세상에서 우리가 온 곳으로 돌아가는 안도감과 처연함을 동시에 선사한다. 생이 모욕적이지 않은 때가 있었던가. 집요하게 심장을 찔러 대는 소설이다.

꿈에서 퍼뜩 깬 수잔은 에드워드가 의견을 듣고 싶다고 했기에 쓴 문명인다운 비평글을 찢어 버린다. 그리곤 아무 생각 없이, 의견을 알고 싶으면 답장 달라고만 써서 역시 아무 생각 없이 편지를 부치러 나간다. 의견이란 "글에서 빠진 게 뭐지?"라는 에드워드의 물음에 대한 답변이다. 빠진 게 뭔지는 읽는 사람의 눈에 따라 다를 것이다. 다만 독자의 한 사람으로서 나는 그들이 소홀히 한 사랑의 시간, 잘난 척하지 않고 사랑할 수 있었던 시간, 레이 같은 야만적 파괴자가 앗아간, 햇살처럼 누릴 수도 있었을 시간이 그것일 거라고 생각한다.

28일 목요일

소란한 뉴스와 무더위에 묶여 질식할 것만 같다.

한 사람이 사슬에 묶여 있다면

▶ 『저항의 예술』 조 리폰 (씨네21북스)

'포스터로 읽는 100여 년 저항과 투쟁의 역사'를 부제로 이 책은 140여 개의 인권 포스터를 엮고 그 배경과 내용을 설명해 주는 큐레이터다. 우리 눈앞에 보이지 않는다고 하여 지구상에 일어나는 일이 아니라고 생각하는, 적당히 외면하고 진실을 보지 않으려 하는 안이한 시선에 일침이 된다. Not Here, But Now!

조 리폰이 국제앰네스티와 함께 기획하고 선별한 포스터들은 모두 저항의 메시지를 전한다. 인권이 무시된 고립의 위치에서 연대와 확장의 위치로 이끄는 포스터를 하나씩 보고 설명을 읽는 데에 자발적으로 시간이 걸린다. 그 배경을 꼼꼼히 알고 넘어가고 싶다는 뜨거움이 마지막 장까지 독자를 이끈다. 확장하여 읽어 봐야겠다는 생각이 드는 도서도 찾게 된다. 주마간산으로 보지 말고 포스터 안의 문구와 배경설명, 세세한 그림 항목들까지 찾아보아야 한다.

미술 시간에 반공과 불조심, 자연 보호를 주제로 자주 그렸던 포스터가 생각났다. 포스터의 선전과 선동 효과는 올바른 사안과 진실에 가닿을 때 일깨움을 주고 참여를 호소한다. 지금, 우리는, 오래도록 미해결된 문제와 갈수록 심해지는 문제로 엮여 지구라는 하나의 공간에서 살고 있다. 누군가가 외롭거나 자유롭지 않거나 울고 있다면 나도 외롭고 자유롭지 않고 울고 있는 것이라는 생각이나 다름없다. 그것은 우리로서 같이 가슴 아파할 줄 아는 마음에서 비롯한다.

"한 사람이 사슬에 묶여 있다면 우리 모두가 사슬에 묶여 있는 것이다." 이 책의 표어를 기억하며 우리의 자유란 어디에 기반한 것이어야 하는가? 그 물음에 자답하는 과정이 이 작품집의 포스터를 하나하나 읽는 보람이다.

서문에서 밝힌 말은 기억해 둘 만하다. "예술 작품은 본질적으로 찬성과 참여라는 매우 정치적 행위에 가깝다." 반대와 미참여 또한 무지와 무관심으로 위장한 정치적인 태도일 가능성이 크다. 우리는 어떻게든 정치적 태도를 반영한다.

헝가리의 이스트반 서보 감독은 영화 〈메피스토〉(1981)에서 출세욕에 눈이 어두워 악의 징후 앞에서도 옳고 그름을 외면하고 자기기만에 빠진 연극배우에게 눈을 제대로 뜰 수 없을 정도의 강렬한 스포트라이트를 발사한다. 양심을 쏘는 스포트라이트를 통해 나는 배우일 뿐, 그런 건 모른다는 말이 가장 정치적인 태도임을 꼬집는다. 나는 무엇인가보다 나는 무슨 일을 하고 무슨 일을 하지 않는 사람인지가 더 중요할 것이다.

예술성을 담보한 포스터가 하나같이 눈을 뗄 수 없을 정도로 강력하게 미적 감흥을 불러일으킨다. 어떤 작품은 발랄하고 귀엽다. 몇몇 충격적인 그림은 그만큼 사실을 담아 높은 목소리를 내고자 하는 열망이 엿보인다. 여전한 사안들로 크게 나누어 구성하는데 모두 소외되고 억압받고 외면당하는 사람들, 하지만 끊임없이 소리쳐 자유와 정의를 위해 싸우고 그들을 지지하는 사람들의 목소리를 담았다. 목차에서 나누어 표제화한 구호만 읽어 보아도 뜨거움이 목구멍에 차오른다.

사람 자체가 불법일 수 없는 난민과 이민자, 진정한 여성 해방과 참여권, 더 이상 금지나 장벽으로 여기지 않는 성 정체성, 소중한 것들을 지키기 위해 전쟁과 핵무기의 종식, 권위에 복종하지 않는 자유로운 사상과 이념을 소리 높여 말하고, 아파르트헤이트Apartheid에 항거하며 증오와 혐오로 이어지지 않는 피부색을 부르짖는다. 마지막 장에서는 지속 가능한 지구 환경을 위해 기후 위기와 플라스틱 등 각종 오염, 생태계의 파괴를 경고한다. 동물과 자연의 권리가 인간의 권리와 분리될 수 없음이다.

포스터마다 그 배경과 의미를 파악할수록 우리가 몰랐거나 지나쳤던 세상의 일들을 되돌아보게 되고 그것이 개인적인 사안에서도 벗어날 수 없다는 걸 알게 되면서 감동의 물결이 일어난다. 사진, 그림, 목판화, 콜라주, 다양한 서체와 색감으로 기법도 어조도 다채롭고 분위기와 이미지도 각양각색이다. 인간의 존엄성은 국경과 성별, 종교와 피부색을 넘어 지켜져야 한다.

1976년, 서방 다른 국가들보다 늦게 페미니즘이 시작된 이탈리아의 포스터가 눈길 끈다. 특히 이 포스터는 많은 목소리를 자세히 담고 있다. 코르크 따개를 걷어차는 여성은 이렇게 말한다. "여성의 해방 없이 혁명은 존재하지 않는다…. 혁명이 없다면 여성의 자유 또한 존재하지 않는다." 여성에게 가해진 금지와 차별의 언어를 확인할 수 있는 곳은 여전히 허다하다.

1923년 케테 콜비츠가 그린 그림은 전쟁의 생존자들에게 전쟁을 상대로 전쟁을 벌이자고 소리 없이 외친다. 제1차 세계 대전에서 18세 둘째 아들을 잃은 아픔을 어머니 케테는 목탄화로 더욱 참혹하게 전한다. 해골에 가까운 아이들을 꼭 끌어안고 저항하고 위로하는 어머니로서 반전 운동을 했고 제2차 세계 대전 종식을 며칠 앞두고 세상을 떴다.

케테 콜비츠의 그림을 이 작품집에서 만나니 한겨울 베를린의 '케테 콜비츠 뮤지엄'에서 만났던 가슴 먹먹한 작품들(조각과 그림, 자화상과 소품)과 노이에 바헤에서 본 케테의 조각상 '죽은 아들을 안은 어머니'가 떠오른다. 으스스한 날씨에 몸이 물먹은 솜처럼 무거웠는데 단출한 건축물 안으로 들어가 고요한 엄숙함에 감전되었다. 덩그러니 앉은 또 하나의 '피에타' 앞에 꽃이 놓였고, 머리 위로 뚫린 작은 천장이 흐린 하늘을 둥글게 비춰 조각상을 감싸 안는 느낌이 들었다.

세상은 작은 목소리가 메아리 되어 퍼질 때 조금씩 변화해 갈 것이다. 여전한 문제들도 그렇게 거듭하는 목소리로 조금씩 바뀌어 나가리라. 환경과 인권, 소수자의 권리를 위해 활동해 온 행동주의자, 지은이 조 리폰은 "예술은 우리에게 질문을 던지고, 우리를 도전하도록 만들며, 새롭게 연결시킨다."라며 이 작품집의 의도와 희망을 밝혔다.

예술 작품은 나와 다른 이들의 자유에 의해 그 과정이 완성된다고 했다. 재치 있고 훌륭한 작품들로 권위에 저항하고 침묵하거나 은폐된 진실을 알리는 이 작품집이 진정한 자유를 다 같이 향유할 수 있는 밑거름이 되길 바란다. 자유가 개인의 이익만을 위한 구호라면 무엇 때문에 자유를 외칠 것인가. 공감 없는 외침은 공허할 뿐이다.

8월 August

1일 월요일

이른 아침에 미포 앞바다로 잠시 나갔다. 사람들도 풍경도 낯설고 여전히 발이 붕 뜨는 느낌. 여러 발짝 오도 가도 못하고 바다를 보고 섰다. 눈을 제대로 뜰 수 없이 현기증이 일었다. 골목으로 들어가면 허름한 어촌마을 흔적이 남아 있다. 이 모든 걸 초고층 현대식 건물이 내려다본다.

뛰어내린 자가 전한 메시지

▶ 『자유죽음』 장 아메리(위즈덤하우스)

이 책을 발간하고 2년 후인 1978년 '자유죽음'을 몸으로 완수한 장 아메리Jean Amery. 그에 의하면 인간은 스스로 집을 짓는 존재다. 인간이라는 집에는 온갖 것들이 들어차 있다. 그것들은 하나같이 무겁다. 무거운 가구부터 무거운 몸, 무거운 짐…. 이들에 짓눌리면 심리적으로 가슴이 무겁다. 이 모든 건 발목을 붙들고 놓아주지 않는 우리 삶의 부조리함과 비슷하다. 집 바깥은 또 어떤가. 타인이라는 다른 집들이 괴상한 지붕을 이고 앉아 날 선 눈으로 나를 지켜본다.

타인은 정작 자신에게 관심이 없는 존재라는 걸 받아들이기에는 타인이라는 집, 세상이라는 집은 생각보다 아무렇지 않은 게 아니다. 아메리의 말처럼 자유에 등급이 있듯 실패에도 등급이 있다면 돌이킬 수 없는 실패는 최고 등급일 것이다. 이런 등급의 세상이라는 집은 에셰크(L'échec)로 명명될 수 있다.

우리가 살아내는 시간

1912년생 장 아메리는 1968년에 『늙어감에 대하여』 초판을 냈다. 56세 때의 일이다. 삶과 죽음에 대한, 논란이 될 만큼 거침없는 성찰로 비난도 받았으나 그로부터 10년 후에도 자신이 틀리지 않았다고 확신한다. 1977년에는 4판을 낸다.

『늙어감에 대하여』(돌베개)에서 아메리의 예리한 통찰에 고개를 끄덕일 수밖에 없는 문장들을 따라가다 보면 늙어 가는 우리 자신으로부터 우리가 외면하려 했던 진실에 다가간다. '저항과 체념 사이에서' 그것은 세계로부터 추방당한 얼굴, 바로 자기 자신으로부터 소외된 동시에 비로소 자신이 된다는 역설이다. 젊어서는 몸을 등한시하면서도 몸과 더불어 '나'였으나, 늙어 가는 낯선 얼굴과 아픈 몸을 인식하게 됨과 동시에 우리는 몸으로부터 소외된다.

아메리에 의하면 '젊음'은 일로 이루어진 하나의 세계이고 세상 그 자체이다. 젊음은 시간 안에 머무르지 않고 새로이 나아간다. 건강한 사람은 자아와 뗄 수 없이 맞물린 세상의 일과 사건에 충실할 따름이고 자기 바깥에 머무른다. 반면에 '늙음'은 그 자체가 시간이다. 노인은 시간 안에 머무르는 존재가 된다. 노화는 세계의 상실이고 늙어 가는 사람은 정신과 몸의 기억을 끌어모은 과거, 즉 살아낸 시간, 살아낸 자연이 된다. 자기 안에 머무른 노인에게 아픈 몸은 그렇게 감옥이 되는 것이다.

동시에 그것은 마지막 안식처이자 껍데기가 된다. 시들어 가는 몸은 우리 자신이 부정하는 것이자 지극한 진정성이라는 장 아메리의 말은 부정할 수 없다. 마지막까지 생명의 권리를 담보하는 것은 언제나 몸이다. 영혼이 아니다. 정신이 혼미해도 몸이 살아 있으면 목숨을 부지해야 하는 형벌이 된다.

문화적 노화를 지적한 부분도 날카롭다. 그 한가운데에는 사회적 노화가 있다. 여기서 품위 있는 행위는 변화에 저항하면서 적응하기, 통

속에 머무르지 않기이다. 하지만 죽음이라는 無의 세계로 들어가며 우리는 처음으로 완전하게 인생을 극복한 승리를 얻는데, 그것이야말로 우리의 총체적 붕괴라고 장 아메리는 말한다. 인정할 수밖에 없는 기막힌 역설이다.

선택과 결정

 '살아가면서 선택할 수 있는 유일한 것'이라고 칭한 자유죽음은 '죽음'보다 '자유'에 방점이 찍힌다. '자유죽음'은 우리의 선택권과 결정권에의 자유를 부르짖는 구호다. 아메리가 중요하게 생각한 '스스로 생의 종착역으로 성큼 다가가는 최후 프로젝트'로서의 그 길은 자유에 '이르는' 길이다. 자유에 '이른' 길이라기엔 성급하다.
 단지 자유를 향해 가는 길, 그 과정에 놓인 이 단어는 삶의 길을 걸어가는 동안 내내 유지되어야 할, 선택의 자유와 연결되는 인간 존엄성을 환기한다. 인간 존엄이 지켜지지 못하는 환경이 에셰크이며 그것으로부터의 탈출은 인간이 유일하게 선택할 수 있는 자유를 쟁취하는 것을 말한다. 죽음을 부추기는 용어가 아니다. 선택의 자유를 보장받으며 인간성과 존엄성을 지키는 삶이 그만큼 소중하고 어렵다는 뜻이다.
 장 아메리는 『자유죽음』에 앞서 『늙어감에 대하여』에서 나이를 먹어 가는 인간이 시간을, 몸을, 사회와 문명을, 궁극적으로는 죽음을 어떤 눈으로 바라보는가에 대해 성찰했다. 시간은 언제나 우리의 시간이고 우리가 살아낸 시간이라는 아메리의 말에 고개를 끄덕이지 않을 수 없다. 시간은 즉 우리가 살아내는 시간은 전적으로 홀로 소유하는 것이고, 고통이자 희망일 것이다. 자유죽음이란 그렇다면 생의 치욕과 늙어감의 냉연한 모욕을 피해 도피하라는 말이냐고 이 책의 논지를 쉽게 단정하지 않아야 한다.

희망과 허무의 양팔저울

인간 존엄을 지키기 위한 자유(선택)에 대해 집요하고 치열하게 파고들어 문학 작품과 철학, 심리학과 사회학 등 다양한 프리즘을 통해 사유한 『자유죽음』은 장 아메리 개인의 놀라운 역사를 담고 있기에 더욱 진정성을 보장한다. 그는 레지스탕스로 활약하다 나치의 모진 고문을 이겨 내고 망가진 몸으로 20년을 침묵했다. 그러곤 펜을 들었고 회유와 협박에 시달리며 다 늙어서, 그제야 비굴했던 모국 오스트리아의 호텔에서 자유죽음을 실행했다.

아메리는 '뛰어내리기'를 통해 무엇을 말하고 싶었던 것일까. 아메리가 말했듯 그것은 구호 요청 신호가 아니라 메시지 전달이었다. 그는 무슨 메시지를 전하고 싶었던 것일까.

자신이 유대인인 줄도 모를 정도의 가정 환경에서 자랐고 유대인으로서 항거하다 생환한 장 아메리는 자신의 이름을 가증스러운 모국의 낯짝에 내던져 버린다. 이 책의 마지막 장은 절멸의 수용소 감방을 묘사하며 시작한다. 거친 숨을 내뿜으며 단호하게 히틀러를 언급하고 유대인을 호명한다. 프리모 레비의 시적이고 우아한 문장이나 빅터 프랭클의 이성적인 문장과는 다른 느낌으로 울분에 찬 문장에 연민이 치솟았다. 이해할 수도 없는 그 시공을 상상하며 죽음본능(타나토스)이 아닌 생존본능(에로스)을 떠올렸다.

사르트르의 실존주의 철학에 호응한 아메리는 자유죽음에 선행해 존재의 '구토'를 상기시킨다. 욕지기 나는 세상, 에셰크는 "죽음이라는 토사물을 낳는 주범"이다. 존재를 부정하는 구토(혐오감)의 감정은 생존본능과 죽음본능 사이의 대립을 야기하고, 이원론적 본능이야말로 생명의 모순이라는 것이다. '본능'은 쇼펜하우어의 '의지'와 다르지 않으며 생명으로의 의지, 내가 내 세계 안에서 확장하고자 하는 의지의 다른 이름이라고 말한다. 자유죽음은 이런 본능에서 잉태된 것이다. 죽음에 이끌리는 성향, 허무에 이끌리는 성향, 다시 말해 "추락하려는 성벽性癖"은 식물의 굴지성屈地性처럼 인간의 본능이라고 주장한다.

생명의 논리와 죽음의 논리는 각각 있음의 세계와 없음의 세계에 바탕한다. 그 사이에 다리가 놓여 있지 않은 탓에 우리는 죽음의 논리를 행한 사람을 쉽게 단죄하려 든다. 생명의 논리만 앞세우는 학습된 의무감이 자유죽음을 실행한 사람의 내면에 가까이 가 보지도 않고 발화하는 이런저런 일상 언어가 얼마나 폭력적인지 사람들은 감지하지 못한다. 한 개인에 대한 이해와 공감은 그렇게 지구 밖의 이야기가 되어 버린다.

사회적인 기능으로서만 개인을 볼 때 우리는 놓치는 게 있다. 개인으로서의 나는 죽음의 노예이자 주인으로, 사회의 소유물이라기보다 '나'에 속하는 존재다. 우리 삶은 각자 우리가 살아온 것이기에 그리고 우리는 우리 자신에게 속하기에 그 세계는 온전히 우리의 것이라는 게 아메리의 생각이다. 사회적인 편견 없이 죽음을 바라볼 때 우리의 지평에는 새로운 휴머니즘이 새날의 아침 해처럼 떠오른다. 희망이라는 원리를 놓지 않으면서도, 그 자체로 모순이지만 피할 길이 없는, 허무라는 원칙도 함께 인정하는 것이다.

새로운 휴머니즘

새로운 휴머니즘의 배경은 인간의 존엄성을 지키는 자유죽음을 실행하거나 했거나 하려고 마음먹은 사람을 소수자의 입장에 두는 것에서 비롯한다. 병적인 존재나 광적인 존재, 사회적으로 도태된 존재가 아니라 '죽음(허무)에 이끌리는 성향을 지닌 사람들로 보는 것이다. 누구나 품는 자유욕구, 해방욕구는 타인의 해방 수행과정과 충돌하게 마련이다. 아메리는 자유죽음을 해방의 가장 강력한 사례로 둔다. 존재의 굴레를 벗어던지고 부정하여 실존하는 방식이다. 그러나 이 지극한 부정은 무의미하다. 죽음이라는 없음의 세계에서는 자유 또한 없음이므로. 지독한 부조리!

아메리는 분명히 말한다. 인생의 부조리만큼이나 자유죽음은 부조리하지만 인생의 부조리를 늘리는 게 아니라 줄여 준다고. 유일하게 진솔한 자유죽음의 의미는 '자유에 이르는 길'에 있다고. 이 말은 끝내 모욕을 안겨 줄 생에 순응하면서도 저항하는 것에 의미가 있다는 뜻으로 들린다. 그만큼 인간성과 존엄성을 담보하는, 자유 갈망에 대한 대단한 역설이 아닌가.

마지막 춤

아메리는 자유죽음이 세계를 바꾸진 않는다고 못 박는다. 존재가 사라지면 그 존재의 세계도 사라지므로. 하지만 내 생각은 바뀌었다. 존재가 사라져도 그 존재의 세계는 이어진다. 그가 떠나고 그가 쓴 책을 읽는 우리는 남아 있지 않은가.

잔영이 오래 남는 영화 〈사랑하는 당신에게Last Dance〉(델핀 리허리시, 2023)에서 늙은 제르맹은 자신의 건강을 챙겨 주는 늙어 가는 아름다운 아내와 평범한 일상을 산다. 어느 날 갑자기 아내가 먼저 가 버리고, 홀로 된 제르맹은 아내와의 오랜 약속을 떠올린다. 먼저 간 사람이 하고 싶었던 일을 남은 사람이 마무리해 주기로 한 약속이다. 댄서의 열정을 태우던 아내의 일을 완수해 주기 위해 제르맹은 자식들 몰래 후줄근한 빨간 트레이닝 바지를 입고 처음으로 춤을 배운다. 서툴고 낯설지만 점점 젊은 댄서들과 동화되어 자신의 몸으로 감정을 표현하는 데에 익숙해져 간다.

드디어 무대에 오른 날, 어쩌면 마지막 춤을 추는 날, 마음 깊은 곳에서 우러난 자연스러운 동작과 깊은 슬픔을 딛고 돋아나는 슬프지만은 않은 표정에서 나는 밀려오는 감정을 주체할 수 없었다. 떠난 아빠를 생각하며 참을 수 없이 눈물이 흘렀다. 아빠가 하고 싶었던 일은 무엇이었을까. 짐작은 되지만 물어보지 않았던 무심한 나를 발견했다. 한 사람의 세계는 사라지는 게 아니라 남은 사람의 세계로 이어지고, 새로이 태어난다.

거침없이 폭주하는 언어를 따라가다 강렬한 생존본능을 느끼게 되는 이 책은 멸절의 고통과 굴욕을 당한 자의 말이기에 힘이 있다. 아메리에게 '절대자'란 그저 하나의 말에 지나지 않고 단지 비현실적인 욕구, 있지 않은 것에서 구원을 기대하는 욕구의 산물일 뿐이다. 절대자를 갈망한다는 말은 어떤 무엇에 등을 돌리고 싶다는 의중일 따름이라고 선을 긋는다.

지옥에서도 살아남았던 아메리가 '뛰어내려' 존엄이 지켜지지 않는 세상에 전하고자 한 메시지를 생각해 보게 된다. 자신의 선택에 대한 2년 전의 서언이기도 한 이 책의 어느 한 구절도 쉽사리 넘기기 어려웠다. 그의 첫 번째 시도는 실패로 끝났다. 30시간 만에 깨어나 다시 몸의 무능력과 침묵 강요라는 생의 모욕을 받은 경험도 짧게 적혀 있다. 뛰어내리기 직전에 서 있던 그 자리에서부터 그의 눌러둔 목소리에 귀 기울여야 하지 않을까.

14일 일요일

조마조마하던 일이 터졌다. 아빠가 또 고열이 나고 몸을 못 가누고 그 전날부터 아무것도 먹지 못한다는 전화를 아침에 받았다. 빌려와 쓴 휠체어를 동생 차에 싣고 뒷좌석에 다리를 뻗고 앉아 한달음에 달려갔다. 4층 계단을 오르는 게 쉽지는 않았다. 다리 수술 이후 처음 방문이었다. 아빠는 진정되어 누워 계셨고, 허리를 펴지도 못하고 창백하고 지쳐 보이는 엄마는 엉엉 울더니 아까는 딱 죽고 싶더라고 잘라 말했다. 그 말이 전기 충격처럼 명치를 찔러 댔다. 그동안 몸과 마음이 아무리 힘들어도 하지 않으시던 말이었기 때문이다. 이튿날 전화해 보니 서실에 나가 계셨다. 일단 안도감이 들었다.

⟨완벽한 가족 Blackbird⟩ 로저 미첼, 2019

우연이겠지만 이 무렵 내게 온 영화다. 어쩌면 우리 모두 바라는 방식이지만 쉽게 받아들이기 어려운 이야기를 진중하게 담아낸다. 스위스 존엄사의 맹점을 극복할 수 있게 제안하는 셈인데 이처럼 완벽할 수가. 중국어에서는 완벽하다는 뜻으로 '완미'나 '완선'을 쓴다. 완벽하다는 말 속에는 아름답고 선하다는 뜻이 담겨 있고, 양보와 이해가 담겨 있다.

영화는 행복한 이별을 달성하는 과정을 통해 가족 각자가 이해받지 못한 생의 이면과 마음의 암실을 드러낸다. 보이는 것으로 쉽게 말하지 말아야 한다는 건 진리다. 우리는 얼마만큼 가슴을 열고 가족이 되어 사는지, 엄마와 아내와 친구의 품위를 지켜 주기 위해 선택을 지지해 주는 사람들의 내면, 그 뒤뜰의 이야기가 오랜 여운을 남긴다. 삶이란 죽음이란 확실히 안다고 말할 수 있는 게 아니기에, 영원히 모호하기에, 두고두고 여기저기서 이야깃거리가 된다.

19일 금요일

살만 루슈디가 뉴욕 강연장에서 피습당했다는 소식을 보았다. 다행히 목숨은 건졌으나 일흔이 넘은 나이에 한쪽 팔과 시력이 상실될 지경이었다. 이십 대 남성이 현장에서 체포되었는데 논란이 된 소설 『악마의 시』는 제대로 읽지 않았고 그저 과거 이란 최고 지도자의 칙령을 따랐다고 털어놓았다. 이란 혁명 수비대에 심정적으로 동조했다는 레바논 출신의 이민자였다. 광적인 신념은 위험하다.

1988년 발간한 소설 『악마의 시』에서 작가는 이슬람과 무함마드를 불경하게 묘사하고 코란의 일부를 악마의 시로 규정했다는 혐의를 받았다. 1989년 2월 14일, 이란 지도자 호메이니가 테헤란 방송을 통해 종교 법령 파트와fatwa를 발표하고 루슈디를 즉각 처단하라는 명령을 내렸다. 도서관, 서점 등에서 폭탄 테러가 일어나고 번역가와 출판인이 보복 공격을 당했다. 루슈디는 '표현의 자유'를 상징하는 인물로 부상하며 영국 정부의 보호를 받아 왔다. 1998년 호메이니가 사망하고 파트와는 풀렸으나 무슬림 보수파들 사이에서는 그대로 남아 있다. 자칭 강경한 무신론자인 루슈디는 이 일에 의외로 의연하고 무신경했으며 도피 생활 중에도 언론의 자유, 종교적 관용, 문학의 사회적 역할에 대해 각종 매체에 당당히 발언해 왔다.

2023년 5월, 피습 후 첫 공개 석상에서 펜클럽으로부터 특별상을 받으며 나타난 루슈디는 폭력이 우리의 의지를 꺾게 놔둬서는 안 되며 억압에 대한 투쟁은 계속되어야 한다고 강조했다. 신경이 손상된 왼쪽 팔의 재활 치료를 받은 그는 오른쪽만 검은 렌즈를 끼운 안경을 쓰고 있었다.

피클통 속의 기억

▶ 『한밤의 아이들 1, 2』 살만 루슈디(문학동네)

이슬람의 기원을 공부한 루슈디는 『악마의 시』를 영국에 대한 이야기라고 말했다. 그보다 일곱 해 먼저 1981년에 발간된 『한밤의 아이들』이 더 끌렸다. 1947년 인도가 영국으로부터 독립하기 두 달 전 뭄바이의 부유한 무슬림 가정에서 태어나 이후 영국으로 유학을 떠났던 살만 루슈디. 그에게 부커상 수상작 중 최고라는 평을 안겨 주며 전업 작가로 전향하게 한 두 번째 작품이다. '한밤의 아이들'은 인도가 독립한 그날 자정과 이후 한 시간 이내에 인도 전역에서 태어난 1,001명의 아이들을 일컫는다.

주인공 살림 시나이는 유체 이탈이라도 한 듯 한걸음 빠져나와 자신과 그 아이들을 회고하며 사실과 환상을 넘나드는 긴 이야기를 쓴다. 거의 동시에 태어난 시바와 계급의 차이가 뒤바뀐 이야기를 비롯해 진정한 근친상간적인 사랑을 품은 분리된 조국, 역사가 품는 개인적인 의미와 개인이 품은 역사적 의미에 대한 서사가 대하를 이루어 흐른다. 그 모든 이야기를 현재의 여인 파드마에게 들려주는 형식이다. 풍자와 위트, 과장과 허풍이 곳곳에서 웃음을 유발한다. 과거로부터 현재로 시간순을 따르되 현재 글을 쓰고 있는 살림 시나이 자신이 불쑥불쑥 얼굴을 내밀어 격동의 큰 강 물결 속에서 한숨 돌릴 여유를 준다.

대하의 수문을 열면서부터 가히 수다스럽다. 살림 시나이가 태어나기 이전의 뿌리인 할아버지와 아버지의 이야기부터 시공간을 넘나든다. 거대한 코를 달고 태어난 살림의 아버지, 아흐메드 시나이는 '자기 코끝도 못 따라가는 사람으로 불렸다. 똑바로 걷지 못하고 직감에 따라 행동하지 못하는 사람이라는 뜻이다. 살림은 이렇게 길을 잘못 드는 재능을 물려받은 덕분에 어머니가 찾아왔고 자기에게도 주어진 뛰어난 후각적 유전 형질이 희석되었다고 여긴다. 인도의 복잡한 신화와 힌두교와 이슬람교, 인도와 파키스탄의 분리 독립과 전쟁의 소용돌이 속에서도 이어지는 민중의 삶이 혼재하는데, 이야기를 이끌어 가는 비유적 에피소드들을 풀어내는 입담이 놀랍도록 재치 있다.

뉴욕 잡지 《파리 리뷰Paris Review》와의 인터뷰집 『작가란 무엇인가 2』(다른)에서 호방한 인터뷰이 루슈디는 이 작품에 대한 뒷이야기를 솔직하게 내놓는다. 소설가라면 흔히 있을 서랍 속 쓰레기로 있는 작품을 묻자, 일 년 동안 매달린 이야기를 모두 버리고 살림 시나이만 데리고 나와 『한밤의 아이들』이 되었다고 한다. 출판을 포기한 그 작품의 제목은 『적The Antagonist』이었고 그 글에서 살림 시나이는 주변 인물이었다. 처음의 『한밤의 아이들』에는 이야기를 듣고 보는 대상으로 여인 파드마 이외에 기자라는 다른 추상적 인물을 두었는데 그것도 삭제하였다. 오로지 파드마만 둔 것은 편집자의 가치 있는 충고를 들은 덕분이었다고 한다.

몸, 시간의 옷을 입은 거룩한 신전

요리에는 요리하는 사람의 감정이 담기듯 글쓰기에도 마찬가지다. 글의 재료는 기억이고 기억은 감정이 배지 않고는 형성되지 않는다. 재료에 적절한 양념이 배여 좋은 음식이 탄생하는 것과 같다. 기억의 변질을 막기 위해 신선한 재료의 절임 과정이 필요하다.

루슈디는 인터뷰에서 인생은 형편없는 예술을 모방하는 법이라며 내겐 영화 〈카프카〉(스티븐 소더버그, 1991)의 한 장면을 떠올려 준다. 카프카가 지하 묘지로 내려가는 장면이다. 도시를 감시하는 성의 존재와 절대적 권위가 친구의 실종과 관련 있다는 의혹을 가지던 카프카는 성에 딸린 지하 묘지로 내려간다. 기억의 심연에 있는 수많은 캐비닛 중 하나를 통과해 들어간 그곳에서 현실과는 다른 진실을 보게 된다. 인생의 진실보다 더 근사한 예술은 없을 것이다. 하지만 진실이란 게 어쩌면 실체가 없는 것이다. 진실하다고 생각하는 각자의 사실만 있을 뿐. 바로 그 사실만이 진실하다고 나는 생각한다.

생각은 언어적 단계 너머 아래로 아래로 내려가는 작업이 필요하다. 이는 살림 시나이가 상대의 마음을 읽는 독심의 기술이자 자신의 존재를 알리는 방식이다. 상대의 마음과 생각 속으로 깊이 내려가면 그들도 내 존재를 알아채게 된다고 말한다. 이는 우리 기억 속의 진실을 포착하는 방법이기도 하다. 기억이 시간의 부패 작용을 이겨 내게 하기 위한 글쓰기!

살림 시나이는 낮에는 피클통 사이에서 밤에는 종잇장 사이에서 보존이라는 위대한 작업에 시간을 바친다. 요리에서 여러 가지 맛의 어우러짐이 중요하듯 사람도 모든 것이 자연스럽게 서로 스며들어야 하는 거라고 살림은 글을 재촉하는 파드마를 짐짓 점잖게 타이른다. 개인과 개인 사이의 스며듦, 개인과 역사 사이의 스며듦. 그러니 과거는 현재의 나에게 스며 있고 미래의 나에게도 스며 있을 것이다. 우리의 몸은 시간의 옷을 입고 있다. 그 옷은 낡아 가는 게 아니라 피클통에 담겨 맛나게 저장되는 것이다.

나는 누구이며 무엇인가라는 질문이 직간접적으로 이어지게 된다. 살림 시나이는 스스로 자신보다 앞서 일어났던 모든 일, 자신이 겪고 보고 행한 모든 일, 그리고 자신이 당한 모든 일의 총합으로써, 자신이 태어났기 때문에 일어난 모든 일이며 죽을 자신 때문에 일어날 모든 일이라고 진단한다.

살림 시나이를 화자로 루슈디는 어린 시절은 사멸당하는, 세상의 제3요소라며 어른들이 주입한 독으로 빈 그릇 같은 아이들이 파멸한다고 말한다. 어린 시절에 이미 그때 안 것을 원재료로 가치 있는 재료를 더하고 빼며 요리해 내는 것이 지금과 다음의 우리 생일 것이다. 그러니 피클을 담가 기억을 영원하게 만드는 언어를 만들고자 한 건 숙명의 과업이다. 그는 시간이 흐름에 따라 훼손되는 우리 기억을 보존하여 기억의 역사에 불멸성을 부여하고자 했다. 말에 형태와 형식, 즉 의미를 담아내는 일에 버금간다.

낙관주의는 질병이라고 생각하는 살림 시나이는 두 살도 안 된 아담 시나이를 보며 말 없는 독재자로서의 아이와 추억을 되새기는 이야기꾼이라는 전통적 기능으로서의 늙은이를 떠올린다. 겸손의 거울 속에서 젊고-늙은 구부정한 모습으로 비칠 것이다. 저승사자의 조용한 발소리를 들으며 깊이 안도하는 표정을 짓는 "거울 속의 젊은-늙은 난쟁이"가 살림 시나이 자신이었다. 네루는 "너의 삶은 우리 모두의 삶을 비춰 주는 거울"이라고 말했다. 한밤의 아이들은 시대의 아이들이다.

내가 누구인가는 중요하지 않다

▶ 『하얀 성』 오르한 파묵(문학동네)

'바늘로 우물을 파듯' 글을 쓴다는 오르한 파묵은 1952년 이스탄불의 부유한 대가족에서 태어나 대학에서 전공한 건축학을 접고 23세부터 소설 쓰기에 전념한다. 파묵은 자신을 말하려면 이스탄불을 말해야 한다고 했다.

아홉 번째 소설 『내 마음의 낯섦』에는 1969년 이스탄불에 돈을 벌기 위해 몰려든 사람들에 섞여 있던 12세 소년 메블루트가 등장한다. 이후 메블루트는 40년간 이스탄불 거리에서 밤낮으로 보자를 팔며 정직한 삶을 살았다. 보자는 보리, 기장, 옥수수, 밀 같은 곡식의 반죽을 발효하여 만든 신맛 나는 튀르키예의 고유 음료다.

17세기 이스탄불을 배경으로 하는 오르한 파묵의 세 번째 소설 『하얀 성』에도 보자 장수가 등장한다. 메블루트들의 선대였을 것이다. 호자와 노예가 파디샤의 엄명으로 무기 제작을 마치고 매일 겨울밤을 함께 보내며 보자 장수가 지나가기를, 난로의 불꽃이 사그라지기를 기다린다. 이런 장면은 종종 언급되는 보스포루스 해협이라든가 아름다운 골든혼 만의 야경, 경이로운 아야 소피아보다 더 튀르키예다운 배경을 그려 낸다.

호자는 선생을 지칭하며 무슬림 오스만인이고, 노예는 베네치아에서 나폴리로 가던 중 튀르키예 갤리선에 잡혀 온 이탈리아인 즉 서양인이다. 작가가 이들에게 고유명을 지어 주지 않은 건 메블루트처럼 이들도 보통 사람들이고 보통의 우리 삶에 시공을 초월하여 병치될 수 있는 이야기가 『하얀 성』에 담겨 있다는 힌트가 된다.

모호하나 진실에 더 가까운

『하얀 성』의 표지 그림에는 백설이 소리를 삼켜 버린 미지의 성 위로 침묵한 병사들이 줄을 지어 오르고 있다. 탑의 꼭대기는 하늘을 향하지만 실재하는지 장담할 수 없고 계단은 뫼비우스의 띠처럼 이어진다. 저 아래 계단에 병사 한 명이 일행과 떨어져 앉아 있다. 성 아래 어떤 풍경을 보며 무슨 상념에 빠져 있을까.

동서양 문명의 충돌과 갈등, 이슬람과 세속화된 민족주의 간의 관계 등 파묵의 작품들이 다루는 주제에 대한 많은 의견에 "인간과 문화를 서로 구분하기 위해 행해졌으며, 앞으로도 행해질 분류 중 하나인 동서양 구별이 실제 얼마나 적합하냐는 것은 물론 『하얀 성』의 주제가 아니다."라고 '작가의 말'에 밝혀 두었다. 그는 동양인들의 우매성을 신랄하게 꼬집는 호자에게 서양 노예의 입을 빌려 말한다. 어쩌면 몰락이란 우월한 사람을 보고 그를 닮으려 하는 것을 의미하는지도 모른다고. 작가의 균형 잡힌 세계관과 우열을 가리지 않되 동양에 대한 자부심을 엿볼 수 있다.

『하얀 성』이 이렇게 명료한 표피만을 드러내는 소설이라면 표지 그림이 내뿜는 강력한 자성磁性에 못 미칠 것이다. 작가가 부인하는, 그러한 주제에 대한 인식이 무의미하지는 않지만 전반全般에 보석처럼 빛을 발하는 풍부한 은유와 상징에 '더 진실에 가까운 것'이 숨어 있다. 예를 들어 파묵은 중세 유럽에 창궐했던 흑사병을 17세기 동양에 소환해 인간이 품는 죽음과 종말에 대한 두려움과 더불어 죽음과 종말을 두려워하지 않는 인간의 어리석음을 자각시킨다.

파묵은 하나의 종잡을 수 없는 스토리에 역사성의 옷을 입혀 특유의 지적인 마술적 사실주의를 그려 낸다. 마지막에 드러나는 두 화자의 정체, 이마저 누가 누구인지 확신할 수 없다. 우리 앎의 실체를 전복하며, 우리 삶의 본성이 그러하듯 모호성은 『하얀 성』이라는 안개 자욱한 시적詩的 이야기를 견인하는 주동력이다.

의미와 행위가 같았던 꿈같은 나날

『하얀 성』은 파묵의 다른 작품들처럼 동양과 서양, 낯섦과 익숙함, 옛것과 새것, 보수와 진보, 충돌과 갈등 그리고 조화를 자재로 쌓은 성채다. 특히 동양과 서양이라는 소우주 간의 대립과 교류, 화합이 서로 취하고 나아가는 양상은 다소 익숙하면서 낯설다. 우리의 일상에 낯섦이 툭툭 치고 들어오듯 독특한 기법을 운용하는 데에도 낯섦과 익숙함의 포석이 깔려 있다.

쌍둥이 설정이 우선 그렇다. 외모가 흡사한 동서양 두 사람이 상대를 알아 가며 학문과 연구에 몰입한다. 세속적인 기쁨도 맛보며 오랜 동거와 몇 번의 이별로 이어 가는 긴긴 인연의 고리, 이야기의 필사본을 16년 후 호자가 쓴 것인지 노예가 쓴 것인지 확신할 수 없게 만든 점, 허구와 역사를 교직한 서술 기법 자체가 역설적이게도 소설을 더욱 소설답게 한다.

1982년 문서 보관소 궤짝 안에서 필사본을 발견하는 것으로 서문을 시작한다. 차분한 어조를 견지하며 극적인 구조를 굳이 두지 않으나 긴박한 스토리는 나(노예)와 호자, 파샤와 파디샤가 만들어 내는 선문답식 관계로 독자를 유인한다. 진중한 문체에 인물과 상황과 풍경의 의외성이 빛는 인간미가 훈풍을 날려 보낸다.

호자와 나는 일별로도 서로 닮았음을 알고 놀라지만 쉽게 마음을 트지 못하고 탐색한다. 서로 배울 점이 있다는 것을 알고 내심 상대를 이용하려는 마음도 작용한다. 이들은 '책상' 가운데에 등불을 두고 마주 앉아 각자 지난 이야기들을 끄집어내어 글로 쓴다. 순연한 유년 생활의 기억, 심층의 죄의식과 욕망, 꿈이 쏟아져 나오는데 사소하지만은 않은 그 이야기에는 과장과 환상이 섞여 비로소 '존재'한다. 훗날 '그'의 이야기가 '나'의 이야기가 되지만 오랜 세월 함께한 두 사람의 이야기는 또 신기하게도 전혀 같지 않다.

'나'는 '의미와 행위가 같았던' 행복한 꿈을 꾸고 나면 시적인 언어로 기록했는데 그것은 모든 것을 '잊기 위한' 세심한 행위였다. '그저 읽고 듣는 기쁨 이외에 아무런 의미도 없고 읽은 후 어떤 결론도 유추해 낼 수 없는 이야기(143쪽)'에서 우리 삶의 원형을 찾을 수 있다. 나는 지금 이 구절을 다시 보며 무량한 위로를 받는다.

하얀 성으로 가는 길

'나는 나다'라는 후렴구가 머릿속에서 맴돌아 괴로워하는 호자에게 노예는 '나는 왜 나인가'를 자문하라고 충고한다. 나를 나라고 증명할 수 있는 건 무엇일까. '나'라고 하는 자아 안에는 주체와 객체가 공존해 서로 밀어내고 끌어당기고 우호와 적대의 노선을 교차하며 상생한다. 그리고 전진한다. 호자와 노예는 하나의 자아인 '나'로 통합되면서 각각 주체이면서 객체로 변별되기도 한다.

　우리에게 다행한 점은 그들이 수많은 역할을 할 수 있다는 사실이다. 두 사람은 역할을 수없이 바꾸어 가며 하나의 '나'로 가기 위한 울퉁불퉁한 비탈길을 걸어간다. 모호하고 아득하기만 한 '정체성'이라는 '하얀 성'을 찾아가는 것이다.

　파디샤의 명령으로 병사들과 행군하는 숲에서 불현듯 '하얀 성'이 모습을 드러낸다. '나'는 이 성을 보며 그에게도 고요하고 조심스럽게 끝나고 있는 그 어떤 것의 완벽한 느낌을 불러일으킨다는 것을 알고 있다고 서술한다. '나'가 기다려 왔던 고통의 시간은 '하얀 성'을 찾기 위한 시간이나 다름없다. 즐거웠던 시간도 있었지만 대체로 얼마나 암울하고 비굴한 노예의 나날이었던가. 그러니 '새로운 인생'이라는 말이 자주 등장하고 이는 호자와 노예 즉 '나'의 염원이기도 하다. 이들의 앞에 놓인 '새로운 인생'을 예감하는, 새하얗고 밝고 아름다운 성을 묘사하는 문장에서 세상을 초월한 아취雅趣가 풍긴다. 오르한 파묵은 인간성의 기품을 믿는 사람임에 틀림없다.

　'나'의 불운은 그곳으로 가는 비탈길을 도저히 건널 수 없다는 것을 자각하는 일이다. 하얀 성으로 가는 길은 모든 것이자 하나이며, 고통과 평화와 어둠을 완벽하게 두루 갖춘 길임을 깨닫는다. 우연의 경험이라 여겼던 일들이 필연임을, 행복이 있을 것만 같은 그 성의 하얀 탑에 도달하기란 불가능함을 자각한다. 중요한 것은, 호자도 '나'와 같은 생각이라는 것을 알았다고 하는 대목이다. 드디어 자기 합일의 경지에라도 오른 것일까. 쉽사리 이루어 낼 수 있는 과제라면 화두도 아니었을 터.

　하얀 성으로 가는 길에 대한 묘사는 그래서 다소 절망적인 숙명으로 보인다. 그 길은 갈수록 어둡고 거칠고 잠잠하고 완벽한 숲의 모습에 비유된다. 불온하고 은밀한 어둠의 숲을 뚫고 나오는 여정은 짧지도 순탄하지도 않다. 차가운 바람 속, 야생 동물이 노리는 눈빛과 독버섯 가득한 유혹의 숲을 지나 부르튼 발을 질질 끌며 숲을 빠져나오는 순간, 피로에 지친 두 눈 가득 여명이 쏟아져 들어온다.

하얀 성으로 가는 길은 그러니 절망적이지만은 않다. 우리가 알고 있듯 그것은 완벽한 어둠과 동시에 완벽한 밝음을 내포하고 있기에. 하얀색은 모든 걸 삼키고 모든 걸 내뱉는다.

정체성을 잃지 않는 법

파디샤는 호자와 노예를 조이고 당기는 역할을 한다. 아홉 살에서 스무 살이 넘기까지 이들이 본 파디샤는 지략과 담대함을 갖추었고 학문에 대한 호기심 또한 강한 인물이다. '그(호자)'는 파디샤에게 열패감을 갖지만 '나(노예)'는 파디샤의 능력을 간파했고 그와 같은 '아이가 되고 싶다. 적어도 그의 친구가 되고 싶고 어린아이다운 통찰력과 직관력을 부러워한다.

이들은 파디샤의 위엄이 두려워 많은 이야기를 만들어 내지만 후반부에서 파디샤가 이들이 만든 부풀린 이야기에 매료되는 것을 보고 실망감과 함께 분노감을 삼킨다. 이들은 이미 자신의 이야기를 누구의 눈치도 보지 않고 있는 그대로 거리낌 없이 쓰고자 했고 그럼으로써 자신과 자신의 나라에 대해서도 이전보다 훨씬 더 잘 알게 되었다고 고백한다. 이들은 정체성을 잃지 않는 방법을 희미하게나마 알게 되었고, 그것이야말로 이야기로 가득 찬 거대한 세상에서 사그라지지 않을 빛이 된다는 진리를 얻었다.

16년이 지난 어느 날 호자와 노예를 아는 노인 에블리야가 '그(호자)'를 방문한다. 에블리야는 이들이 하나이지만 둘이라는 명백한 사실에 놀라며, 오히려 기뻐한다. 오랜 세월을 함께하면서 서로 닮았다고 생각했지만 사실은 전혀 영향을 받지 않았다는 점이 제3의 타인에게 감명을 준 셈이다. 이해할 수가 없다고 탄복한 노인은 '나'(호자인 '그'와 동일 인물일 수 있다)가 쓴 책을 읽으며 하얀 성의 이름을 소리쳐 말했고 허공의 끝없는 부분, 존재하지 않는 초점을 바라보았다.

노인이 '나'가 쓴 책을 즐겁게 읽으며 책 속에서 찾고 있는 것은 우리가 찾고 있는 것과 다르지 않다. 노인이 본 것은 실패한 무기에 대한 무용담이나 학자연然하는 거만한 태도, 명성과 부를 위한 위선적인 행동이 아니라 자기 취향대로 가꾼 뒤뜰, 자신의 미래를 알고 싶어 점성술을 보러 찾아온 사람들과의 즐거운 대화, 자기 자신에 대한 속수무책의 사랑에 대한 이야기였을 것이다.

일흔이 된 '나'는 '그'를 사랑했고 생의 마지막 고백을 한다. '나'와 '그'는 모방자이자 동일자로, '나'는 호자인지 노예인지 묘연하다. 내 속에는 타인의 얼굴이 다분히 투영되고 여러 가지 얼굴이 언제 불쑥 나타날지 모른다. 그 얼굴에 투사되는 갖가지 감정들은 불쾌하거나 유쾌한 종류로 이분二分되겠지만 그 뒤에 그늘처럼 드리워지는 건 연민의 감정이다. 때로는 땅속으로 기어 들어가고 싶을 정도로 생이 지리멸렬하거나 생명의 연약함에 태생적인 열등감이 치밀 때에도 우리는 끊임없이 '나의 곁에 있는 '그'를 쳐다보고 어쩔 수 없는 사랑의 눈짓을 보내는 것이다.

기나긴 이야기의 파노라마를 율동감 있게 그리며 긴 끈으로 묶여 바람에 달강거리는 그네 하나가 감지된다. 그네는 오르락내리락, 앞으로 뒤로 내 지나온 시공과 다가올 시공을 이끌며 하나의 거대한 반원을 그린다. 서로의 삶을 바꾼 두 사람 이야기! 이야기의 끝에서 그들이, 그들의 삶이 도치되어 있었다는 것을 깨닫는 순간, 내면에서 조용한 떨림이 일기 시작한다.

거울을 내려놓고

나는 무엇인가보다 중요한 것은 어떻게, 무슨 일을 하는가이다. 행복은 높고 아득한 하얀 성에 있지 않고 바로 저 창문 밖, 살랑바람 불어 대는 나무 아래서 그네를 타며 손짓한다. 작가 자신이 시인했듯이 서로 닮은 두 사람이 거울을 보는 행위가 상징하는, 두 얼굴의 자아가 상충과 화해를 거듭하는 과정은 문학 작품의 빈번한 소재이지만 파묵은 그 위에 자신만의 고아한 색을 입혔다.

인간이 추구하는 궁극의 목표, 행복에 관해서도 이 소설은 누구나 말할 수 있는 결론을 반복하지만 파묵은 영민한 눈을 반짝이며 진실한 이야기꾼답게 낮고 맺은 목소리로 풀어놓는다. 호자의 말처럼 우리의 뇌가 쓰레기로 가득 찬 서랍 같은 것일지라도 이제 서랍은 뭔가 다른 종류의 것으로 채워도 좋지 않은가. 그들이 벽에 걸었던 거울을 바닥에 내려놓았듯 이제 거울을 보는 눈을 다른 곳으로 돌려도 좋을 것이다.

Amo, ergo sum

▶ 『헤어질 결심 각본집』 정서경, 박찬욱(을유문화사)

1. 영화

 개봉일 첫 시간에 관람 후 든 첫 감정은 몹시도 불쌍함이었다. 못다 이룬 그들의 사랑보다 사랑(이라고 믿는)의 증거물과 마침내 단행한 결심이 그랬다. 그 감정이 어디서 왔나 모든 걸 다시 생각해 보게 되었다. 영화 전체에 알알이 박여서 빛나던 은유들을 떠올렸다. 장 아메리의 『자유죽음』을 읽은 후 여러 대목에서 영화와 함께 연상되는 구체적 낱말과 이미지가 머릿속을 떠나지 않았다. **추락성**(붕괴, 몰락, 하강), **굴지성**(흙으로 돌아감), **안개**(확실히가 아니라 흐릿하게 말하여 오래 생각하게 함, 보려고 하면 더 보이지 않음) **품위, 당당함**(꼿꼿함), **간호사**(목숨을 다룸), 죽음과 자기 결단의 순간 그리고 서래가 모래사장에 '내려놓은 손'.
 원숙한 하모니로 부르는 '안개'의 가사와 휘몰아치는 파도가 격랑의 감정으로 몰고 갔다. 몸을 다치고 회복하는 과정에서 어느 한 단계도 건너뜀이 없었다. 한 단계 한 단계 나아가며 그동안 나의 일상은 고요한 수면 아래 있는 듯했지만 마음에 파도가 밀려왔다 밀려감을 반복했다. 때로는 맹렬하게 때로는 잔잔하게. 잠재웠던 파도가 물보라를 일으키며 후려쳤다. 감독이 애초에 그리고 싶었다던 '어른의 사랑'을 떠올렸다.

〈밀회Brief Encounter〉 데이비드 린, 1945

멜로를 싫어하는 정 작가에게 어른의 사랑을 그리고 싶었다는 박 감독이 이 영화를 권했다. 각본을 쓰기 전이 아니라 절반 이상 썼을 때라고 한다. 라흐마니노프 피아노협주곡과 뿌연 연기 속에 퍼지는 기적 소리로 시작하는 흑백영화 〈밀회〉는 처연한 감정을 기품 있게 담는다. 헤어짐의 애잔한 정서와 폭발하는 스산함을 담기에 기차역만 한 곳이 있을까. 영국 리즈Leeds의 거리에 놓인 황금색 우체통이 그해 유월의 기억을 불러 주었다.

마지막 만남을 약속한 날 낮 12시 30분, 아름다운 로라는 그 우체통 옆에 서서 알렉을 기다리고 카메라는 로라를 앞으로 두고 도시의 원경을 넓게 비춘다. 헤어져야 하는 순간이 왔고, 알렉은 서로 사랑하는 마음이 중요하다고 설득한다. 로라는 자존심과 품위도 중요하다고 말한다. 감독이 이 영화를 권한 의도가 들리는 단어였다.

〈말러Mahler〉 켄 러셀, 1974

어릴 적부터 가족의 상흔으로 죽음의 공포를 떨쳐 버리지 못하는 구스타프 말러. 1911년 2월 뉴욕에서 마지막 공연을 마친 후 상임 지휘자 자리를 내려놓고 빈으로 온다. 심내막염을 앓던 말러는 1902년에 결혼한 스무 살 연하의 아내 알마와 동승하고, 빈으로 오는 열차 안에서 이야기가 벌어진다.

미모도 뛰어난 알마는 실제로 열 살에 작곡을 시작했을 정도로 재능이 있었고 적극적이며, 예술가의 영감이 풍부한 환경에서 지냈다. 영화는 말러의 심상에 떠오른 초자연적인 장면으로 시작해 말러 교향곡 5번 4악장 아다지에토가 흘려보낸다. 연이어 영화 〈베니스에서의 죽음〉(루치노 비스콘티, 1971)을 향한 오마주가 등장한다.

토마스 만은 1911년 5월, 브리오니 섬에서 휴양 중에 평소 친분이 있고 존경했던 구스타프 말러의 죽음을 전해 듣고 베니스로 여행을 떠난다. 이 체험으로 『베니스에서의 죽음』을 썼다. 소설 속, 대가로 인정받는 예술가, 아셴바하는 작가이지만 동명의 영화에서는 작곡가로 바뀌었다. 말러에게 헌사한 듯 아다지에토가 주선율로 흐르고 끊어질 듯 늘어지는 현악 선율이 우리를 저 먼 곳으로 데려간다.

말러는 잠시 정차한 역의 플랫폼을 내다보다 아셴바하와 미소년 타치오를 환상처럼 떠올리고 행복해한다. 말러의 회상을 통해 삶의 고통과 환희, 열정과 정념을 예민하게 반추하는 장면들이 말러의 무의식을 반영하는 초현실적인 장면과 함께 펼쳐진다.

기차는 마침내 빈에 종착한다. 자신을 위해 재능도 버리고 희생한 알마의 사랑을 재확인하고 기차에서 내려 함께 더없이 환한 미소로 걸어 나오는 창백한 말러의 얼굴 그리고 잠시 그 순간을 정지하여 담은 장면이 더없이 슬펐다. 석 달 후 50세로 생을 마감한 개인사를 생각하면 그것은 얼마 후의 종착점을 예감한 사람의 짧은 환희였기 때문이다. 살아서는 정당한 평가를 받지 못한 예술가의 한 시절을 보여 준 아름다운 영화다.

〈헤어질 결심〉 박찬욱, 2022

하면 할수록 할 말이 많아지는 양파 같은 영화가 좋은 영화라고 생각한다. 죽음의 그림자를 떨치지 못했던 말러와 삼라만상을 담은 산해경, 날카롭고 철학적이면서도 능청스럽고 영리하게 대중 영화임을 못 박는 영화 〈헤어질 결심〉을 보며 결미를 서래의 '자유죽음'으로 끌고 갈 줄은 생각하지 못했다. 이 영화는 '죽여주는 여자'로서의 서래를 처음부터 보여주고 있었다. 마지막엔 자신에게 죽음을 선사하며 완미한 종결을 맞는다.

죽은 사람이 간 가파른 길을 굳이 두 번 올라가는 형사 해준처럼 영화는 죽음을, 결국 삶을 이야기한다. 죽음을 생각하지 않고 살면 시간을 죽이게 된다는 말을 기억한다. 우리는 미치도록 좋아도 "죽음이야!"라고 말한다. 죽음을 생각하며 혹은 죽기를 각오하고 사는 사람은 꼿꼿할 수밖에, 삶에 온전하고 당당할 수밖에 없을 것이다. 서래의 꼿꼿함은 서래에 대해 많은 걸 말해 준다고 생각한다던 해준의 말을 기억하며.

2. 각본집

영화에서 생략된 장면들이 좀 있다. 그런 소문을 듣고 읽으니 더 좋았다. 서래가 세상과 헤어질 결심을 행동에 옮기는 장면도 각본집에선 아주 자세히 적혀 있다. 문자를 통해 상상하니 참혹했다. 그렇게 연출했더라면 영화는 별로였을 것이다. 비유적으로 흐릿하게, 시적으로 연출하여 그 슬픔과 안도감의 여운이 길다. 손바닥에 질감을 새기고 손가락 사이로 빠져나가는 젖은 모래가 그동안 몸으로 부대껴 온 서래의 시간만 같았다.

각본집은 문자 언어, 영화는 영상 언어, 각본집이 '말씀'이라면 영화는 '사진'이다. 서래와 해준의 어긋나는 언어처럼 미묘한 사이에서 유발하는 무엇이 각본집 읽는 재미를 더했다. 해준은 무엇이든 잘 보려고 애쓰고 사진을 찍어 둔다. 서래도 말씀보다는 사진으로 보겠다고 했다. 하지만 두 사람이 마지막에 붙잡는 것은 '말씀'이다. 사랑한다는 말이 은닉해 빛나던 그 '말씀'을 붙들고서야 서래도 해준도 비로소 눈을 뜬다. 당신의 심장을 갖고 싶다고 한 말도 뒤에 '마음'이라고 서래는 정정했지만 '심장'이 속말에 더 맞을 것이다. 이질적인 언어의 틈새에서 빚는 오해와 이해의 거리, 팽팽하거나 느슨한 긴장. 각본집은 영화에서 놓치기 쉬운 말의 의미를 곱씹기에 바람직한 통로였다.

산과 바다

동아시아에서 가장 오래된 신화집이라는 작자 미상 『산해경』은 얼핏 지리서로 보이지만 우주를 꿰뚫는 상상력의 보고로 알려져 있다. 도연명이 〈산해경을 읽고〉라는 시에서 "잠깐 사이에 우주를 돌아보게 되니"라고 했을 정도이다. '산'과 '바다'는 13개월의 시차를 두고 이야기가 전환하는 배경이다. "검은 화면에 '山'과 '산'이 동시에 필기체로 적힌다." 각본집의 첫 문장이다. 표지의 봉우리 그림에는 보려고 하지 않으면 잘 보이지 않는 봉우리라고 적혀 있다. 우리의 삶이 그러하듯 수미쌍관의 모양새로, 결미에서 산과 바다가 하나를 이룬다. 서래라는 시간이 쌓은 모래산이 파도에 씻겨 나가듯 우리의 시간도 그럴 것이다.

구더기

표지 그림, 배우 탕웨이가 손수 쓴 한글 글자가 빼곡한 그 봉우리에 구더기 한 마리가 그려져 있다. 그 구더기는 백 년 된 소나무 길이로 끈적한 게 배에서 나와 미끄러지지 않고 사람을 만나면 기다란 몸으로 휘감고 대롱을 꽂아 피와 골을 빨아 먹는다고 적혀 있다. 이 벌레가 떨어져 죽으면 터진 머리에서 이만 마리 황금색 파리 떼가 날아올라 비로소 세상을 향해 흩어진다.

세상의 부패와 악(폭력과 거짓)을 대표하고 품위를 실종한 기도수와 임호신은 "현대인치고 품위 있는" 해준의 반대편에 있다. 둘은 진정한 사랑을 모른다. 기도수는 보이지 않는 곳에서 취약점이 있는 여자에게 폭력을 행사한다. 폭력은 어떤 경우에도 사랑에 속하지 않는다. 임호신은 시시껄렁한 농담과 돈밖에 아는 것이 없는 천박한 부류에 속한다.

생선잡이 선실 아래에서 지옥을 참아 내고 육지로 건너온 이방인, 서래는 치욕과 모욕의 세상을 건너 다른 세상에 오고 싶었다. 나이 많은 환자를 "전문적으로" 돌보는 서래는 길고양이도 돌보고 독립군의 유해를 고향 산에 가져오는, 소외된 이웃을 돕는 존재라 할 수 있다. 이 세상이 거짓으로도 유지된다는 사실은 우리에게 수치감을 던진다. 자부심과는 거리가 멀어지는 오욕의 삶이다.

눈, 보는 눈

시점의 표기도 눈에 띈다. 망자의 시점(12쪽), 전동 마사지기 진동으로 덜덜 떨리는 해준의 시점(29쪽), 해준의 망원경에 이어 카메라 시점(57쪽)…. 개미가 꼬인 기도수의 눈은 해준이 무엇을 잘 보기 위해 인공 눈물을 점안할 때와 자신과 동족이라고 여겨지는 서래를 관찰하고 정찰할 때 클로즈업되는 눈과 자주 비교된다. 서래가 용의자 혐의를 완전히 벗은 후 해준의 속마음을 터놓는 대상으로 의외의 인물 산오가 등장한다. 해준의 사랑은 산오의 사랑과 비슷한 면이 있다.

해준이 하늘 아래까지 오른, 부산 서구 마을의 그 계단을 각본집에서는 "영원처럼 높게 느껴지는 계단"이라고 지시했다. 상투적일지라도 천국의 계단이 떠오르는 이 표현은 '품위 있는' 해준의 정체를 암시한다. 해준에 쫓기며 이 계단을 오른 산오는 도수나 호신과는 다른 부류다.

산오는 스스로 죽어 가며 부릅뜬 눈으로 자신이 사랑한 여자를 '본다'. 카메라가 그 눈을 크게 비추는 바람에 해준도 우리도 기도수에 이어 망자의 눈을 다시 본다. 메마른 눈동자 표면에 개미들이 분주히 오가는 망자의 시점으로는 보려고 해도 잘 보이지 않는다. 사랑의 마음이 없이 사는 삶은 망자의 삶이나 다름없다. 서로 사랑하는 마음을 알고 나서야 해준은 진정 눈을 뜬다.

꼿꼿함

서래의 꼿꼿함이 단지 외조부가 독립군이었다는 사실만으로 뒷받침 되기엔 설득력이 부족하다고 생각했다. 꼿꼿함은 삶과 죽음을 대하는 당당함에서 나온 게 아닌가.

이웃 생명을 보살피고 "긴장하지 않아도 몸이 꼿꼿한" 서래는 죽음의 품위를 지켜 주는 일을 한다. 자유죽음의 대행사랄까. 중국에서 엄마의 소원대로 고통을 종결해 주고, 한국에서 아픈 철성 엄마의 죽음을 돕고, 구더기 같은 기도수의 죽음과 입만 나불거리는 사랑을 하는 품위 없는 임호신 모두에게 서래는 나름의 방식으로 죽음을 선사한다. 기도수는 "더러운 세상은 멀리 떨어져 있다. 이렇게 죽어도 좋다."라고 스스로 말했고 서래는 "원하는 대로 운명"하도록 해 주었다. 그러니 경찰 조사실에서 그 말을 한 후 씽긋 웃었던 것이다.

서래의 세계는 무도덕의 세계, 도덕의 경계가 없는 세계, 문명 이전의 세계라 할 수 있다. "내가 그렇게 나쁩니까?"는 서래의 세계를 말해 준다.

마침내, 산해경의 보이지 않는 봉우리처럼 이포의 해변, 잘 보이지 않는 곳에 물이 빠져나가도 보이지 않을 정도의 구덩이를 스스로 판다. 스스로 구덩이를 파고 들어간다는 설정은 스스로 집이 되는, 집을 짓는 사람으로서 인간 정체를 보여 주며 압바스 키아로스타미 감독의 영화 〈체리 향기〉를 떠올려 준다. 주인공 바디는 타인에게 자신의 몸 위로 삽으로 뜬 흙을 덮어 달라고 한다. 서래는 파도를 이용한다. 구덩이 옆에 서래가 쌓은 모래 '산'이 클로즈업된다. 그 산이 허물어지며 구덩이를 차츰 다 덮을 때까지 물이 덮치고, 시간이 흐르고, 사위가 점점 어두워진다.

기도수에게 죽음을 선사하기 위해 암벽 사이 침니에서 기다리고 있었듯 때를 기다리고 시간을 안내하는 일이다.

잠

서래는 "잠 못 자 죽어 가는 형사" 해준에게도 작은 죽음을 선사한다. 불면증을 앓는 해준을 잠으로 이끌며 자신의 숨소리에 맞춰 "바다로 물로 내려가요."라고 주문을 건다. 잠은 작은 죽음이며, 평안이다. "당신한텐 이젠 아무것도 없어요." 죽음의 세계는 없음의 세계다. 상대적인 동시에 절대적으로 돌이킬 수 없는 시간, 몸으로 살아낸 시간이라는 근심과도 멀어진다.

침니처럼 보이는 암벽 사이에 난 계단은 해준이 오른 '영원처럼 높게 느껴지는 계단과 비슷하다. 그 계단을 밟고 올라가 다시 흙으로 내려가 서래의 고요한 '없음'을 밟고 해준은 우뚝 선다. 그러기 위해 해준은 바닷물에 젖어 풀어진 운동화 끈을 다시 맸다. 비 오는 절에서도 그랬듯.

신

영화에서 해준의 신발(구두, 운동화)과 서래의 청색 하이힐(이포 시장에서)을 비추는 장면이 나는 참 좋았다. 서래는 해준의 신발을 눈여겨본다. 영화 〈박쥐〉에서도 신발을 당겨 비춘다. 『박쥐 각본집』(을유문화사)에서 세밀하고 열렬하게 이 모든 걸 문자로 지시한다. 상현은 태주의 벗겨진 발, 상처 입은 발에 자신의 신발을 벗어 신겨 준다. 합일에 이른 그들은 나란히 앉아 육체 저 너머의 세계를 바라본다. 신발은 욕망(삶이라 불러도 다르지 않다)의 증표이면서 神의 다른 이름, 지극한 사랑이다. 가엾은 우리 몸의 가장 아래에서 땅바닥을 딛고 우리의 몸을 날라 주고 지탱해 준다.

서래는 해변에서 주운 대나무(꼿꼿함) 장대를 꽂아 자리를 보아 둔 곳으로 당당히 걸어 들어간다. 이 장면에서 하이힐을 신은 것도, 성큼성큼 걸어 들어가는 전신을 훤칠하게 담은 각도도 마음에 들었다. 서래는 그렇게 자신의 존재를 소멸시켜 다른 존재를 일으켜 세우고, 떠받쳐 준다. 장 아메리는 "신은 언제나 숨어 있다. 그것이 신이 현현하는 방식"이라고 했다.

진정 용감한 자, 사랑할지어다

서래는 사극 '흰 꽃'을 즐겨 보았다. 무녀가 죽음은 용맹한 행동이라고 하자 류선생은 "진정 용맹한 행동은 사랑, 사랑은 그 외 모든 것을 포기하는 것"이라고 말한다. 내가 불쌍하다고 느꼈던 건 사랑이라고 여길 만한 그 작은 끄나풀을 부여잡고 그 말이 너무 좋아 듣고 또 들었다는 서래 때문이었다. 밀려오는 파도 가운데 선 해준은 서래가 듣고 또 들어도 좋았다던 자신의 목소리를 전화기로 듣고 서래를 향한 마음을 인정한다.

다시, 박 감독이 말한 '어른의 사랑'을 생각하게 된다. 사랑은 삶과 등가를 이룬다. 영원히 도돌이표를 그릴 서툴고 미약한 우리의 사랑, 어른의 사랑이란 다름 아닌, 삶에 대한 깊이 있는 사랑일 것이다. 삶의 이야기는, 그 삶이 어떤 것이든 간에 실패의 이야기라고 사르트르는 말했다. 삶은, 죽음은, 사랑은, 누구의 것이든, 중대 사건이고 더구나 미결이 아닐까. Amo, ergo sum.

26일 금요일

무작정 부남해변으로 같이 달렸다. 이른 점심을 먹고 포항, 울진을 지나 삼척에 도착하니 4시경이었다. 해변으로 가는 경사길을 조심조심 내려가는데 어느 순간 눈앞에 선경이 펼쳐졌다. 가운데 계단이 있는 큰 바위를 두고 왼쪽과 오른쪽으로 풍경이 나뉘었다. 바위 사이에 해준이 마지막 장면에서 뛰어 올라간 좁다란 계단이 보였다. 깨끗한 바닷물에 발도 좀 담그고 걷기 연습 삼아 두어 시간을 서성였다. 시시각각 색을 달리하다 점점 분홍으로 물드는 수평선을 바라보며 철썩이는 파도 소리를 귀에 담았다.

크고 작은 죽은 해파리들이 물결에 밀려 들어와 모래사장에 널브러져 있었다. 서래가 구덩이를 팠을 것 같은 자리에서 첫 번째 해파리를 발견했다. 일그러져 있어도 크고 투명한 몸통에 마치 실핏줄이 터진 듯 가장자리가 불그스름했다. 파도에 밀려 들어와 물을 밀어내지 못하고 주저앉은 것 같았다. 오래전 이국의 대형 수족관에서 내 머리 위를 부유하는 해파리를 본 후 이 기이한 생명체가 꿈에 가끔 등장한다. 맹독의 촉수가 흐느적흐느적 내 안의 푸른 바닷속을 떠다닌다.

마침 친구가 큰 절에서 가는 마음 방생에 따라간다기에 서래가 해준을 잠들게 하던 대사를 읽어 줬다. 해준의 잠을 방해하는 마음들을 물에 띄워 보내는 주문이다. 그걸 다 외우냐고 그런다. 아무 감정도 없는 해파리가 되어 물로 점점 내려가 물을 밀어내듯 마음을 물결에 흘려보내는 주문이 좋아서 조금 기억하고 있었다.

30일 수요일

  수술 육 개월 맞이 엑스레이 사진을 찍고 의사 앞에 앉았다. 금속이 박혀 있는 경골과 비골, 발목과 복숭아뼈가 이제는 낯설지 않았다. 뼈도 잘 붙어 가고 피부가 잘 붙었다며 석 달 후에 보자는데, 돌덩이 하나 들어낸 듯 후련했다. 병원에서 나오자 빗방울이 떨어지고 사방에 밴 비 냄새가 싱그러웠다.

  집으로 바로 가려다 '조선 목가구전'을 보러 가까운 박물관으로 향했다. 입구로 천천히 걸어 들어가는데 유리문에 비친 내 전신이 낯설었다. 휠체어와 목발로 지탱하던 몸이 저렇게 서 있다는 것도, 몸에 살이 좀 붙어 통통해진 것도. 왠지 기운이 났다.

  간소하지만 잘 정돈된 전시장에 장과 농, 반닫이, 소반 같은 건 외할머니집에서 본 것들을 떠올려 주었다. 소반은 들고 나는 사람이 주로 여자들이라 비교적 작은 크기의 목가구이고 목재도 가벼운 걸로 썼다. 다른 가구와는 달리 계층을 막론하고 널리 사용한 생활필수품으로 쟁반과 상의 용도로 두루 쓰였다. 모양도 용도도 다양하고 지역별로 만듦새도 특징이 있어 이름도 여럿이다.

  30년 전 세상 뜨신, 고왔던 외할머니는 고민 많은 여학생이었던 내

앞에 갓 지은 쌀밥에 된장찌개 보글보글 끓여 소반에 올려놓아 주셨다. 아랫목에 누워 깜박 잠든 나는 진수성찬을 올린 소반을 받고 힘이 났다. 소박하기 그지없는 다 낡은 그 소반이 종종 생각난다.

상어 가죽 입힌 작은 장식함과 생기 도는 주칠 가구도 예쁘지만 수수한 사랑방 가구가 특히 마음에 들었다. 주로 책을 보관하고 책을 읽을 때 쓰는 물건들이다. 책갑, 팔걸이, 목침 겸용 좌경 같은 것들은 김삼대자의 『전통목가구』(대원사)에서도 본 것이다. 다리를 접을 수 있는 휴대용 서안과 서견대 같은 소품들은 전시장에 없었다. 서견대는 책을 비스듬히 놓도록 설계된 독서대다. 다리가 있어 눈높이에서 책을 읽을 수 있다. 하나쯤 갖고 싶은 멋스럽고 실용적인 목가구다.

1994년 12월 초판 3,500원 『빛깔 있는 책들』 시리즈 중 159, 찾아보니 표지가 달라졌다. 일제 강점기에 침탈된 것 중에는 간결하고 쾌적한 비례미를 지닌 전통목가구의 질박함과 장인 정신도 속한다. 우리나라 장인의 솜씨로 잇는 전통은 거의 명맥을 유지하지 못했다고 저자는 아쉬움을 전한다.

광복절이 보름 지난 날이었다.

9월 September

3일 토요일

바야흐로 9월로 들어섰다. 6개월이 되면 전환점이 된다고 들어서인지 몸도 마음도 기대감으로 좀 들떴다. 아직 오래 걷고 서 있기엔 부대끼고 묵지근한 통증이 떨어지지 않지만 오롯이 내 몫이라 여겼다. 차츰 좋아질 일만 남았다고 생각하며 확실한 기쁨 하나에 매달렸다. 책벗들과 책 정보를 나누고 앞다투어 읽고 감상을 주고받았다.

아름다움의 안쪽

▶ 『마틴 에덴 1, 2』 잭 런던(녹색광선)

계급의 한계와 화해하지 못한 마틴 에덴과 달리 잭 런던은 부르주아 출신 아내와 오래 꿈꾸었던 보트 여행에서 돌아와 병을 앓는다. 1916년 세상을 뜨기 전, 잭은 1909년에 자전적 소설 『마틴 에덴』을 출간했다. 삶을 향한 가공할 욕구를 지닌 마틴을 시켜 자신이 우주의 조각 하나임을 스스로 알게 했다. 개를 통해 곤봉과 채찍으로 유지하는 소위 문명 세계라는 인간 세계에 경종을 부르짖은 『야성의 부름』이나 〈불 지피기〉 외의 단편들에서도 보이는 잭 런던의 다져진 기질과 꾸준하거나 변화한 생각을 마틴과 별개로 보기는 어려울 정도다.

십 대에 선원으로 통조림 공장 노동자로 온갖 험한 일을 하는 떠돌이 생활을 하며 세상의 너덜너덜한 속살을 알게 된 마틴 혹은 잭의 스토리에는 영육의 강건함이 배어 있다. 잭 런던의 호보Hobo 시절 이야기를 담은 책 『더 로드』(지식의편집)의 표지에는 호보 코드들이 그려져 있다. 끝에 실린 15개 조항 호보 윤리 강령은 그 코드가 호보들끼리 나누는 무슨 언어인지 알려 준다. 사회학 연구 차원이라기보다 '쉽게 두지 않는 내 안의 생명력과 내 핏속을 흐르는 방랑벽 때문에' 호보 생활을 했다고 솔직히 고백한 잭 런던은 『더 로드』를 통해 아동 노동 착취와 여성 폭행의 가혹한 실태도 보고했다.

아름다움을 향한 이중 감정

『마틴 에덴』은 아름다움을 갈구하고 사랑하고, 그 세계에 진입하고자 애쓰다 그 민낯을 확인하고, 스스로 가라앉기를 선택한 어느 예술가의 이야기다. 동시에 무모하고 용감한 한 인간 삶의 증언이다. 사랑한다는 것은 알아 간다는 것이다. 알아 가는 과정, 호기심과 열망이 살아가는 동력이다. 세상을 뜨기 7년 전에 이 작품을 발표한 잭 런던은 스스로 내면의 죽음을 예고했을까.

소설의 도입부에서 마틴은 아름다움에 대해 상반되게 느낀다. '아름다움'이 이끄는 이 소설을 거의 다 말해 준다고 할 만한 장면이다. 마틴은 루스에게 한눈에 반했듯 '아름다움'에 혹해 있고 '아름다움'을 보는 눈이 있으며 '아름다움'의 세계로 몸소 들어가길 원했다. 그것을 해부하여 '아름다움' 자체의 창조를 욕망했다. 이는 루스를 알고 싶고 루스의 세계로 진입하고픈 욕망과 다르지 않다. 아름다움이 예술가의 전유물은 아닐 터, 아름다움은 삶이라는 원래의 이름일 것이다.

마틴은 아름다움을 아무리 해부해도 누구도 꿰뚫을 수 없는 신비가 있음을 잊지 않았다 인간이 무엇에 대해서도 궁극적 지식을 획득하기란 불가능하다는 것도 알았다. 아름다움은 생명과 씨실 날실로 직조되어 있음을, 자신도 햇빛과 먼지와 경이로 직조된 불가해한 조각임을 알았다.

마틴이 처음 루스의 집에 들어갔을 때, 교양 있는 사람들이 살 법한 이 집에는 "아름다움에 호응"할 만한 것이 있었다. 거대한 파도가 밀려와 돌출된 바위를 뒤덮으며 부서지고 있는 유화였는데, 파도 너머로는 범선 한 척이 비바람 치는 황혼의 하늘을 배경으로 솟구쳐 오르고 있었다. 돛을 활짝 펼치고 갑판이 샅샅이 다 보일 정도로 기울어져 있는 배를 보고 마틴은 자신을 보는 듯 그 그림을 사랑하게 된다.

몇 번이고 떠오르는 이 범선의 이미지는 마틴 자신이 된다. 마틴은 생각에 잠길 때마다 배를 떠올리며 자기 운명을 예감한다. 그림 속, 범선의 아름다움이 마틴의 마음을 끌어당겼지만 가까이 다가가서 본 그림은 아름다움하고는 거리가 멀어 보였다.

가난에 허덕이며 독학과 독서로 자신 안의 소양을 연마하는 행동형 인간, 마틴은 작가가 되겠다고 선언한다. 단지 몸을 쓰는 일보다 돈을 쉽게 번다고만 생각했다면 작가가 아니어도 되었을 것이다. 쏟아져 나오는 말을 밤새 타자기로 두드려 세상에서 보고 듣고 체험한 걸 쓰는 동안 그는 살아 있음을 느낀다. 만사가 그의 머릿속에 생생히 살아 있었다. 마틴 자신도 그토록 속하고자 했던, 아름다울 거라고 생각한 세계의 안쪽으로부터 자신도 자유롭지 못하리라고는 아직 알아채지 못한다.

너와 내가 속한 세계

마틴의 세계 반대편에 루스의 세계가 있다. 한 사람의 세상은 거칠고 욕설이 난무하며 노동으로 먹고사는 강인한 곳, 한 사람의 세상은 정규교육을 받고 조용히 대화하고 고요한 얼굴을 할 수 있으나 세상을 잘 모르는 순진하고 나약한 곳이다. 마틴도 루스도 막연히 동경하면서 동시에 혐오하는, 아직은 서로에게 미지의 세계다. 그 세계의 거리는 극복할 수 없는 것일까.

마틴이 루스의 세계로 진입하는 데는 높은 울타리가 있다. 흔히 사랑의 장애물로 여겨지는 계급의 차이에는 사상의 차이가 개입한다. 경제적 차이나 사회적 신분의 차이는 사상의 차이에 비해 부수적일지 모른다. 루스는 마틴에게 학교 교육을 받을 것을 권하지만 마틴은 역사적 사실의 본질보다 연도순을 묻는 제도권 교육에 쓴웃음을 날리고 돌아 나온다.

마틴이 노동자로서 자기 정체성을 알아채는 순간, 그보다 우위에 있다고 여기는 루스 부모의 비우호적이며 이중적인 기획이 야비하다고 느끼는 순간, 자신과 루스의 세계를 뼈저리게 감지하는 순간마다 마틴은 굴하지 않는 상처투성이 거인 전사의 면모로 나아간다. 절대 굴하지 않는 것, 그게 위대한 작가로서 자신이 해야 할 일이라고 단언한다. 자신을 살게 하는, 글을 쓰고자 하는 욕망을 맹렬히 발산하면서.

뒤늦게 찾아와 사랑을 구걸하는 루스에게 마틴은 "이제는 욕구가 일어나지 않는다."라고 쏜다. 여기서 욕구란 아름다움의 안쪽으로 들어가고자 했던, 너의 세계로 들어가고자 했던 욕구다. 그곳이 그다지 아름답지 못하다는 걸 알았으니. 알수록 어려워지는 게 삶이다. 알면 쉽게 편하게 살아지지 않는다. 앎과 모름의 괴리는 대양보다 깊고 넓다. 너와 나의 부끄러운 자화상. 갈망이 없는 삶, 병든 정신으로 영위하는 삶, 빈천한 영혼의 삶은 얼마나 위험한가. 그 모든 걸 깨닫게 되는 삶은 얼마나 가엾은가. 당의정을 입혀도 삶의 속맛은 떫고 쓰라리고 모욕적이다. 가릴 수 없는 진실이다. 그것이 마틴을 아프게 했다.

마틴이 서서히 걸어 들어간 바다는 고통이 서린 곳, 너무 많은 승객과 짐을 실은 탓에 뜯어진 돛대를 달고 배가 출렁이다 서서히 침몰하는 곳이다. 살려는 의지, 그것이 마틴은 혐오스러워졌고 "알기를 멈추었다(2편 252쪽)."

암흑 속에 빠져들어 가는 마지막 순간에 마틴은 등대 같기도 한, 밝게 깜박이는 하얀 빛을 낸다. 자신의 뇌 속에 있는 빛이었다. 우리 한 사람 한 사람은 빛이고 등대다. 한 사람이 세상이라는 망망대해에 비추는 빛은 설령 미미하다 하여도 희미하지 않다. 삶을 너무나 사랑했던 마틴을 통해 그 모든 '다 된 것'에도 불구하고 잭 런던은 이 말을 하고 싶었던 게 아닐까.

잭 런던은 일찍이 먼지가 되기보다 재가 되리라고 선언했다. "존재가 아니라 사는 것이 곧 인간의 본분일지니 나는 생의 연장을 위해 주어진 날들을 허비하지 않으리. 내게 허락된 시간들을 모두 쓰리라." 마흔 살의 생은 전소하고, 사뿐히 가라앉았다.

〈마틴 에덴Martin Eden〉 피에트로 마르첼로, 2019

동명의 영화는 원작을 충실하게 따르진 않으면서 독창적으로 중요한 부분에 집중한 점이 돋보였다. 1910년대 미국 오클랜드에서 1950년대 중반 이탈리아 나폴리로 공간적, 시간적 배경을 이동한다. 사실적이면서도 탐미적인 영상에 혼란한 정치 사회적 배경과 노동자들의 얼굴, 계급의 극명한 대비, 그 모든 것에서 치솟는 깊은 감정이 울림을 주었다. 야심만만한 마틴의 예감된 침몰을 지켜보며 누구나 피해갈 수 없는 침몰과 바다에 수장된 날개가 연상되었다.

　인물들에 바짝 다가가 표정과 주름과 웃음을 담아낸 장면이 특히 기억에 남는다. 고단한 마틴이 자주 회상하는, 실제 자료 사진을 이용한 경쾌하게 춤추는 가난한 오누이라든가 삶에 지쳐도 온정을 잃지 않는 마틴의 누나, 우정을 지키는 노동자 친구, 무한한 배려와 돌봄을 베푼 포루투갈 여인 마리아 실바와 어린 남매, 유일한 신뢰와 지지를 퍼부은 명철한 노시인 브리슨덴.

　그렇게 인물의 내면에 다가간 시선이 마음에 들어온다. 가난한 노동자들 얼굴은 생기 넘치고 진솔한 삶의 욕구로 부글거린다. 노인들의 얼굴에 새겨진 고단함과 세월의 훈장, 연륜의 미소는 또 어떤가. 어느 노년 여성의 밝고 넉넉한 웃음을 아주 가까이서 찍은 얼굴이 살아 낸 흔적을 고이 담은 여느 초상사진처럼 깊은 인상을 준다.

　스스로 작가 수업을 하는 치열한 장면은 거침없다. 가난 속에서도 굴하지 않고 미친 듯 글을 써 대는 마틴의 옆모습을 비추는 장면이 투박한 듯 멋스럽다.

　인물과 풍경을 담는 화면의 물 빠진 색감이 돋보이는데, 클래식 렌즈를 통해 바라보는 듯 깊다. 특히 마틴과 루스의 얼굴을 비추는 카메라는 내면을 뚫을 듯하다. 마틴은 사람들과의 식사 자리에서 지식인의 자기모순과 허위의식에 항변한다. 선을 벗어나는 무례한 태도를 보이는 마틴이 루스는 점점 두려워지고 서로의 세계가 가까워지기엔 장벽이 높다고 느끼기 시작한다. 사랑이 감싸는 듯하나 내면의 붕괴가 촉발될 것 같은 불안감이 두 사람의 얼굴에 선연하다.

열망하던 세계로 들어가기 전의 가난한 마틴이 훨씬 생기 있고 순수하고 강인했다. 낡은 점퍼를 입고 헌책을 들고 허름한 골목을 내려오는 장면이라든가, 작가가 되고자 쉼 없이 책을 읽고 글을 쓰고 자신의 지적 세계를 구축하는 장면이라든가, 구호를 부르짖는 노동자들과 함께하는 항구 장면에서 발랄한 생의 틈새를 비추는 경쾌한 샹송이라든가.

사랑의 숭배와 자기 확신, 지적 자신감이 정점에 달한 마틴은 가엾게도 이 모든 것에서 발생할 혐오와 전락을 예감한다. 자신이 숭배하여 걸어 들어가고자 한 세계에 환멸을 느끼고 모순된 자신과의 괴리감과 사랑의 상실감에 스스로 바다로 걸어 들어간 마틴. 눈시울처럼 붉게 타는 지평선 아래로 해는 지고, 파도는 무심하고, 세상엔 공허한 구호만 나뒹군다.

14일 수요일

건들바람이 제법 가을 냄새를 풍긴다. 태풍이 지나가고 추석도 지나고 아직 수해 복구에 힘든 사람들이 뉴스에 비치다 만다. 사람은 제각기 자기중심적이다. 나를 포함한 사람들의 침묵이 모욕적으로 느껴진다.

끝이 좋으면

▶ 〈다 잘된 거야Everything Went Fine〉 프랑수아 오종, 2022

흔히 끝이 좋으면 다 좋다고 하지만 '다 잘된 거야'는 결과론적인 자조의 말에 지나지 않을 가능성이 크다. 영화〈다 잘된 거야〉는 그 말을 속말로 했을 아버지와 딸의 관점으로 생과 죽음의 언저리를 들여다보게 한다. 다채롭거나 단조롭거나 인생을 수용한다는 건 어떤 파도를 넘고 넘어 닿게 되는 최후 보루일까.

프랑수아 오종의 영화〈다 잘된 거야〉가 개봉될 거라는 예고를 보고 기대하고 있었다. 오종의 영화는 매번 놀라운 각성을 준다. 우리가 외면하기 쉬운 주제로 에두르지 않고 손을 끌고 데려간다.〈신의 은총으로〉,〈두 개의 사랑〉,〈나의 사적인 여자친구〉,〈프란츠〉에 이어〈다 잘된 거야〉에서는 보기 좋게 나이 든 소피 마르소가 중년의 엠마뉘엘로 나온다. 이 영화는 프랑수아 오종 감독과 시나리오 작업을 했던 엠마뉘엘 베르네임의 자전적 소설을 원작으로 한다. 엠마뉘엘은 소설『다 잘된 거야』를 2013년에 발간하고 2017년에 세상을 떴다.

모든 일에는 전조가 있다. 뇌졸중으로 쓰러진 아버지 앙드레 베르네임. 이렇게 사는 건 삶이 아니라고 말하는 아버지로부터 '내가 끝낼 수 있도록' 도와 달라는 부탁조의 명령을 받고 엠마뉘엘은 고민한다. 아버지의 선택을 도와주어야 하는 맏딸로서 뉘엘이 겪는 심리 변화와 아버지를 이해하게 되는 과정이 설득력 있게 그려진다. 그것은 뉘엘이 태어난 세상인 아버지와 어머니, 그 두 사람의 시난고난을 이해하는 일이다.

여동생과의 솔직한 대화가 짐을 덜고 위안이 되는데 둘이서 식사하다 문득 '끝낼 수 있도록'이라는 말이 무엇을 의미한 건지 한 번도 따져 묻지 않았음을 깨닫는다. 아버지의 그 말에 화가 났던 뉘엘은 병실을 뛰쳐나와 버렸던 것이다. 9월 15일에 쓰러진 아버지와 조력자로서의 뉘엘을 비롯한 가족의 여정은 이듬해 4월 25일에 끝난다. 이 날짜는 몇 번의 조정 끝에 앙드레가 정했다. 이생의 마지막 날을 스스로 정한 앙드레, 멋지지 뭔가.

아버지를 사설 구급차에 실어 베른까지 떠나보내고 뉘엘은 잠 못 이룬다. 노트북을 켜 맵을 통해 여섯 시간 넘게 걸리는 그 길을 손가락으로 따라가 본다. 그 여정엔 과거 가족의 서운함과 어긋남, 못다 한 열정, 어린 뉘엘이 순진한 눈으로 바라보는 젊었던 엄마와 아빠가 드러나며, 현재 가족의 다 표현하지 못한 사랑이 날카로운 틈새에서 빛을 낸다. 그 빛을 포착하는 뉘엘의 마음이 영화를 보는 이에게도 빛을 선사한다.

작가인 뉘엘은 어릴 적 먹기를 잘하고 그리 이쁘진 않았다고 영화 속 아빠 앙드레는 애정을 담아 말하지만 지금의 뉘엘은 그윽한 매력을 풍기는 중년 여성이다. 여동생 파스칼과 우애가 깊다. 서로 깊이 생각해 주는 따듯한 자매다. 뉘엘은 신실한 남편과 어려움 없이 사는 부류다.

아버지 앙드레는 유대교를 믿고 사업을 하여 경제적으로 넉넉하고 방랑벽과 수집벽이 있고 사랑도 생도 자기 마음대로 누려 왔으며 열정이 많고 고집불통이다. 영화와 음악, 미술에 조예가 있는 앙드레는 고가의 파텍필립 시계를 헤어진 옛 동성 애인에게 주기로 한 약속도 실행했다.

이제는 어떤 열정도 다 지긋지긋해진 앙드레는 정말이지 쉬고 싶다. 뉘엘은 아버지의 선택과 자신에게 주어진, 외면할 수 없는 역할 사이에서 고민한다. 그 과정에서 뒤늦게 발견한 서랍 속 권총 한 자루로 아버지의 감추어 둔 뜨거운 생과 늘 벼랑 끝에 섰을 심경을 헤아려 본다.

아버지가 떠난 다음 날, 스위스에서 아버지가 스스로 행한 마지막 광경을 조력자로부터 전화 너머 조용히 전해 들으며 뉘엘은 무언가를 음미하는 표정을 띤다. 비로소 하나의 임무를 완수한 생과 그 생이 남긴 메시지를 되새김질하는 표정이었을까. 편안해 보였다. 이 엔딩 장면은 원작 소설과 다르게 연출되어 인상 깊다. 오종 감독의 시선일 것이다. 좀 더 담담하게 받아들이는 쪽으로.

산다는 건 상처를 몸에 새기는 일이다. 나쁘지만은 않은 삶의 문양이다. 어두운 그림자와 말로 다 못할 생의 상처를 겪어 내면서도 뉘엘의 엄마는 떠나지 않았다. 그런 일을 겪고도 왜 떠나지 않았느냐고 묻는 큰딸을 쏘아보며 하는 말, "사랑했기 때문이지. 뭘 물어봐?" 증오로만 꽉 차 보였던 어머니에게서 발견한 반전이다. 사랑이라는 그 말에는 지독한 증오와 연민이 한데 섞여 곤죽이 되어 있다. 연기를 너무나 잘하는 샬롯 램플링의 베일 듯한 눈빛과 바르르 떨리는 어깨가 그렇게 말한다.

나는 순간 얼어붙었다가 피식 웃고 눈물이 나고 말았다. 나의 엄마는 한평생을 동반한 아빠가 가신 후 계절이 세 번 바뀌어 가을이 되자, 옷가지 걱정을 하며 너희 아빠가 보고 싶다고, 며칠만이라도 와서 놀다 가면 좋겠다고 종종 그러신다.

삶은 소중하다, 무엇보다 소중하다. 새삼 누가 모르겠는가. 관념으로 알지만 자주 상기시켜 줘야 하는 게 어리석은 우리다. 자기 결정권이 보장된 삶은 더욱 값지다. 영화는 선택할 수 있는 삶의 소중함에 대한 생각을 던져 준다. 선택한 삶이 아니라고 생각될지언정 선택한 삶이다. 어떻게 살아왔을까의 문제다. 하지만 끝에 있어서는 좀 다른 문제다. 어떻게 죽을까의 문제, 그것까지 선택의 자유가 허락된다면 죽음의 시종들로부터 존엄을 지킬 수 있지 않을까.

아버지 역할 배우, 1946년생 앙드레 뒤솔리에의 연기가 너무 좋다. 어머니로 나온 샬롯 램플링은 차갑고 날카로운 그 표정이 이 영화에서 더 해진 데다 뼛속 깊이 냉소적인 인물로, 자주 나오진 않지만 나올 때마다 압도한다. 앙드레는 아내를 이미 심장이 식어 버린 사람이라고, 만나고 싶지 않다고 말하고 결혼을 반대했던 장인 장모가 있는 묘에는 묻히고 싶지도 않다고 어린애처럼 말한다. 끝까지 재미난 사람이다.

일반적으로 스위스 존엄사에 대한 환상이 좀 있는 것 같다. 2주 정도 체류 비용까지 감안해 2천만 원 정도가 든다고 알고 있다(영화에서는 만 유로라고 나온다). 실제로 그렇게 낭만적이지도 품위 있지도 않을 가능성이 크다는 의견이 많다. 무엇보다 이국의 싸늘한 병실에서 강력한 물약을 '스스로' 마시고 5분 안에 혼자서 그 일을 수행하는데, 가족이 함께할 수 없다. 혼자 넘어야 하는 마지막 삼각파도, 오히려 담담할까. 이 관점은 자발적 재택사를 완벽하게 보여 주는 영화 〈완벽한 가족〉과 대조된다.

〈다 잘된 거야〉에서는 뉘엘과 파스칼이 경찰에 가서 진술하며 법적인 압박도 받는데 현재는 프랑스도 존엄사 법안을 최종 검토 중이다. 만 유로의 비용이 드는 마지막 선택, 이마저도 실행하기엔 요원한 사람들이 있다. 돈이 없는 사람들은 어떡하냐는 영화 속 아버지 물음에 그냥 죽음을 기다려야죠, 라는 뉘엘의 현실적인 말. 냉정하게도 현실은 죽음의 품위를 지키기에도 개입되는 게 많다.

툭툭 던지듯 아무렇지 않게 이어지는 대사, 묵직한 주제를 다루지만 온기가 스민 자연스럽고 산뜻한 연출은 오종 감독의 개성이다. "사랑하는 내 딸들"이라고 말하는 앙드레의 마지막 인사, 앙드레가 삶을 스스로 마감하도록 돕는 전직 판사 여성의 따뜻한 언사, 뉘엘이 생일 파티에서 받는 사강의 책 초판본과 서재에서 듣는 브람스 피아노 소나타 선율….

영화를 본 후 원작 소설 『다 잘된 거야』(작가정신)를 읽었다. 시나리오 작업을 했던 작가라 그런지 소설 속 문장이 시나리오 같다. 프랑수아 오종 감독은 짧은 문장들로 군더더기 없이 이야기가 전개되는 원작에 꽤 충실히 연출했다. 앙드레가 구급차에 타고 뉘엘이 파란 머플러를 벗어 목에 둘러 주던 이별 장면, 식상할 것 같지만 아니, 따스해서 콧등이 시큰했다. 달리 뭘 더 해 드릴 게 없으니 그랬을 것 같다. 앙드레가 작은딸 파스칼에게 "언니한테 다음 글은 이 일을 주제로 쓰라고 해."라고 말하는 장면은 원작에는 없다. 딸들을 보며 울보는 싫다며 끝까지 강하고 유머러스한 아버지 앙드레. 슬픔을 내치지 않되 기쁨을 앞세우고 눈물을 감추지 않되 웃음을 잃지 않는 사람이다.

똘망한 어린 외손자가 찾아오고 앙드레의 손을 화면 가득 비추는 장면이 영화에서 무척 인상 깊다. 쥐고 갈 것 없다는 듯 힘없이 시트 위에 내려놓은 손! 가슴이 아린다.

작년 겨울, 기저귀를 한 아빠를 보고 너무나 놀랐던 나와는 달리 영화 속 엠마뉘엘은 내색하지 않고 그런 아버지의 몸을 이불로 덮어 준다. 나도 그렇게는 했었지만 내색하지 않았을 뿐 가슴이 짓눌리는 기분이었다. 요즘 내가 가면 얼른 손부터 먼저 잡으시는 당신은 정작 어땠을까. 까무룩 잠이 드셨을 때 이불에 내려놓은 손을 사진에 담아 왔다. 어릴 적엔 크고 단단한 아빠의 손을 무서워했다. 손가락이 길고 손톱도 예쁘게 생겼다는 걸 그땐 몰랐다. 살짝 주먹을 쥐고 계신다. 최소한 모든 게 "다 잘된 거야."라고 말할 수 있기를.

17일 토요일

　시아버지의 첫 기일이다. 마지막 얼굴을 뵈었을 때 당신의 죽음에 존엄을 확보하기는 이미 늦은 시점이었다. 입관할 때 영면에 든 맑은 얼굴을 기억한다. 제삿밥을 좋아하셨던 분이라 간소해도 정성껏 준비했다. 아직은 주방에 오래 서 있기 쉽지 않았다. 맏아들이 장문의 편지를 읽어 내려가자 이런저런 이유로 눈물이 터졌다. 3월 말 입원 중에 보낸 청탁 원고를 옮긴다.

선글라스

　스무날이 지나고 하루가 또 저물어 간다. 베란다 밖으로 고개를 내밀고 땅과 하늘 사이 똑같은 성냥갑 속 11층에 부양浮揚한 나를 발견한다. 한 사람의 존재가 하늘 아래 실제로 있다는 생각과 없다는 생각은 큰 차이가 있다는 걸 가족과의 영이별을 처음 하고 나서야 알게 되었다.

　추석 연휴를 앞두고 위독하다는 전갈이 왔다. 네 번째 책 퇴고를 하던 중, 손을 놓고 단숨에 달려갔다. "아버님, 저 왔습니다." 중환자실에서 혼미한 의식에 매달려 눈을 감고 호흡기에 연명하고 계셨지만 기어들어 가는 내 목소리를 들을 수 있을 것만 같았다. 그렇게 나는 '언젠가는'이라며 유예한 긴 시간을 돌아서 왔다.

　건강에 적신호가 온 건 몇 년 되었다. 잘 넘어져 정형외과를 찾는 일이 잦고 잠을 못 자고 감정이 불안정하다고 들었다. 어느 날부터는 아버지와 대화가 잘 안 된다고 남편이 심각한 얼굴로 말했다. 파킨슨이 육신을 야금야금 점령하고 있었다는 걸 알지 못한 채 수년을 보내는 새 병세가 악화했다. 나는 그런 소식을 듣고도 선뜻 발걸음을 돌리지 못했다. 여덟 해 전 그날 들은, 지옥문 안쪽에서 울리는 듯한 목소리가 지워지지 않았다. 이미 주워 담을 수 없는 말이었고, 나는 견딜 수 없는 충격에 마음 문을 닫고 도망했다.

　숨이 거칠어졌다. 누구도 도와줄 수 없는 마지막 고개를 넘고 계시는 동안, 남편은 영정으로 모실 사진을 골랐다. 나는 의아했지만, 여든 해 생신 때 직접 찍어 드린 사진이라며 최근의 가장 건강한 모습이고 아버지를 잘 보여 주는 이미지라고 말했다. 파란 면 셔츠에 흰 캐주얼 재킷을 걸친 사진 속 아버님은 고개를 조금 돌리고 턱을 살짝 치켜든 채 입술을 앙다물었다. 멋쟁이라는 말을 들으면 입술을 오므리며 만면에 사람 좋은 미소를 감추지 않으셨던 분이다. 머리칼은 성글어지고 살이 빠진 얼굴에 사각 금테 선글라스를 쓰고 있었다.

빈소에서 아버님은 선글라스를 쓰고 우리를 지켜보았다. 울다가 웃다가 밥도 먹고 떡도 먹고 문상객을 맞이하고 밤이면 새우잠을 자는 아내와 아들, 며느리와 손자들을 바라보았다. 생전에 다니던 교회에서 온 신도들과 예배도 함께하였다. 그분들이 당신의 청년다운 활기와 유머를 회상하며 은총의 기도를 올리고 찬송가를 부르는 광경을 흐뭇하게 쳐다보았다.

부리부리한 눈을 가린 저 선글라스는 이미 육신의 감옥에 갇힌 상태로 요양병원에 가실 때 성경과 함께 손수 챙겨 가신 물건이라고 들었다. 선글라스 쓴 영정이 정말 멋지다는 덕담을 남기고 문상객이 모두 돌아가면 장남은 아버지가 좋아했던 엔카와 남인수 노래를 들려드렸다. 빈소에 조용히 퍼지는 그 노래를 같이 들으며 잠을 청했다.

빈소를 오가며 내 시선을 비켜 앉은 영정을 무시로 바라보았다. 아버님과의 인연은 당신이 마흔일곱 살, 내가 스물한 살 때 시작되었다. 상복을 입은 오십 대의 내 기억 속엔 자꾸만 그때 그 시절, 그러니까 지금에야 드는 생각인데, 저무는 해가 수평선 위에서 마지막 정념을 태우듯 뜨거운 빛을 사르고 있었을 오십 대의 아버님이 떠올랐다. 주어진 생을 건사하며 고단하였을 한 사람의 일생과 못다 한 꿈을 더듬어 보았다. 평생 청춘을 간직하고 싶었을 열망에 마음이 저릿했다.

그동안의 크고 작은 일들이 어제 일인 듯 스쳐 갔다. 좀 더 살뜰히 가닿지 못한 인연의 거리에 서글픔이 밀려왔다. 수줍음이 많고 요령부득한 나는 조건 없는 애정을 내심 바랐고 아버님 또한 마찬가지였을 거라는 생각이 그제야 들었다.

철없던 그때의 나는 이해하지 못했던 비교적 젊은 날의 초상 앞에서 우리의 과거와 현재와 미래를 생각해 본다. 생각한다고 해서 알 수 있는 게 아니라는 건 한 치 앞을 알 수 없는 생의 정언이다. 세상에 이루어 놓은 건 없고 청년의 꿈은 자취를 감추고 육신은 스러진 풀잎 위 새벽이슬처럼 점점 사위어 가는 시절, 절박하게 붙들고 싶은 게 있지 않았을까. 다정도 병이던 분인데 나는 일종의 심리 조종 같은 걸 느껴 거부감이 들었다. 주부가, 종부가, 교회에, 이런 말은 내 정신과 생활을 짓눌렀다. 지나치게 잦은 전화와 간섭에 어디 나가 있어도 편하지 않고 노이로제에 걸릴 지경이었다.

과감히 헤어져 있는 여덟 해 동안 나는 마음 가는 대로 낯선 땅을 밟고 제사도 손 놓고 내 안에 눌러둔 목소리를 담아 책을 냈다. 영육을 결박하려는 어떤 것으로부터 탈출을 시도하고 본성대로 목소리를 내고 싶었다. 무엇보다 나를 있는 그대로 받아들이고 못난 점도 이해해 주셨더라면 상황은 달랐을지 모르지만, 내가 아버님에게도 그랬어야 한다는 걸 이제야 느낀다.

입관 전에 뵌 아버님 얼굴은 지상에 없던 얼굴이었다. 그렇게나 맑고 순하게 바뀌어 있을 줄은 미처 알지 못했다. 영영 가시는 길에 고운 화장을 한 까닭도 있겠지만 하얀 분가루와 붉은 입술연지만으로 그리 보인다고는 믿을 수 없었다. 선글라스를 벗은 두 눈동자는 두 개의 봉분 아래 고요히 묻혀 있었다. 그 모든 집요와 집착의 그늘을 걷고 영원의 길을 떠나는 얼굴은 안식과 평화의 풍경이었다. 지상에서 얻지 못한 품작의 자태에 고개 숙였다. 훌훌 가벼운 걸음이길 빌며, 삼베옷 한 벌 입고 작은 나무집 한 칸에 누워 하늘 향한 얼굴에 우리는 작별 인사를 했다. "사랑합니다. 고맙습니다."

사흘은 금방 지나갔다. 집에 돌아와 또 몇몇 날이 백사장의 고운 모래인 듯 시간의 파도에 쓸려 갔다. 맏아들은 아버지의 자존을 지켜 드리지 못한 걸 괴로워했다. 목욕을 시켜 드린 아들에게 치부를 맡길 수밖에 없었던 심정이 어떠셨을지 생각하면 죽음의 그림자가 덮쳐 오는 육신의 연약함에 아뜩해진다.

한밤에 홀로 앉아 오래 닫아 두었던 이메일 서랍을 열었다. 우리 사이에 극단의 일이 있기 전 2013년 2월에 열흘 간격으로 받은 두 개의 이메일을 나는 고스란히 간직해 두었다. 2011년, 2010년, 2007년에 보내오신 편지가 3개 더 있다는 건 잊고 있었다. 칠십 대로 들어서며 재개발도 되지 못하는 삶의 변두리에서 드는 회한, 내 성정에 대한 은근한 질책과 맏며느리를 옥죄는 부담스러운 당부, 장남에 대한 자부심과 기대, 별난 성미로 또 자식 마음을 아프게 해서 미안하다는 후회 그리고 우리 가정과 당신의 자손들을 위한 새벽기도 말씀을 다시 읽으며 미진함이 숙명인 삶과 인연에 눈시울이 뜨거워졌다. 어깨를 들썩이며 흐느낌이 봇물 터진 듯 새어 나왔다. 우리는 서로 사랑하지 않았던 게 아니었다. 그렇게 믿고 싶다.

아버님의 선글라스를 내 마음에 소장한다. 아버님이 가시고 두 달 후 만추에 발간한 『내가 당신을 볼 때 당신은 누굴 보나요』를 올리며 예전에 드리지 않은 이메일 답신을 보내고 싶다. -《좋은수필》2022년 5월호

28일 수요일

　책벗들과 오랜만의 만남을 가졌다. 앉기도 걷기도 어떤 자세를 취해도 온몸이 불편했지만 마음 푸근한 시간이었다. 그동안 꼬맹이들이 성인이 되고 우리는 그만큼 또 세월의 흔적이 남아 책이라는 교집합을 이룬다. 예쁜 것들이 가득 든 책을 선물받았다.

예쁜 것들이 주는 기쁨

▶ 『우리에게도 예쁜 것들이 있다』 김소영 (낮은산)

이렇게나 예쁜 것들을 이렇게나 예쁜 만듦새로! 이 책을 준 사람의 마음도 책만큼이나 곱다. 한지 같기도 곱게 삼은 삼베를 만지는 것 같기도, 까슬까슬한 감촉의 산뜻한 표지부터 아기자기한 문양의 면지를 지나 물건 하나하나를 더듬고 만지며 보게 된다. 하나같이 소유욕을 부르는 우리의 예쁜 것들이 가지런하다.

저자는 동양화를 전공했다. 7년을 준비해 우리에게 이미 있어 온 예쁜 것들을 크게 네 가지 장으로 나누어 실었다. 화려하게, 단아하게, 재미있게, 쓸모 있게. 물건에 담긴 저자의 설명도 일목요연하게 적혀 있다. 질료들을 크게 나눠 보면 돌, 흙, 나무, 금속. 특히 나무는 베어져서도 하는 일이 많다. 나무가 집이 되기도 책이 되기도 가구가 되기도 생활용품과 소품이 되기도 한다.

지필묵 관련한 물건들이 눈길 끈다. 서책을 보호하고 보관하고 정리하고 먹을 갈고 붓으로 쓰고, 갖고 싶은 물건은 그림으로 그려 책거리로 책방을 꾸미고 그 외 책을 보고 글을 쓰는 데 필요한 소소하나 쓸모 있는 도구들, 해학이 담긴 물건들, 고졸한 멋이 있는 물건들이 마음을 당긴다. 모두 실용성을 겸비한 예쁜 것들이다. 물건이 하도 세심하고 다감하여 가만히 들여다보면 곱씹어 볼 만한 이야기를 불러 준다.

'자수 연화당초문 현우경 표지'는 '책의(冊衣: 책의 겉장이 상하지 않게 덧씌운 물건)'로 이 책에서 선보이는 첫 물건이다. 불교 경전인 현우경 앞표지에 자수를 놓아 장식했다. 장식 무늬엔 모두 의미가 있다. 마음을 담는 것이려니, 귀하게 여겨 소중한 손길로 책을 대했다. 책표지와 디자인을 포함해 만듦새에 관심이 많은 나는 홀려 버렸다. 표지에 배치된 석류와 복숭아는 길상을 상징한다. 모란과 연꽃이 넝쿨무늬로 수놓아졌다. 이렇게 정성 들여 만든 책을 벌레를 막기 위해 칠을 한 함에 넣어 습기가 적은 장소에 보관했다.

　오늘날 우리는 책을 가벼이 여기는 경향이 있다. 내용을 떠나 책이라는 물성에 귀한 대접을 하길 꺼린다. 버지니아 울프는 도서관에 가면 엄청난 보물이 파묻혀 있다는 걸 알게 된다고 했다. 내용만을 두고 한 말이 아니라는 생각이 든다. 한지는 아흔아홉 번 손질을 거친 후 마지막 사람이 백 번째 만진다고 해서 '백지'라고 할 정도였다고 한다. 귀한 종이에 소중한 내용을 일일이 적었으니 책 한 권이 얼마나 귀한 물건이었을지 짐작된다. 책을 가질 수 있는 계층도 볼 수 있는 사람도 한정적이었으니 책 표지에도 공력을 기울였다.

　'먹색 석제 필통'은 우직하다. 오랜 사용으로 끝이 갈라져 못 쓰게 된 붓은 붓 무덤을 만들어 줄 정도로 붓을 사랑한 선비들이니 사용하는 붓은 얼마나 더 소중히 다루었을까. 붓이 상하지 않도록 필통, 붓꽂이, 필세筆洗 등 다양한 문방구를 사용했고 서양 붓과는 다른 우리 붓의 성질을 알고 다루었다. 대나무 소재가 많았고 돌로 만든 필통은 드물었다고 한다. 원통형 구조에 입과 어깨 부분의 두께를 달리하여 단순함 가운데 변화를 주었다.

먹색을 현색이라고도 하는데 '검을 현玄'은 서양의 검정과는 다른 아득하고 심오한 색이다. 우주가 생성되기 이전 근원적 도의 현묘한 세계를 가리키는데 저자는 석제 필통에서 그 심원한 색감이 느껴진다고 했다. 꼿꼿하게 선 먹색 필통에서 묘비석이 연상된다. 미래를 예감한 현재의 붓 무덤. 돌이라는 질료의 묵직함이 먹색의 근원과 영원으로 이어지는 것 같다.

수풍석미술관의 석미술관에서 나는 기묘한 경험을 했다. 빛이 저 위쪽 작은 창을 통해 스포트라이트처럼 들어오는 넓은 공간의 구석에 홀로 덩그러니 앉아 있던 돌. 마치 나인 듯 너인 듯 말없이 그렇게, 편안했다. 이후 나는 다시 태어난다면 한 덩이 돌이면 좋겠다고 종종 말한다. 다들 의외라는 눈빛을 보였다. 여전히 정말 그러면 좋겠다고 생각한다.

거칠어 보이는 다듬잇돌과 다듬잇방망이는 돌과 나무를 재료로 하여 한 쌍이다. 이 한 쌍이 불러 주는 기억으로 가만히 들여다보니 수수하고 단순한 것이 참으로 예뻐 보인다. 상대가 없으면 무용지물인데 서로 안 예뻐 보일 리가 있을까. 강하기론 돌이라지만 수없이 두드려 주름을 펴 주고 밀도를 치밀하게 해 주는 역할은 무른 나무로 만든 다듬잇방망이가 맡는다. 천년 가는 한지를 만들 때도 종이를 치밀하게 만드는 역할을 한다.

이 한 쌍이 내는 날아갈 듯한 리듬을 추억한다. 어린 계집애는 고왔던 외할머니 방에만 가면 다듬잇방망이 두드리길 좋아했다. 제법 묵직해 양손을 박자에 맞춰 가볍게 두드리기에는 요령이 필요한데 자꾸 하다 보면 그런대로 잘 된다. 손목에 힘을 적당히 빼고 가볍게, 나만의 박자가 맞아떨어지면 그때부터는 공기를 흔드는 경쾌한 소리가 청각을 지나 촉각을 곤두세운다. 반질반질했던 그 다듬잇돌과 방망이, 잘 가지고 있었으면 좋았을 텐데 어디다 내버렸을까. 물건을 쓰는 사람이 세상에서 사라지면 그 물건도 사라져 버린다. 고아가 되어 세상을 떠돌다 어디서 길을 잃고 처박혀 있을지도 모르겠다.

물건을 정리하다 보면 쓰지 않고 모셔 둔 물건이 계속 써 온 물건보다 훨씬 더 낡고 초췌해져 있다. 자주 손이 가고 눈길을 준 물건은 예쁘게 닳아 윤기가 난다. 물건도 무관심을 오래 받으면 사랑받지 못한 목숨처럼 빛을 잃고 초라해진다. 우리에게 필요한 물건은 생각보다 많지 않다.

여백을 재해석하고 절제된 아름다움 못지않게 실용성을 중시한 우리의 예쁜 것들. 예쁘다는 말은 많은 의미를 품는다.

윌리엄 모리스의 패턴도 내가 좋아하는 예쁜 것들에 속한다. 모리스는 『아름다움을 만드는 일』(온다프레스)에서 아름다움은 필요에서 나오며 예술은 생활 속에서 누리는 즐거운 활동이어야 한다고 했다. 노동 지옥을 사는 영국 노동자들을 보며 모리스는 수공업 정신의 회복이야말로 노동의 고귀함을 되찾을 수 있는 길이라고 생각해 수작업으로 빚는 생활 물건의 예술성을 강조한다.

1800년대에 여러 단체에서 강의로 피력한 예술관을 엮은 이 책에서 모리스는 생활에서 사용된 물건들의 수공 예술성이 산업화로 인한 대량 생산으로 침탈되는 것을 경계했다. 한 땀 한 땀 잇는 손길에 밴 땀의 가치가 부와 권력을 갖춘 이들의 전유물이 되었고 오늘날 상대적 박탈감과 탐욕을 부추기는 사태를 불러오는 걸 보면 '아름다움을 만드는 일'

이라는 모리스의 생각에서 한참 멀어진 것 같다. 기계를 이용해 대량으로 찍어 낸 반복적 이미지를 전시한 앤디 워홀도 역설적인 말을 한 게 아닌가.

  그럼에도 수작업 생활 도구들의 아름다움은 전승되고 그런 일에 땀을 쏟는 장인들이 현존하는 건 반가운 일이다. 외로운 길을 지키는 벼루장 장인과 소박한 소반을 만드는 평범한 남자의 이야기를 본 적이 있다. 외할머니의 낡고 둥근 소반을 본 듯 반가웠다.

우리가 한 권의 책이 된다면

▶ 『화씨Fahrenheit 451』 레이 브래드버리(황금가지)

영화 속 문학

한 편의 영화가 탄생하는 건 하나의 세상이 건설되는 일에 버금간다. 문학 작품을 모티프로 한 영화에 끌리는 편이다. 영화와 문학은 현실 바깥의 세상을 짜임새 있는 서사로 구축한다. 그리고 보여 준다. 영화가 그렇듯 문학 또한 현실을 반영하지만 엄연히 현실은 아니다. 관객이나 독자는 그 환상의 세상을 통과함으로써 의미를 생성한다. 이후 어떤 일이 일어날지 짐작하기 어렵다. 한 사람의 생이 바뀔 수도 있다고 하면 지나칠까.

환상은 꿈에 닿아 있고 소망을 반영하므로 어떤 의미에서 영화와 문학은 꿈을 실현하는 장이다. 문학이 문자 언어로 지은 집이라면 영화는 영상 언어로 지은 세상이다. 문자 언어가 우리의 상상력을 부추기는 어떤 이미지를 영상 언어는 그 자체로 시각적 미덕을 발휘하여 실현한다. 매료될 수밖에!

영화 〈북샵The Bookshop〉(이자벨 코이젯트, 2021)과 그 영화에서 발견한 레이 브래드버리의 소설 『화씨Fahrenheit 451』을 생각한다.

〈북샵The Bookshop〉의 올드 하우스

스페인 감독이자 시나리오 작가 이자벨 코이젯트가 2017년에 내놓은 이 영화는 우리나라에서는 좀 늦게 개봉되었다. 1979년 맨부커상을 수상한 영국 작가 페넬로페 피츠제럴드의 동명 소설을 각색한 작품이다.

1959년 영국의 작은 바닷가 마을 하드버러는 플로렌스가 세상을 뜬 남편과 처음 만난 곳이다. 플로렌스는 풀들이 바람에 눕고 망망한 바다가 끝없이 펼쳐진 그곳 마을 어귀에서 올드 하우스를 발견한다. 책을 읽을 때면 지붕이 있는 집 안에 들어가 앉아 있는 것 같고 외롭지 않다고 느끼는 플로렌스가 올드 하우스를 보고 서점을 생각한 건 당연할 정도다.

낯선 마을에 가면 나는 아기자기한 독립 서점을 찾아간다. 그곳에서 직접 손으로 쓸어 보고 냄새 맡고 책장을 넘겨 보며 종이책 한 권을 고르면 무엇에도 비교할 수 없는 기쁨이 온다. '올드 하우스 북샵은 그런 곳을 떠올려 주는 기품 있는 공간이다. 때 묻지 않은 자연 풍경과 차분하고 따스한 북샵의 전경이 고스란히 플로렌스의 마음을 반영한다.

마을에서 재력으로 영향력을 발휘하려는 가맛 부인은 교양인인 듯 플로렌스에게 접근하고 마을 사람들을 동원해 음모를 꾸민다. 단단한 품성을 지닌 플로렌스는 조용히 생각하며 담담히 헤쳐 나가 올드 하우스를 서점으로 꾸미는 데 성공한다. 북샵의 외관과 내부를 비추는 온유한 색감이 온통 마음을 데운다. 북샵 앞에 전면 책장을 두고 알록달록한 책을 꽂아 둔 것 하며 내부에 꽂혀 있는 고전적인 책들의 풍경에 노란 스탠드 불빛이 품위를 더한다. 소박한 마을 사람들이 와서 책을 고르고 더구나 영리한 크리스틴을 점원으로 채용한 플로렌스는 충만감이 든다. 어린 크리스틴은 본능적으로 플로렌스의 선함을 알아채고 서로 믿음과 온정을 나눈다.

마을에는 나이 많은 독신남 에드먼드 브룬디쉬가 산다. 크리스틴을 제외하면 유일하게 플로렌스를 이해하고 지지하는 인물이다. 어떤 상처로 인해 은둔자를 자청하다 보니 오해가 무성하다. 간간이 산책하다 플로렌스가 풍경 속에 잠겨 책을 읽는 모습을 멀리서 보았고 북샵의 단골이 된다. 가맛 부인의 치밀해진 모략으로 힘이 들 때마다 플로렌스는 바닷가로 나가 바람을 마주하고 세상 끝에 내몰린 두 사람은 서로 용기를 주고받는다.

브룬디쉬가 플로렌스를 위해 용기를 내는 지점은 중요하다. 세상을 등지고 입을 다물어 불의의 공모자가 되는 게 아니라 분연히 일어서 용기를 내기로 한 것이다. "당신 덕분에 잊었던 것들을 다시 떠올릴 수 있었소." 브룬디쉬가 다시 떠올린 잊었던 것들이란 어떤 것일까. 자신이 좋아하는 것에 대해 말할 수 있는 용기, 진정 인간적인 삶을 지키고자 하는 용기, 영혼을 짓누르는 어떤 것으로부터 자신을 지킬 수 있는 용기가 아니었을까.

두 사람의 마음을 비치듯 카메라는 책을 가까이 비춘다. 그 눈길이 곱고 자상하다. 플로렌스는 브룬디쉬에게 책을 포장해 보내 주곤 한다. 레이 브래드버리, 오스카 와일드…. 브룬디쉬는 경탄하며 어떤 책은 작가가 쓴 게 아니라 자연적으로 써진 것 같다며 저자 소개가 적혀 있는 책 날개를 뜯어 버린다. 최고의 독서가, 최선의 애서가다운 행동이지 뭔가.

브룬디쉬가 가장 좋아한 책이 레이 브래드버리의 『화씨 451』이었고 플로렌스가 가슴에 품고 행복해했던 책이 레이 브래드버리의 『민들레 와인』이었다. 블라디미르 나보코프의 『롤리타』는 브룬디쉬, 플로렌스, 크리스틴 모두가 좋아한 책으로 나온다. 『롤리타』는 1955년 나온 작품으로 나보코프는 일찍이 "나는 교훈적인 소설은 읽지도 않고 쓰지도 않는다. 『롤리타』 속에는 어떠한 도덕적 교훈도 없다."라고 공표했다. 『민들레 와인』은 레이 브래드버리의 절반 정도 자전적 소설로 상상의 도시 그린타운을 배경으로 마을 사람들의 따뜻하고 서정적인 판타지가 펼쳐지는 1957년 작품이다. 그리고 『화씨 451』는 이 영화를 위해 통째 불려 나온 것처럼 보이는 1953년 작품이다.

『화씨Fahrenheit 451』 디스토피아 속 유토피아

책과 문학에 대한 무한한 존경과 진솔한 헌사를 담은 영화 〈북샵〉은 특히 레이 브래드버리Ray Bradbury를 강력하게 소환한다. 유쾌하고 자신감에 찬 천재 레이 더글라스 브래드버리는 어릴 때부터 동네에 있던 카네기도서관에서 책을 읽고 글을 쓰며 시간을 보냈다. 고등학교를 졸업하고 대학에 진학하는 대신 신문팔이를 하며 지역 도서관에서 독학하고 SF소설을 출판하며 1942년부터 전업 작가 생활을 시작했다.

특히 브룬디쉬가 가슴에 품은 책 『화씨 451』는 레이 브래드버리가 1950년 2월에 SF 잡지 《갤럭시》에 〈방화수The Fireman〉라는 제목의 단편으로 처음 발표했다. 그는 UCLA 도서관 지하 골방의 타자기를 빌려 썼는데 다임 동전 하나를 넣는 순간부터 시곗바늘은 미친 듯이 째

깍거리고 30분이 차기 전에 타자기를 마구 두드려 댔다. 그렇게 아흐레 만에 대략 2만 5천 단어로 초고를 쓰고 이후 이 원고를 두 배 분량으로 늘여 썼다. 『화씨 451』은 책이 읽히지 않는 오늘날의 세상을 기막히게 예언한다.

『화씨 451』은 디스토피아적 분서갱유를 전복한다. 인간의 감정을 움직이고 생각을 촉구하는 책이 일찍이 불태워진 사례를 보자. 진시황의 분서갱유 이후 베틀린 거리 한복판에서 책을 소각한 나치의 횡포, 움베르토 에코의 『장미의 이름』에서 수도사들의 장서관이 비밀을 지키려는 노수도사가 붙인 불에 휩싸이며 사흘 동안 타오르는 광경은 상상 그 이상의 전율을 부른다. 캐나다 학교에서는 약 5천 권의 책이 불태워져 논란이 되었던 적이 있다. 벨기에 만화가 에르제의 1929년 작 고전 만화가 논란의 시초로, 원주민에 대한 인종 차별적 묘사가 화근이 되었다. '교육'에 목적을 두었다 해도 논란이 될 책을 잿더미로 만드는 게 최선은 아닐 것이다. 생각을 끌어낼 기회를 사전에 박탈하고 재로 남은 책은 무엇이 진짜 교육인지를 되묻는다.

책은 무엇을 담고 있기에 화마가 삼키는 중에도 스스로 복제해 생명을 이어 왔을까. 책이 사라진 『화씨 451』 속 세상은 책을 읽거나 소지하는 것이 금지되기 이전에 사람들이 스스로 만든 세상이라는 점이 중요하다. 짧은 것, 빠른 것, 요약한 것, 이미지로 보여 주는 것에 중독된 사람들은 생각하며 느리게 읽어야 하는 긴 텍스트를 꺼린다. 생각을 나눌 필요가 없는 '사실만을 주입하여 쓸데없는 정보로 가득 찬 일률적인 세상에서 서로가 거울을 마주한 듯 행복해지는 세상, 눈을 보며 진지한 생각을 나누기보다 자기 말만 하며 정보만 주고받는 대화 아닌 대화가 난무하는 세상에 그들과 우리가 살고 있다.

페넬로페 피츠제럴드는 사람이 인생에서 모두에게 인정받았음을 깨닫는 때가 두 번 있다고 했다. 한 번은 걸음마를 배운 순간이고 또 한 번은 독서를 배운 순간이다. 직립하여 스스로 한 발 한 발 떼면서 아이는 새로운 세상을 본다. 세상이 경이롭게 보이는 순간이다. 독서를 하는 순간도 버금가는 것이리라.

자극적인 영상물과 광고물, 문학적 문장의 맛을 솎아 버린 다이제스트 등 속도에 중독된 우리 시야에서 과속으로 지나쳐 버리는 모든 것은 생각의 여지를 주지 않고 생각할 시간을 앗아가 버린다. 시간은 그렇게 우리의 소유권에서 벗어나 버린다. 느리게 어슬렁대다 하나씩 줍는 것이거나 집요하게 한가운데를 뚫고 들어가 마주하는 것들에서 우리의 생각이 움트고 몸피를 키우고 깊어질 확률이 크다.

『화씨 451』의 주인공 가이 몬태그는 잿빛 도시에서 얼굴마저 굳어 버린 모범 방화수이다. 소방수가 있었던 이전의 세상과는 달리 불을 태우며 즐거움을 느끼는 인간이다. 화씨 451도는 섭씨 233도 정도로, 책에 등유를 뿌리고 타오르는 온도이다.

몬태그는 등유 냄새가 몸에 밴 직업적 인간이지만 어느 날부터 춤추는 불꽃들이 사그라질 때면 얼핏 그 속에서 미소 짓는 누군가를 보곤 한다. 자신이 만든 환상인데 무의식에서 책을 원하고 예전에는 책을 즐겨 읽었다는 증거가 될 것이다. 이런 환상을 만들어 내는 또 다른 나는 어디로 갔을까, 몬태그는 고심하기 시작한다. 이웃집 소녀, '왜'를 '생각하는' 클라리세를 우연히 만나고부터 그 고심은 깊어지고 점점 자신이 불행하다고 느낀다.

아내 밀드레드는 삼면을 둘러싼 벽면 텔레비전에 나오는 사람들이 친척이 되어 버린 괴이한 집에서 잠들 때에도 귀마개 라디오를 꽂는다. 이들은 모두 저녁이면 아무것도 하지 않고 나와 있거나 생각에 잠기는 공간으로서의 현관 포치도 사라진 계획도시에 산다. 하루 종일 벽면 텔레비전과 로봇 사냥개로 중앙의 통제와 감시를 받으며 단순한 쾌락에만 취한 사람들이 유해한 것으로 규정된 책으로부터 안전하게 '보호받는' 도시가 그들이 사는 세상이다.

불, 강, 책사람들Bookpeople

책과 함께 불에 타기를 자청한 어느 여인을 보고 몬태그는 자신을 돌아본다. 그동안 한 권씩 숨겨 온 책들이 집에 있고 방화서장이 이를 눈치채고 불태우기를 종용하는 상황에 몰린 몬태그는 책이 불태워진 집은 무의미하다고 생각하고 책을 불태우라는 비티도 집도 같이 불태워 버린다. 이런 몬태그는 영화 〈북샵〉의 크리스틴에게로 고스란히 이어진다.

플로렌스가 더 이상 북샵을 운영하지 못하고 마을을 떠날 때 용감한 크리스틴은 등유 난로를 들고 올드 하우스로 향한다. 플로렌스를 태운 배가 마을에서 멀어져 갈 때 올드 하우스를 태우는 불꽃이 활활 타오르고 크리스틴은 책 한 권을 가슴에 품고 플로렌스를 보며 서 있다. 책이 없는 집을 몬태그가 태워 버렸듯 북샵이지 못할 올드 하우스는 태워 버렸어도 이들의 용기와 자부심은 불꽃으로 승리할 것이라는 듯.

몬태그가 유일하게 정신적 도움을 받은 파버 교수는 곧장 강으로 가라고 일러 준다. 세상은 늘 전쟁 중이었다. 원자 폭탄 대신 허공에 뜬 황량한 도시의 끝에서 몬태그는 도시의 죽음을 알리는 소리를 듣는다. 소설은 또 한 번 멸망의 길을 가는 세상을 보여 주고 있다.

먼지 속에서 몬태그는 드디어 무언가를 기억해 낸다. 그리고 저 너머 강을 바라보고 서서 '저 바깥세상'을 외친다. 몬태그는 위협적으로 타오르는 불이 아닌 따뜻한 불, 기묘한 불꽃을 따라가 '충분한 시간과 '특별한 침묵'이 있는 곳을 향해 다가간다. 그곳에 사람들의 말소리가 들리고 그를 강의 상류로 인도하는 사람이 나타난다. 그 사람을 따라 걷기 시작해 당도한 곳은 한 사람이 책 한 권이 되어 책을 통째 외워서 암송하는 사람들의 공동체 마을이다. 플라톤, 오스카 와일드, 마르쿠스 아우렐리우스…. 몬태그는 "서서히 끓어오르는 말의 소용돌이"를 느낀다.

미래의 희망을 심어 둔 소설 『화씨 451』은 영화 〈북샵〉의 결미에서 보여 준 밝은 분위기로 전승된다. 줄리 크리스티가 목소리를 맡은 성인 크리스틴은 서점 주인이 되었고 영화는 재치 있게도 서점에 책 『북샵』을 진열해 두었다. 크리스틴은 페넬로페 피츠제럴드의 귀여운 페르소나였다.

사람을 한 권의 책이라고 할 때 그것은 각자의 사연을 담고 있는 고유의 색을 띤다. 당신이 읽는 책이 당신을 말해 준다는 말도 어느 정도 유효하다. 우리가 사랑하는 책이 우리 영혼을 잠식한다면 그 책을 통째 기억함으로써 존재하게 한다는 든든한 상상으로 이어진다. 책사람들의 무해한 공동체는 책을 암송하는 사람들과 함께 디스토피아 속의 유토피아를 그린다. 종이책의 위엄은 어떻게든 전승되고 어디서 무엇이 되든 우리는 책사람 혹은 사람책으로 남을 것이라는 믿음이 남았다.

누벨 바그Nouvelle Vague의 기수 프랑수아 트뤼포는 1966년에 동명의 흑백 영화에서 이 모든 걸 아주 그럴싸하게 재현해 내었다. 특히 숲속을 거닐며 책을 암송하는 사람들이 나오는 결미 장면은 잿빛 도시와는 확연히 달라 감동이 전해져 온다. 브래드버리는 트뤼포의 영화를 두고 로봇 사냥개와 철학자 파버 박사를 없애고 줄리 크리스티에게 1인 2역을 맡기고 줄거리 맥락도 과감히 바꾼 점을 지적하면서도 좋은 영화라고 평했다.

문학이든 영화이든 삶이든 기억될 때 존재하고 이야기될 때 유의미하다. 영화 〈북샵〉의 브룬디쉬라면 『화씨 451』로 플로렌스라면 『민들레 와인』으로 어딘가에 책사람으로 남아 있을 것이라는 기분 좋은 상상의 불꽃이 한 세상의 종말 위로 스멀스멀 피어 오른다.

6일 목요일

 풀꽃문학관 관장, 나태주 시인의 초청 강연이 가까운 예술회관에서 열렸다. 오랜만에 본 얼굴들, 인사를 나누고 좀 죄송했지만 맨 뒤로 빠져나와 따로 다리를 뻗고 앉아 들었다. 시인은 시가 사람을 살린다는 말로 시작하며 거대담론보다 인간화한 개인담론이 소중해지고, 쏠림과 수직의 시대는 가고 소통과 상호 작용, 수평의 시대가 왔다고 했다. 나는 그 말을 당위와 희망의 말로 들었다. 부부가 우울증을 오래 앓았다며 시는 세로토닌처럼 감정을 돌보는 역할을 하는 약 같은 존재이어야 한다고 진단했다. 자기 삶 속에서 새롭고도 낯설고 또 익숙한 것을 발견하는 시인의 눈을 강조하며 우울 속에서도 명랑성을 잃지 않기를 바란다는 말이 유독 잘 들렸다. 내 귀에는 무엇이 들리고 또 들리지 않는가.

지우고 다시 쓰는 감각으로써

▶ 『세월』 아니 에르노(1984BOOKS)

그리고, 내 눈에는 무엇이 보이고 또 보이지 않는가. 우리가 대상을 볼 때 또는 대상으로서 자신을 볼 때 어떤 눈으로 보는가. 그 눈은 믿을 수 있는가. 본다고 해도 보이지 않는 것들. 그렇다면 보는 게 아니라 보이는 게 진실에 가까울 것이다. 완벽한 객관이란 있을 수 없다. 주관적이지 않은 사실은 존재하지 않는다. 내 눈에 보이는 게 무엇인가. 내 귀에 들리는 건 무엇인가. 보이고 들리는 그것이 나를 말해 준다는 게 진실에 가깝다.

이날 스웨덴 한림원이 2022년 노벨문학상 수상자로 프랑스의 아니 에르노를 선정한다고 발표했다. '사적 기억의 근원과 소외, 집단적 구속의 덮개를 벗긴 용기와 꾸밈없는 예리함'을 선정 이유로 밝혔다. 아니 에르노의 작품들을 읽고 이미 팬이지만 에르노 문학의 정점으로 불리는 『세월』은 미뤄 두었다.

『세월』은 '그녀'의 내밀한 사적 역사와 집단 역사가 직조된 작품이다. '그녀'의 세월은 공동의 기억에 스민 내밀한 기억의 총체로서 존재한다. 그 기억은 사회적으로 자주 조작되고 개인적으로는 미화되기 쉽다. 프레데리크 이브 자네와의 이메일 대담집 『칼 같은 글쓰기』(문학동네)에서 에르노는 내밀함 또는 내밀한 것은 언제나 사회적인 것이라 생각한다고 밝혔다. 타인과 역사를 배제한, 순수한 나는 있을 수 없기 때문이다.

기억은 자신의 경험과 연결되어 선택적이라는 점에서 욕망의 이명異名일 수 있다. 직접 체험한 것만 쓰겠다고 일찍이 선언한 아니 에르노. 『세월』은 에르노의 다른 작품들과 마찬가지로 자전적이라 할 수 있고, 그의 다른 작품들을 총망라한다. 에르노만이 확립한 독보적 문체로 완급이 교차하는 물살을 따라 언급된 수많은 인명, 지명, 지구상에 크고 작은 획을 그은 역사적 사건을 보는 예리한 시각을 이해하려면 이런저런 배경을 알아야 한다. 자세히 알고 싶어서 찾아가며 읽었다. 분량은 길지 않지만 후루룩 읽히지 않은 이유다.

화자의 눈에는 '그녀'가 보인다. '그녀'는 철 지난 사진 안에 들어가 있다. 아니 에르노의 눈에 보이는 세계는 무엇이었을까. 공적 기록물을 찾고 정리하고 요약한 흔적이 엿보인다. 개인의 기록물로 에르노가 택한 건 옛날 사진이다. 1940년에 노르망디의 특별할 것 없는 가정에서 태어나 어린 시절부터 2006년이 되기까지의 세월이 '그녀가 사진을 바라보는 장면을 기점으로 하나의 파노라마를 이룬다. 사진은 연대기적 시간의 흐름 순으로 배치된다. '그녀'는 그 사진이 발생한 시절의 사회적 개인적 일들을 소환한다. '그녀'로 호칭하는 3인칭 시점, 누가 봐도 에르노 자신이다.

'그녀'가 세월의 사진첩을 뒤져 찾아낸 빛바랜 사진에는 연도와 날짜가 적혀 있다. 사진 뒤쪽 짧은 글로 언제 어디서 찍은/찍힌 순간인지 드러난다. 세월의 흔적이 나타나는 '그녀'를 해부하듯 직시하는 '그녀'는 자신은 물론 아이들, 남편 등 사진 속 인물을 통해 어릴 적 제2차 세계 대전 말기와 전쟁 후 혼란스러운 기억부터 계급 상승을 염두에 둔 십 대 시절의 지적 탐구와 성적 호기심, 이십 대 시절의 낙태 경험, 임신의 공포, 불안정한 연애를 쓴다.

행복했던 순간도 있었으나 글을 써야 한다는 생각에 쫓겼던 결혼 생활과 이후 자본주의가 부추겨 자연스럽게 다가온 이혼, 사회적 이력, 집착과 탐닉 그리고 눈으로 보이는 나이 듦도 해부하듯 쓴다. 모두 에르노가 따로 하나의 완성작으로 발표한 생의 이력들이다.

이와 동시에 68혁명과 그 유령, 알제리독립전쟁, 유대인과 아랍인과 여성을 대하는 국가적 태도에서 오는 분노, 끊이지 않는 어리석은 전쟁과 테러 등 정치사회적 혼란과 부침을 통과한 방관자적이거나 객관적인 개인을 쓴다. 그리고 미디어가 지배하는 공동의 기억 너머, 보다 온전한 세계로 진군하는 듯이 보이는 자신을 과장하지 않고 세운다. 3인칭의 '그녀'는 우리의 일면이다.

아니 에르노는 그해 4월이 싫었다. 1986년 보부아르와 장 주네의 죽음이 연이어 일어난다. 이 책엔 적혀 있지 않지만 보부아르의 성대한 장례식 다음 날 장 주네는 마지막 원고 교정을 보러 파리에 와 있는 동안 외로운 죽음을 맞이한다. 이슬람교를 모독했다는 이유로 이맘 호메이니가 살만 루슈디에게 사형 선고를 내린 일을 지나, 독일이 통일되자 프랑수아 모리아크가 했던 말을 소환하고, 그리고 세계 전쟁이 또 일어난다.

『세월』 속 '그녀'는 일반적인 회고 작업과는 다르게 공동의 시간을 재구성하기 위해 자신의 글쓰기를 차별화한다. 공동의 기억으로 존재하는 기억에서 화자가 가져오는 개인의 기억은 '그녀'의 눈에 보이는 것이고 '그녀'의 기억에 찍힌 발자국들이다. 쉬울 리 없는 작업을 위해 아니 에르노가 택한 도구는 "지우고 다시 쓰는 감각(272쪽)"이다. 얼마나 오랜 시간을 두고 얼마나 많은 걸 지워 내야 이야기를 직조할 수 있는가. 이야기를 한다는 것은 지우는 과정이다. 그래야 다시 쓸 수 있다.

집을 짓는 것과 비슷할 것이다. 경제적 동선을 생각하며 연속적으로 설계하고, 쓸모 있는 필요한 자재를 고르고, 불필요한 욕구들은 과감히 버려야 한다. 하지만 버리기 위해서는 뭐든 내놓고 봐야 한다. 모두 펼쳐 놓아야 버릴 게 보인다. 군더더기 없이 세련된 집은 그렇게 탄생한다.

아니 에르노가 문장과 문장 사이에 함구한 이야기들은 그렇게 빛을 발한다. 공동의 기억이거나 개인의 기억이거나 함축된 서사가 행간에서 우리를 빤히 보고 있다. 중간중간에 아니 에르노의 다른 작품들을 분명하게 떠올릴 수 있는 사적 사건, 수많은 역사적 사건과 그 궤적이 뚜렷한 인물들, 특히 동시대 문학 작가들과 영화배우를 언급하며 닮고 싶어 했고, 슬픔으로 분노하는, 솔직하고 도발적인 발언들.

기억이란 과거에 살지 않는다. 기억은 언제나 현주소를 갖는다. 기억이란 현재 우리 마음의 눈으로 보이는 것들이다. 내적 경험에서 기억이 생성하고, 기억은 시간과 공간을 초월한 자리를 차지해 부분으로나 전체로나 망각됨의 기회를 노린다.

『세월』은 공동의 기억에 스민 내밀한 기억의 총체이면서 개인의 기억을 지배하는 공동의 기억에 대한 역사적 문화적 사회적 강물이다. 나는 그 강물을 순순히 따라온 기분이 들었다. 시간순으로 보면 과거에서 현재로 이어진 세월이지만 현재에서 과거로 흘러간 이중의 느낌이 드는 건 특이한 경험이다. 우리 자신의 연대별 기억 저장고도 뒤져 보게 되니 말이다.

사라지고야 말 모든 장면에 맞서 투쟁하는 에르노 방식의 글쓰기. 우리는 시간에 저항하며 삶의 의미를 구축한다. 이 책의 마지막 장을 넘기면 사라져 가는 한 인간으로서, 눈부신 열망을 소유한 작가로서 여든을 넘긴 아니 에르노가 혹은 '그녀가 숨 가쁘게 건너온 세월이 감동의 물결로 밀려온다. 그때도 틀리고 지금도 틀리고 다음에도 틀리겠지만 그래도 지금의 삶이 내 몫이고 우리 몫이라고 생각한다.

13일 목요일

읽던 책을 에코백에 넣고 나왔다. 갑자기 바람이나 쐬러 나가는 길에 남편은 고비였던 십 년 전에도 사람들이 이제 끝났을 거라고 돌파구가 없을 거라고 말했다고 했다. 그때 미래를 기억했더라면 고민이 덜하지 않았을까. 눈이 너무 부셔서인지 수술 부위가 뻐근해서인지 울컥해져서 선글라스를 꺼내 썼다. 가을 햇살이 따가워 안성맞춤이었다.

한 시간 남짓 달려 구산마을에 당도했다. 평범한 하루가 오후 세 시 나른한 포구 마을에도 흐르고 있다. 겉으론 모두 고요하다. 오늘은 고요만 보리라. 할머니 세 분이 쪼그리고 앉아 홍합을 까서 팔고 있었다. 미역국 끓이게 한 봉지 샀다. 캠핑족들이 양말을 널어놓고 낮잠을 즐기고 있다. 조금 걷고 차로 한 바퀴 돌아 나와 구복마을을 통과했다. 저도로 들어가는 연육교, 시뻘건 다리 이름이 콰이강의 다리란다. 카페 '콰이'에서 가지고 나온 책 『이토록 평범한 미래』를 다시 펼쳤다. 햇살 밝은 카페 안 사방 벽면에 빛그림자가 살아 너울댔다.

여덟 편 중 두 편 읽는데, 모두 내 기억을 부르는 무엇으로 연결되고, 우리는 시간 속에서 서로서로 위안받는다.

첫 문장은 1999년의 나를 떠올려 보게 했다. 작은아이가 태어난 지 일 년이 지나서도 밤잠을 안 잤다. 세 살이 될 때까지 밤마다 포대기로 둘러업고 식탁에 서서 책을 읽거나 뜨개질을 했다. 저 멀리 내려다보이는 남해고속도로 위로 자동차 불빛이 아스라이 꺼져 가고 날이 밝아 올 채비를 하면 아이는 스르르 잠이 들었다. 누구의 삶도 같지 않으면서 비슷한 전환점들이 있다.

사랑은 그렇게 일어나

▶ 『이토록 평범한 미래』 김연수(문학동네)

작가는 여러 해 전 세종시 강연에서 시간을 사는 또 다른 방식에 대해 말했다. 인상적인 내용이었다. 과거나 현재에서 보는 미래가 아니라 미래의 어느 시점에 서서 과거를 바라보는 시선에 관한 이야기였다. 그때 나는 미래의 괜찮은 나, 그 눈으로 지금을 본다면 지금의 나는 훨씬 허용 가능한 인간이고 지금을 사는 마음 또한 달라질 거라 여겼다.

하지만 자주 잊고 지냈다. 작가의 말에 따르면 있을 것 같다고 생각지도 않은 미래의 구체적 평범한 하루에서 특별했던 과거의 첫날을 향해 걸어가는 하루하루, 그 관점으로 사는 삶은 세 번 사는 삶을 가능하게 한다. 그렇게 첫 번째 이야기 〈이토록 평범한 하루〉는 소멸해 가는 세계에 지지 않는 지혜와 긍정의 이야기를 건넨다.

두 번째 이야기 〈난주의 바다 앞에서〉도 비슷한 위안과 용기를 준다. 폭풍우 치는 난바다 앞에서 지지 않는 사람들에게 새로운 바람이 불어온다는 내용이다. 추자도에 가 보고 싶어졌다. 갈 수 있는 상황도 아니면서 당장 교통편을 알아보았다. 일기가 조금만 나빠 보여도 배가 뜨지 않는다고 한다. 황사영의 아기 황경한과 눈물의 십자가 길은 하추자도에 있다. 제주 대정읍에 있는 정난주 마리아의 묘는 여러 해 전에 가 봤다. 빗방울 떨어지는 어스름 저녁이었고 나 말고는 사람이 아무도 없었다. 한 어미이자 아내, 신을 향한 믿음을 저버리지 않은 한 인간의 삶을 떠올리던 그때의 먹먹함이 파도처럼 덮쳐 왔다. 어둑신 내려앉는 정결

한 그곳에서 나약하나 강인한 한 인간상을 떠올렸다. 소설은 슬픈 역사의 이야기에서 물러나 강직하나 순진한 신념이 몰고 온 생의 난파를 바라보며 현대의 난주에게 "새 바람(세컨드 윈드)"을 건넨다.

예상 표절의 의미

  2011년 방한한 피에르 바야르와의 대담 자리에 저자가 있었다. 바야르의 『예상 표절』(여름언덕)에서 말하고자 하는 바에 영감을 받았을 것이다. 선형적 시간 개념에서 벗어나면 고전적인 의미의 표절과 반대로 예상 표절의 의미에 가닿는다. 작가의 예언자적 상상력, 현실의 공포를 이기는 충만한 상상력의 힘에 대한 기발한 표현일 것이다.
  『눈먼 자들의 국가』(문학동네)에서 작가는 바야르의 예상 표절을 들어 창작의 고통을 언급했다. 바야르의 익살에 그냥 웃고 넘기기에는 마음에 걸리는 직관이 숨어 있다며 단순히 시간이 흐른다는 이유만으로 미래의 작가는 과거의 작가보다 더 나아지는가, 라는 질문을 찾아낸다. 이 질문은 시간이 흐른다는 이유만으로 미래의 인간은 과거의 인간보다 더 나아지는가 혹은 어떤 경우에도 미래는 과거보다 진보한다고 말할 수 있는가, 라는 물음으로 이어진다.
  이후 작가의 생각이 선회한 것 같다. 미래의 더 나은 문학적 성취에 대한 이야기를 작가는 우리 삶의 영역으로 끌어와 소설의 주제에 적용했다. 예상 표절 과정에서 글 쓰는 이에게 일어나는 일과 비슷하게 우리는 미래를 기억하는 행위의 과정에서 미래의 삶과 사랑에 빠지고 과거와 현재와 미래의 원형적 관계 속에서 삶을 사랑할 수밖에 없게 된다.

낭독 소설의 맛

 여운이 길고 설득력 있는 이야기 여덟 편, 미래 그리고 희망과 사랑을 보여 준 이 소설집을 다 읽고 점자도서관에서 낭독 녹음했다. 목소리로 나누고 싶은 신간이었기에 추천하여 동의를 얻었다. 코로나 사태와 다리 부상으로 거의 3년 만의 녹음실 행이었다. 온기 있고 사려 깊은 문장을 어떻게 잘 전달해 드릴까, 목젖이 눌리지 않도록 유의하며 목소리를 냈다. 다독임을 받는 기분이 드는 조곤조곤한 문장들을 다시 읽으며 내용이 새롭게 들어왔다. '바람'이라는 소재이자 주제가 여덟 편의 단편에 공통으로 속해 있는데, 모두 따뜻하고 희망적인 미래를 호들갑스럽지 않게 제안한다.
 김 작가는 낭독회를 활발히 열고 낭독용 짧은 소설을 집필하고 있다. 2023년 9월에 이 도시의 대강당에서 듣기 편안한 음성을 다시 들어 반가웠다. 김연수 라디오를 들으면 그 목소리에서 느껴지는 수수함이 마음을 순하게 한다. 띠지에 있는 QR코드를 연결해 들어가면 목소리를 들을 수 있다. 각 단편의 숨은 이야기를 직접 들려준다. DJ를 하고팠다는 작가가 권하는 음악이 몇 가지 있다. 조규찬의 〈새바람이 오는 그늘〉과 한희정의 〈나의 사랑 노래〉를 들었다. 〈엄마 없는 아이〉는 혜은이 초기 노래인데 슬픈 가사에 특유의 맑은 음성이 아련한 슬픔을 더한다. 눈물이 명치에서 차오르며, 한때 누구나 상상했을 법한 환희의 미래가 기억나는 뜻밖의 증상을 겪게 될 것이다.
　파일 마무리 후 녹음실을 나왔다. 밖은 어느새 캄캄하고 낮에 보았던 도서관 냥이는 보이지 않았다. 어디 숨어 들어가 있겠지. 많이 춥지는 않기를.

⟨진주의 결말⟩

　누군가를 진실로 이해할 수 있을까. 진주의 입을 빌린 작가의 진술처럼 나는 너를 진실로 이해하지 못한다는 그 사실만을 이해할 수 있을지도 모른다. 그것은 운명이 어느 날 갑자기 우리를 때려눕히는 행위라든지 신이 어느 날 갑자기 우리를 광포하게 후려치는 이유를 이해하지 못하는 것과 다를 바 없다. 우리가 이해할 수 있는 건 어쩌면 아무것도 없다. 그저 이해하지 못하는 자신을 이해하고 느닷없다고 생각되는 재앙, 즉 신의 나쁜 생각을 빨간 줄로 그어 버리면 그만이라고 진주는 생각한다.
　진주의 결말은 어느 쪽으로 내리든 난관에 봉착하고 어느 쪽으로 봐도 딜레마일 수밖에 없다. 세상은 의심하는 과정에서 진실에 한 걸음 더 다가간다. 무조건 믿는다는 건 그 진실을 외면하겠다는 말과 다르지 않다. 진주는 다시 생각한다. 신이 자신도 알 수 없는 나쁜 생각을 했듯 신의 그런 마음을 이해한 사람처럼 자기도 행동하자고. 앞뒤가 맞지 않는 우리 운명의 이야기로부터 자유를 얻자고.

진주는 예전에 풍림호텔이었다는 곳, 부모님이 가장 행복했다던 한때의 신혼여행지로 화자를 데려간다. 해설사가 딸린 '바람의 박물관'이다. 제주 중산간 마을 비스토피아 안에 아닌 듯 앉아 있는 수풍석미술관이 연상되는 장소다. 그해 구월 초입의 바람은 더없이 부드러웠다. 나는 wind라고 적힌 개방된 문으로 들어가 조용히 햇살과 바람을 느껴 보았다. 풍박물관의 열린 공간으로 들어가서야 알았다. 바람은 꼭 너른 곳에 있는 게 아니라 틈새에서 불어오는 것이었다. 그 틈새로 햇살도 유난히 밝았다.

〈바얀자그에서 그가 본 것〉

읽는 내내 몽골의 모래바람이 일고, 저 먼 곳으로 아득히 불려가는 것 같았다. '새로운 감각'을 불러오는 '새로운 바람'을 맞이하려면 모든 의미의 낯설고 먼 곳으로 가 봐야 한다. 바얀자그는 아니지만 경험해 보았던 사막의 시간이 떠오르며 기시감 같은 게 따라왔다. 어느 곳에서나 볼 수 있는 출몰의 광경이겠지만 사막 모래 아래로 몸을 숨긴 거대한 해가 다음 날 약속처럼 등장하는 실감은 특별했다.

자기 이야기를 자기에 대해 아는 게 거의 없는 어떤 이에게 펑펑 울면서 끊기지 않고 하는 남자. 몽고인 자르갈이 남자의 울음만은 이해할 수 있어서 어깨를 톡톡 치는 장면부터 주책맞게 또 코끝이 찡해져 목소리가 떨렸다. 일시 정지 버튼을 눌렀다. 말을 알아듣지 못하는 이에게 마치 폭풍처럼 지나간 자기 인생의 만남과 이별에 대해 말을 멈추지 않는 사람을 상상하며.

〈다만 한 사람을 기억하네〉

　인디 밴드 여가수와 '냐의 잊힌 이야기를 읽으며 게이세이사쿠라역에서 가와무라미술관까지 셔틀을 타고 가서 지구상에 세 군데 있다는 마크 로스코의 벽화를 보고 싶어졌다. 그리고 우리가 간혹 두고 온 기억들에 대해 생각했다.
　우리의 머리는 그 많은 기억을 다 데리고 다니지 못한다. 어느 장소에 어느 시간에 그 기억들을 짐 부리듯 내려놓고 우리는 또 몸을 털고 여행길에 오른다. 어느 순간 두고 온 기억이 나를 부를 때가 있다. 없었다고 생각했던 기억이 온몸을 감싸고 담쟁이처럼 타고 올라간다. 우리가 누군가를 기억하려고 애쓸 때 그 사람의 생명은 끝나지 않는다. 기억하기는 사랑하기와 다르지 않은 행위다.
　기억이 지나간 시간에 있다가 현재에 살아난 게 아니라 앞으로 다가올 시간에 있다가 현재에 현현하는 거라면 이야기가 어떻게 되는 걸까. 북유럽 신화에서 인간들의 세상 미드가르드의 바다는 뱀 요르문간드가 꼬리를 입에 물고 둥글게 에워싸고 있다. 이런 형태로 시간을 보면 그렇게 처음과 끝이 맞물려서 돌고 돌아가고 우리의 기억은 단지 과거가 아니라 미래에 속하는 것이 된다. 이 소설집은 일관되게 원형회귀의 시간관을 가지고 다정한 이야기를 들려준다. 미래를 기억하라는 말!

〈엄마 없는 아이들〉

　어제 아침을 먹다 라디오에서 〈목포의 눈물〉이 흘러나왔다. 이난영이 아니라 일본 밴드의 더블베이스 연주였다. 아버지가 제일 좋아한 노래라며 눈시울 붉히던 남자에게 녹음실에서 잠시 멈춤을 누르고 한 구절을 보내 주었다. "상실이란 잃어버림을 얻는 일." 이 말이 우리에게 위안이 되길. 어떤 것에서든 우리는 무엇을 얻는다. 그리고 떠나보내야 한다.

이 단편은 대학 연극반에서 만난 혜진과 명준의 이십 대, 엄마 없는 시절을 어찌됐든 견디고 떠나보내 온 사람들의 이야기가 줄기를 이룬다.

연극반의 연습 장면이 영화 〈드라이브 마이 카〉의 장면과 겹쳐 왔다. 극본을 처음 받아 다들 감정을 넣지 않고 그냥 또박또박 읽기만 하는 장면이다. "그냥 읽기만 하면 돼."라는 연출 선배의 명령은 너무 힘 넣지 말고 애쓰지 말고 주어진 대로 우리 삶을 그냥 살아내면 된다는 말과 비슷하게 들린다. 감상도 해석도 유보하고 담담히 그냥 삼켜야 하는 알약처럼 그런 게 우리라는 영원한 초보 무명 배우에게 주어진 극본이리라. 단지 "왜?"라는 질문은 하라고 한다. 그 대사가 마음의 어떤 바닥에서 나오는지 깊이 이해하라는 말이다.

연극 연습에 대해 잘 몰랐던 나는 영화에서 그 장면이 꽤 인상 깊었는데 여기서도 또 그런 장면이 나와 연극 연습은 이렇게 하나 보다 여기게 된다. 생각해 볼수록 그 과정은 필요한 것 같다. 인물이 스스로 제 모습을 드러낼 때까지 다그치지 말고 부드럽게 "왜?"라고 물어보라는 것이다.

비슷한 경험을 2023년 7월부터 9월까지 시네마낭독극장 수업에서 했다. 우리는 감정을 싣지 않고 주어진 대본을 먼저 수차례 읽는 것으로 각자 잘 맞는 성격을 찾아냈다. 목소리 연기만 하는 것이었지만 목소리에 따라 얼굴이 미세하게 바뀐다. 자신만의 고유한 목소리가 얼굴과 함께 드러나고, 그 사람에 대해 적지 않은 말을 해 준다. 온갖 가능성을 품고 유동하는 우리의 얼굴에서 대체할 수 없는 그 사람의 표정과 음색이 연기를 통해 서서히 드러난다. 사람의 오욕칠정과 희로애락이 아로새겨진 얼굴은 얼마나 가엾고도 무서운 것이던가. 사랑은 그렇게 일어난다.

녹음을 마치고 집으로 돌아오는 내내 어둠이 내린 길을 가을비가 적신다. 신선대 부두에 정박한 컨테이너 선박들 위로 불빛이 휘황하다. 맞은편 저 멀리 부산항대교 위로 명멸하는 불빛까지, 이 무심한 불빛들을 보려고 일부러 이 길로 온다. 묵묵히 자신의 빛을 발하는 것들이 은근한 위로가 되기에.

18일 화요일

추리문학관에는 많은 작가 사진이 벽에 걸려 있다. 올림머리를 한 보부아르와 파이프를 문 사르트르 사진이 새삼 눈에 들어왔다. 보부아르에 매료되어 있어서 더 그랬던 것 같다. 무슨 기념일도 아닌 날에 한아름 꽃을 받아 더 기쁜 날이었다.

기억과 증언의 행위

▶ 『쇼아Shoah』 클로드 란츠만(필로소픽)

시몬 드 보부아르가 동시대 만난 사람들, 연관되는 책과 영화를 찾아가며 읽을거리가 풍부한 전기를 만났다. 『보부아르, 여성의 탄생 Becoming Beauvoir』(케이트 커크패트릭, 교양인)은 보부아르에 대해 균형 잡힌 시각을 제시하여 다양한 관점으로 읽는 즐거움을 준다. 아렌트의 부족에 비할 만한 보부아르의 패밀리로 등장하는 많은 인물 중 클로드 란츠만을 알게 되었다.

보부아르가 1954년 10월에 출간해 공쿠르상을 수상한 『레 망다랭』의 제목을 클로드 란츠만이 붙였다. 스물일곱 살이었고 유쾌한 성격에 파란 눈의 명민한 청년으로 《현대Les Temps Modernes》의 필진으로 영입되었다. 제2차 세계 대전 후에 사르트르가 이전과 달리 정치적 열의로 만든 잡지로, 필진으로 영입한 보부아르와 젊은 마르크스주의자 몇 명 중의 한 사람이었다. 란츠만은 정치, 철학, 문학에 관한 논설과 르포르타주를 기고했다.

늙음을 생각하며 다소 의기소침해졌을 마흔넷의 보부아르는 미국 소설가 올그런과 연애 중에도 그랬듯 란츠만에게도 편지를 열정적으로 보냈다. 란츠만은 보부아르가 처음 집에 들인 애인이고 칠 년을 함께 살며 유일하게 "tu"로 지칭한 연인이다. 보부아르는 51년을 동반한 사르트르와도 "vous"로 서로 칭했다. 사르트르와 보부아르가 '우울증 혹은 절망에 가까운 실존적 불안을 공유하고 있다고 본 사람도 가까이에서 두 사람 모두를 본 클로드 란츠만이었다. 2018년 세상을 뜬 란츠만은 보부아르에게서 받은 300여 통의 편지 중 112통을 선별해 예일대학에 팔았다. 덕분에 보부아르를 제대로 알 수 있는 자료가 더해졌다.

  살아온 이야기를 나누다 유대인이었던 란츠만의 설명을 들은 보부아르는 '이전에는 상상도 못한 방식으로' 유대인을 이해하게 된다. 1958년 보부아르는 오십 대로 접어들고 란츠만과는 이별 후 우정을 잇는다. 보부아르의 지속적인 지원으로 클로드 란츠만은 560분짜리 걸출한 다큐멘터리 영화 〈쇼아Shoah〉(1985)를 만들었다. 그의 첫 번째 작품 〈왜 이스라엘인가〉 이후 11년에 걸쳐 제작한 두 번째 작품이다.

  다큐멘터리 영화로는 특이한 방식으로 한 획을 그은 〈쇼아〉는 정말 특별하다. '홀로코스트'는 신에게 바쳐진 재물이라는 뜻으로 서구권에서 쓴 단어다. 유대인들이 쓴, 대재앙이라는 뜻의 히브리어 '쇼아'로 이미 부른다.

  다른 쇼아 관련 영화들과 달리 란츠만이 트라우마적 포르노라고 생각하는 직접적인 재현을 일절 하지 않았다. 모든 게 소거된 나른한 풍경과 증언의 말, 표정을 감추거나 드러내는 사람의 얼굴과 덤덤하거나 떨리는 목소리가 배우로서 모든 걸 보여 준다. 란츠만이 다년간 쇼아의 피해자, 가해자, 방관자, 수용소가 있는 마을의 이웃들을 찾아다니며 생존자를 직접 인터뷰한 내용이 그대로 대사가 된다. 젊은 란츠만과 통역자도 그들과 함께 카메라에 담기고 목소리도 그대로 담긴다.

  그들 모두의 증언방식과 질문방식에서 눈을 뗄 수 없다. 거부하는 사람도 있어 몰래카메라로 찍은 장면은 논란이 되기도 했지만 귀중한 증언자료가 된다. 평온한 보통의 풍경 뒤, 잘 보이지 않는 곳에서 상상을 초월하는 죽음의 생산에 미쳐 있었던 기억. 그것은 위장된 것이었고 무엇도 멈추게 할 수 없었던 기괴한 집단공포의 기억이다.

각본집 『쇼아』의 서문을 시몬 드 보부아르가 썼다. 망설일 것도 없이 총 9시간 26분의 DVD 4개와 함께 구입했다. '공포의 기억'이라는 제목으로 시작한 서문은 "〈쇼아〉에 대해 이야기하기란 쉬운 일이 아니다."로 조심스럽게 입을 뗀다. 장소, 목소리, 얼굴이라는 〈쇼아〉의 세 장치들은 그저 고요하고 절제되어 있다. 장소가 말을 하고, 말 이상의 말을 하는 목소리가 장소를 재현하고, 말로 다 하지 못하는 것은 인물의 얼굴을 통해 표현하는 게 란츠만의 특수한 기법이다.

집단 절멸의 흔적을 없애 버리는 데 주력했던 그들도 남은 사람들의 기억까지 지우진 못했다. 그 기억은 살아서 번성하며 오늘날의 우리에게 끊임없이 환기하는 게 있다. 입을 닫고 발을 빼려는 가해자들의 증언은 특히 공들여 접근해 실었다는 게 느껴진다. 시적인 흐름과 솔직하면서도 감추는 듯한 대사들, 소리를 삼킨 평화로운 듯 살벌한 공기, 그 모든 게 함축된 폭력의 분위기. 세상은 그러나 고요했다, 무섭게도.

**

고통이 무의미한 것이 되지 않도록 영화와 문학이 여러 방식으로 쇼아의 기억을 재생한다. 평범한 여성과 아이를 중심으로 쇼아의 깊은 상흔을 이야기하는 영화를 보았다.

〈사라의 열쇠〉(질스 파겟 브레너, 2011)는 1942년 프랑스 마레 지구 빌데브 경륜장의 흑역사를 배경으로 한다. 지금은 내무부 건물이 되어 있는 곳이다. 딸이 40년 만에 알게 되는 엄마의 불안, 고통, 상처가 소리 내지 못했던 절규를 듣는다. 사랑과 자비를 베풀고 몇 세대를 건너 생명을 이어 가는 사람들의 이야기가 큰 울림을 주었다.

〈스윗 프랑세즈〉(사울 딥, 2015)는 유대인 여성이 쓴 미완작이 원작이다. 2004년에 그 딸이 엄마의 가방에서 60년 만에 원고를 발견했다. 독일에 점령당한 1940년 비쉬Vichy에서의 좀 더 사적인 기억을 불러와 개인의 감정과 일상을 깬 전쟁의 뒤통수에 사납게 총을 쏜다.

한 소년을 통해 처절한 고통을 증언하는 〈페인티드 버드〉(바츨라프 마르호울, 2020)는 그야말로 보는 내내 고통스럽다. 엘리트 SS장교와 한 유대인 여성을 통해 살아남아서 멸절의 고통을 기억하여 전하는 게 어떤 의미를 갖는지에 대한 성찰을 부르는 영화 〈아우슈비츠〉(테리 리코커, 2018)도 재현과 증언의 균형을 이룬다. 가학과 미학의 경계가 아슬아슬할 정도이다. 그 모든 것을 보고 들은 우리도 증인석에 앉은 것이다.

〈페르시아어 수업〉(바딤 페렐먼, 2022)은 최고로 꼽을 만하다. 이 영화가 희생자들을 기억하고 증언하는 도구는 이름이다. 살아남기 위해 어쩌다 페르시아인이 된 유대인 청년이 수용소 내 장교에게 가르쳐 줄 가짜 페르시아어를 날마다 창조하고 스스로 익히는 과정이 초긴장 상태로 이어진다. 어리석은 인간일 뿐인 독일 장교가 전쟁 후에 이루고 싶은 소박한 꿈과 생사의 갈림에서 만들어 내는 가짜 언어 사이에서 이야기가 어떻게 전개될지 예상하지 못했다.

필기를 잘하는 가짜 페르시아 남자의 퀭한 눈 앞에 일렬로 선 무수한 잿빛 얼굴들. 막다른 골목에 처박힌 그는 이름을 받아 적으며 동시에 그들의 낯빛에서 감지한 잿빛이지만은 않은 분위기로 새로운 단어를 척척 만들어 낸다. 그의 조어 방식에는 직관적인 규칙이 생기고 그렇게 탄생한 낱말들은 고유의 특징을 지니게 된다. 이후 영화가 그의 입을 통해 다시 한 사람 한 사람 희생자들을 호명함으로써 우리 모두를 증인석에 앉힌다. 그의 먹먹한 눈동자에서 눈을 뗄 수 없었다.

구조된 자와 익사한 이름

▶ 『이것이 인간인가』 프리모 레비(돌베개)

16년 전 처음 읽었을 때 도무지 술술 읽을 수 없었다. '지옥'을 서술하는 담백하고 미려한 문장을 따라가면서, 최대한 자제심을 발휘하려는 작가의 고통이 느껴져 곳곳에서 잠시 멈춰 숨을 고르고 넘어가야 했다.

프리모 레비는 아우슈비츠에서 살아남은 후 40여 년에 걸쳐 증언의 글을 남겼다. 이 책은 첫 번째 증언록이다. 그는 증언의 문학을 일관성 있게 발표하면서 우리 시대에도 끊이지 않고 있는 파시즘을 경고하고, 또다시 그런 일이 일어날 수 있다는 붉은 신호등으로 밝히고자 했다. 세상을 뜨기 직전에 그의 마지막 작품 『결론』에서 프리모 레비는 젊은이들과 이야기하는 게 점점 힘들어진다고 했다. '어떤 근본적인 뜻밖의 사건'을 집단 목격한 이야기가 귀 기울여지지 않을 위기를 지적하며 그런 일은 다시 일어날 수 있다는 점을 강조한다.

부록 '독자들에게 답한다'에서 친절하게 덧붙인 사려 깊은 생각은 더욱 값지다. 독일인에 대한 증오의 감정을 극도로 표출하지 않은 담담한 서술, 집단적 반란을 하지 않았던 유대인들, 유대인에 대한 나치의 광적인 증오에 대한 근본적 이유 그리고 작가가 생존할 수 있었다고 생각되는 요인들에 대한 답변이 역사적, 철학적 사유와 함께 녹아 있다. 청소년들의 질문에 대한 답변의 형식인데 작가의 인식을 엿볼 수 있는 중요한 대목이다.

프리모 레비는 이탈리아에서 태어나 유대인이라는 정체성에 부정적인 인식을 하지 못할 정도로 자유롭게 살다가 1943년 12월 13일 파시스트 민병대에 체포된다. 그는 폴란드 제3 수용소로 걸어가는 지옥길을 '여행'이라는 소제목으로 표현하며 이야기를 시작한다.

시종일관 섬세하고 면밀한 눈으로 주변과 인물을 파고들며 인간성의 본질에 천착한다. 절멸의 수용소에서 경험한 모든 것을 생의 값진 소득이라 여기는 힘도 인간에 대한 연민과 사랑에 기인하지만, 인간성의 위대함을 과대평가하지도 인간성의 위대함만을 강조하지도 않는다. 그가 목격한 것은 인간성의 허약함이다. 인간성의 연약함, 인간이 열망하는 자유, 인간임을 포기하지 않은 일련의 일들을 증언하며 "이것이 인간인가?"에 대한 진지한 답변을 내린다.

이야기로서의 장점을 두루 지니며 사실적이면서도 적나라하지 않고 긴장을 늦추지 않으면서도 어조의 높낮이를 조절하고 있다. 당연히 1인칭 시점의 서술이지만 화학자였던 작가는 인물들을 보는 눈에 객관성을 유지하면서도 자신의 감정에 솔직하다.

수용소에서 사람들이 꿈꾸고 그리워했던 것 중에 '먹는 것'과 '이야기'가 있었다. 그것은 거의 집단적인 꿈이었다. 탄탈로스의 신화처럼 영원한 기아와 갈증에 허덕이면서도 지난날을 소재로 혹은 돌아갈 집을 소재로 이야기들을 나눌 때면 암흑의 지하 세계에서도 환영처럼, 반짝이는 햇살 한 줄기를 본 듯 행복해했다. 사람은 누구나 이야기를 원한다. 이야기 속에는 미래가 있기 때문이다. 수용소에서 금기어 중에 '내일 아침에'라는 말이 있었다.

고개를 숙이고 어깨를 구부정하게 구부린, 뼈만 앙상한 남자, 무젤만 Muselman. 프리모 레비가 죽음의 수용소에서 악의 이미지로 떠올린 이 얼굴과 눈에서는 생각의 흔적을 찾을 수 없다고 썼다. 사유하지 않는 인간의 위험성, 인간성의 허약함은 또 다른 아우슈비츠를 낳을 수 있다는 무서운 경고를 흘려듣지 말아야 한다. 세계 곳곳에서 일어나고 있는 징후는 우리의 마음속에 보편적으로 숨어 있는 잔인한 얼굴에서 비롯된다. 그 얼굴은 실체가 없고 평범하다. 이미지만으로도 괴력을 발휘하는 집단적 두려움이다. 프리모 레비는 얼굴 없는 대상에 대고 어떻게 분노를 터뜨릴 수 있는가라고 독자의 질문에 답변했다.

단테의 '신곡' 중 '지옥편'은 『이것이 인간인가』가 문학적으로 승화할 수 있도록 작품 전체에 장치된다. 작가는 수용소로 가는 길, 일 년 남짓의 수용소 생활과 퇴각하는 열흘간의 이야기까지 흘러오면서 내내 '지옥'을 연상했음이다. 총 17장의 이야기 중 '오디세우스의 노래'에서는 단테가 집중적으로 인용된다. 이 장에서는 다른 어떤 생생한 증언이나 기록에서보다, 인간이 극한의 상황에서 다다를 수 있을 것 같은 슬픔의 극치가 느껴진다. 인간이 인간인 까닭과 인간임을 포기할 수 없어 감당해야 했을 자멸감이 절정에 이르러 직설적 어조보다 울림이 깊다.

프리모 레비는 '구조된 자'였다. 살아남을 수 있었던 요인이 무엇이라고 생각하느냐에 대한 작가 자신의 대답은 이 책의 제목이 반문하고 있는 것에 대한 정직한 답변으로 들린다. 인간을 향한 관심을 놓지 않았다는 점이다. '암흑과 같은 시간에도 내 동료들과 나 자신에게서 사물이 아닌 인간의 모습을 보겠다는 의지, 그럼으로써 수용소의 무수한 수인들을 정신적 조난자로 만들었던 굴욕과 부도덕에서 나를 지키겠다는 의지를 고집스럽게 지켜 낸 것'이라고 스스로 해석했다.

다시, 익사한 이름

'노동이 너희를 자유케 하리라.' 기만적인 문구 아래 음산한 철문이 열리는 그곳에서 매년 1월 27일 국제 홀로코스트 희생자 추모 행사가 열린다. 겨울이면 영하 40도까지도 기온이 내려가는 동토, 크라쿠프에서 60km 떨어져 있는 마을의 오시비엥침역은 유럽 전역에서 영문도 모르고 잡혀갔던 이들을 실은 기차가 마지막으로 지나는 역이었다. 나치의 철도산업 중 특수임무는 이곳으로 실어 나르는 절멸의 행렬이었고 철로의 끝에서 자행된 '특수처리'는 전례가 없던 것이다.

수용소 안으로 이어진 철로를 따라 기차가 들어가고 그들은 짐짝처럼 부려져 분류되었다. 노동 가능한 자와 그렇지 못한 자. 가져간 물건은 모두 빼앗겼다. 안경, 목발, 신발, 의족과 의수, 아이들 인형, 직접 이름을 쓰게 하고 압수한 가방들. 이름마저 빼앗기고 번호가 주어진 그들에게 더 이상 소유물은 없었다. 싹둑 잘린 머리카락마저 카펫의 재료가 되었다.

2015년 12월, 가장 규모가 커 나치가 증거를 없애 버리지 못했던 그곳에 갔다. 고압 전류가 흘렀을 철조망이 무심히 도열해 있고 세상의 모든 함묵이 여기 모인 듯 입을 꾹 다물고 있었다. 하얀 고체 가스 알갱이를 담은 깡통들을 지나 어두컴컴한 소각실을 보러 가기 전, 유리관 안에 수북이 쌓인 망자들의 분신 위로 퀭한 눈동자들이 경악하는 방문객을 바라보는 것 같았다. 다녀온 후 내내 생각의 꼬리를 잘라 낼 수 없었다.

연극 〈목이 마르다 Jái Soif〉는 극단 '맥과 아비뇽 극단 '발콩'이 2016년 아비뇽국제연극제 출품을 위해 협연한 작품이다. 예수와 아우슈비츠 희생자를 동시에 떠올리며 신을 묻고 인간의 고통과 잔혹성에 대해 질문하는 이 음악극은 하이든의 현악 4중주 〈십자가 위의 일곱 가지 말씀〉과 프리모 레비의 『이것이 인간인가』를 토대로 한다. 오월 저녁 줄장미가 혈처럼 붉던 날, 대극장 앞줄에 앉아 스산한 겨울 수용소 막사 전시실에서 보았던 망령을 떠올렸다.

소유물이 없다면 우리 존재는 무엇으로 증명될 수 있을까. 이름이 아니면 무엇으로 나를 증명할 수 있을까. 이 모노드라마의 배 나온 남자가 던진 질문이다. 강탈된 이름은 모두 어디로 갔을까. 이듬해 봄날, 나는 그 이름들을 예상하지 못한 순간에 만났다.

이스라엘 홀로코스트박물관의 이름은 1953년 건립 당시 '야드바솀 Yad Vashem'이었다. '이름을 기억하라.'라는 뜻이다. 멀리 예루살렘 전경이 내려다보이는 '이름의 홀'에는 희생된 이들의 이름을 부르는 깊은 우물이 자리한다. 기억의 심연을 부르는 아득한 공간에서 이름이 공명하고 원뿔형 천장과 벽에 빙 둘러싸인 수많은 사진 속 얼굴을 소환한다. 얼굴을 서로 갸우뚱 기대고 찍은 젊은 부부, 귀여운 표정을 짓는 소녀, 진지한 노인 랍비, 잘생긴 젊은 장교, 눈 맑은 소박한 처녀…. 스무 개 이상의 언어로 적힌 수많은 이름을 올려다보며 기이하도록 가슴이 아렸다.

저 아래, 집어삼킬 듯 아가리를 벌린 깊고 검은 물속으로 익사한 이름들이 우리를 부르는 것 같았다. 구조되지 못한 영혼을 생각하며 눈을 감고 귀를 크게 열었다. 녹초가 되어 홀에서 빠져나오며 구조된 자가 강렬하게 떠올랐다.

생은 언젠가 종결된다. 프리모 레비는 1987년 4월 11일에 그 일을 이루었다. 구조된 후 40여 년의 세월이 흐른 뒤, 꽃봄 낭자한 계절에 스스로 익사했다. 혹독한 그곳에서도 하지 않았던 일을, 사유가 가능할 때야 할 수 있는 삶의 또 다른 적극적 방식으로서. 수용소에서는 인간임을 자각할 수 있는 사유가 불가능했다는 방증이 된다.

수몰된 이름을 건져 올리고 존재증명을 이룬 세월, 더 이상 그들의 증언을 들으려고 하지 않는 사람들의 세상이 더한 지옥이었을까. 그렇다면 그 책임은 어디에 있는가.

11월 November

4일 금요일

  제96주년 한글점자의 날이다. 1926년 11월 4일 송암 박두성 선생이 한글 점자를 만들어 반포, 훈맹정음이라고 부른다. 3백여 명의 참가자를 예상한 기념행사에 올해는 2백 명 정도 참가했다. 닷새 전의 핼러윈 집단사고가 영향이 있지 않았나 싶다. 시청 대강당으로 가는 우측에 합동분향소가 마련되어 있었다. 국화꽃 한 송이 올리고 향불을 피웠다. 행사가 진행되는 동안, 많은 글 중 네 개의 사행시를 뽑았다. 주어진 사자四字는 대한민국, 상부상조. 유독 이번 참사를 내용으로 쓴 게 많았다. 공동의 트라우마로 남을 아픔이 직격으로 느껴졌다.
  가을하늘은 저리도 새파랗고 바람이 좀 차갑게 불었다. 걷는 연습 삼아 대중교통으로 돌아왔다. 생환한 광부 두 사람의 소식이 가슴을 쓸어주었다. 믹스커피를 먹으며 갇혀 있었던 열흘을 사흘 정도 지난 걸로 느꼈다는 말이 인상적이다. 수많은 재난이 터지는 지구촌에서 우리의 시간은 말없이 흘러간다, 신의 침묵 속에서.

그 강으로 가는 길

▶ 『깊은 강』 엔도 슈사쿠(민음사)

　1923년에 태어나 2000년에 저세상으로 간 엔도 슈사쿠는 평생 갖가지 병고에 시달리면서 신과 인간을 깊이 통찰하고 신이 바라는 삶이 어떤 것일지 끊임없이 고민했다. 실제 삶은 의외로 유머러스하고 자유분방하다. 일찍이 모친을 따라 가톨릭에 귀의했으나 자신의 의지가 아니었다.

　『바다와 독약』은 우리나라에서도 연극 무대에 오른 적이 있을 정도로 세 사람의 독특한 관점으로 바라본 사건의 진술이 독특하다. 제2차 세계 대전 당시 미군 전쟁 포로에게 큐슈대학이 자행한 생체 실험 사건을 소재로 하는 이 작품은 인간의 죄의식과 양심에 현미경을 들이대고 묻는다. 인간은 타인의 시선 아니 신의 존재가 없이도 양심에 따라 올바른 삶을 선택할 의지가 있는가. 바다는 자신에게로 흘러든 독을 머금고 침묵한다. 그 독은 인간이 내다 버린 비양심의 독극물이다.

　『침묵』에서 엔도는 신의 지엄한 언어에 대해 질문한다. 세상의 악에 신은 왜 침묵하는가, 분노하는 마음은 신이 있다고 믿는 사람의 마음을 향한다. 왜 신이 있다고 믿는 것일까. 신이 세상의 악행에도 침묵한다면 존재 이유가 무엇이지? 인간 믿음의 원형으로서 필요한 신의 자리는 왜 필요한 것인가. 침묵의 존재로서 신은 인간의 삶을 어떻게 변화시켰나.

　일본의 특수한 상황에 비추어 17세기 천주교가 이식되는 상황을 배경으로 믿음과 배교, 생과 사의 갈림길에서 신보다 우선할 것은 인간의 삶이라고 말한다. 천주교 박해가 막바지에 이르던 시기의 실제 사건을 각색한 이 작품에서 슈사쿠는 포르투갈 선교사의 급박한 도피 과정과 신도들의 죽음 앞에서 여전히 침묵하는 신을 향해 로드리고 신부의 내면을 따라가며 질문한다. 아름답고 선한 것을 위한 죽음이 아니라 비참하고 부패한 것들을 위한 죽음, 인간의 목숨을 위해서라면 성화를 짓밟고 지나가기를 침묵으로 기원하는 신의 마음 앞에서.

『깊은 강』은 엔도 슈사쿠의 사후에 출간된 마지막 작품이다. 인간 내면의 풍경을 그리는 저자의 손길을 따라 깊은 사색의 강으로 빠져들어 나도 모르게 5년 전 찾아갔던 그 강의 물결을 따라 흘러갔다. 강물처럼 눈물이 흘러갔다. 우리가 살고 있는 사랑의 삶, 희생의 삶, 모방의 삶을 떠올렸다. 과연 우리의 참삶은 어디에 있었을까. 지금의 나는 그런 삶을 살아가고 있는가. 평범함의 외피를 쓰고 회한의 삶을 살아가는 보통 사람들이라면 새삼 혼란스러울 것이다.

바라나시의 갠지즈강으로 가는 길은 똥을 밟지 않으려고 애쓰며 걸어가야 했다. 발밑을 살피며 걸었는데도 나는 소똥을 밟았다. 웬 소년이 나를 따라다녔다는 듯이 금방 다가오더니 자기를 따라오라고 했다. 아까는 보이지도 않던 수도꼭지에서 금방 씻을 수 있었다. 더럽다고 느껴지지 않았고 냄새도 나지 않았다.
한결 경쾌해진 발걸음으로 복잡하고 활기 넘치는 길을 걸어 들어갔다. 어느 순간 눈앞이 환하게 트이며 강과 하늘이 단숨에 들어왔다. 사람들로 붐비는 와중에도 질서가 있었고 뭔지 모를 기운이 느껴지는 강가에서 나는 깊은 숨을 들이마셨다. 저녁에 할 푸자 의식을 앞두고 꽃잎을 파는 청년들과 화려한 복장에 짙은 분장을 한 소녀들이 눈길을 붙들었다.

우리 일행은 배에 올랐다. 물가에서 목욕하는 사람들과 좀 떨어진 곳에서 빨래하는 사람들을 뒤로하며 서서히 강의 중심으로 흘러 들어갔다. 화장터 풍경을 멀리에서 바라보았다. 불길이 치솟고 있었다. 삶과 죽음은 하나라는 다소 와닿지 않을 말이 이곳에서는 즉각 받아들여진다. 우리는 각자 기원의 말을 담은 꽃잎을 강물에 띄워 보내며 이튿날 이른 아침의 일출 행로에 기대를 걸고 돌아 나왔다.

다음 날 새벽, 다시 찾은 그 깊은 강에는 갈매기들이 희망차게 날아오르며 끼룩대었다. 어제의 강은 없었고 새로운 아침의 강이 말간 얼굴을 하고 일어나 있었다. 우리는 다시 나룻배에 올라 강물의 한가운데로 들어갔다. 강물은 잔잔하기 이를 데 없었다. 수평선 저 끝에서 붉은 해가 떠오르고 있었다. 눈이 부시고 가슴 주변 근육이 뻐근해졌다.

『깊은 강』 속, 허상을 좇아 걸어온 이 길의 끝에 선 미쓰코처럼 이소베처럼 굳이 실감하지 않으려 했던 큰 사랑을 떠올렸던가. 깊고 깊은 어둠의 숲길은 누구에게나 있을 법하다. 미쓰코가 프랑수아 모리아크의 『테레즈 데케루』에 압도된 경지에서 근원 모를 고독감에 평범한 행로를 벗어나 방황한 일이나, 이소베가 아내의 병사病死 뒤에야 평범하고 안온했던 일상의 순간들을 떠올리며 행복감을 찾으려 드는 일이나, 인간의 어리석음에 입을 다물고 있는 강물에 나를 비춰 돌아보게 된다.

그런 게 삶이라는 걸 모르지 않으면서도 그렇게밖에 살 수 없는 미미한 인간의 일이 좀 더 나은 게 되려면 어떡해야 할까. 늘 저 바닥에서 일어나는 갈증의 근원은 무엇인가.

삶은 신이 도처에 있다고 믿으나 믿지 않으나 별다른 차이가 없을 것인데 모든 생명에 깃든 신의 존재를 보는 마음과 그렇지 못한 마음에 어떤 차이가 있을까. 젊은 시절 미쓰코의 사랑놀음에 배신감을 느꼈던 오쓰는 신을 양파나 토마토라고 불러도 좋다고 말한다. 양파는 어느 종교에나 똑같은 뿌리를 가지고 어디에나 있다고 말하는 오쓰는 유럽의 수도원에서 환영받지 못하고 바라나시의 어느 아쉬람으로 흘러들어 온다.

십자가를 어깨에 진 예수처럼 주검을 둘러매고 화장터를 향해 걷는 오쓰는 가난한 성자, 평범한 그들을 위한 죽음의 의식을 치른다. 개가 소가 길바닥에 아무렇지 않게 누워 있고 그들의 똥이 아무렇지 않게 싸질러져 있는 좁다란 골목을 걸어서 걸어서 깊은 강으로 향한다. 그렇다고 오쓰의 삶이 나아지거나 우러름을 받지는 않는다. 보상도 없는 길에서 목이 부러지고 그렇게 한 생이 종말을 맞는다.

그 생은 다시 태어날지도 모른다. 이소베의 아내가 죽어 가면서 마지막으로 남긴 말은 이소베의 뇌리에 지울 수 없는 상처를 남겼다. 다시 태어날 테니 자신을 꼭 찾으라는 말을 남긴 이소베의 아내는 지금쯤 다른 생을 살기 위해 어디에서 다시 태어났을까. 다시 태어날 테니 꼭 찾으라는 그 말, 추레한 가슴에 점등한 등불만 같다.

인간은 죽은 지 49일이 되는 날 비로소 완전히 다시 태어난다고 한다. 2023년 2월 중순에 아빠의 49재를 절에서 지냈다. 다른 나라에서 다시 태어났을 아빠를 생각한다. 이제 한 살. 팔 남매의 개구쟁이 막내로 좋은 나라에서 환생했기를. 다시 태어난다는 건 생을 한 번 더 살기를 바라는 마음일 것이다. 왜 한 번 더 살기를 바랄까. 두 번째 생을 살면서도 첫 번째 생의 후회를 거듭하고 있다고 생각하라는 빅터 프랭클 박사의 훌륭한 조언을 떠올린다.

오쓰처럼 인간이 짊어지고 가야 할 십자가 같은 주검이 우리의 등에 얹혀 있다고 생각하면 생을 좀 더 가벼운 마음으로 살 수 있을까. 그런 홀가분함을 그날 그 먼 곳의 강에서 어렴풋이 느꼈다. 지금에 와서야 그렇게 확신한다. 어느 곳에나 누구에게나 깃든 '양파'를 느끼며, 괴로워하며 사는 자는 조금은 더 웃을 자격이 있는 자일 거라는 생각이 든다.

슈샤쿠의 현실 조언 에세이 『나를 사랑하는 법』에서는 보다 개인적인 생각을 엿볼 수 있다. 낮고 평범한 사람들의 내면에 돋보기를 들이대는 슈샤쿠는 영웅도 성인도 되지 못한 우리 겁쟁이들의 삶을 소생시켜 다시 한번 걷게 만들고 그들의 목소리를 들어 주는 게 문학이 할 일이라고 말한다. 『침묵』은 그런 과정에서 탄생했다고 밝혔지만 『깊은 강』 또한 그러하다고 생각된다.

엔도의 주된 관심은 주목받지 못하고 역사 속에서 잊혀 간 나약한 인간들, 즉 우리에게로 향한다. 선과 악, 삶과 죽음, 기쁨과 슬픔, 성스러움과 속됨이 혼재한 우리 내면을 가만히 들여다보게 하는 그의 문장을 따라가다 보면 어느새 웅숭깊은 슬픔의 오솔길 그 끝에 다다라 한 줄기 빛을 바라보는 나와 마주하게 된다. 결함이 없는 인간이란 있을 수 없다. 이 사실을 잊지 않는 한 쉽사리 남을 평가하지도 비판하지도 못할 것이다. 슬퍼서 기쁜 그 길의 끄트머리에서 소실점으로 사라질 우리. 아! 나는 정말이지 기쁘고 말았다.

6일 일요일

  스무 해 인연으로 수필 은사의 문학 인생과 삶의 성취를 축하하는 자리에 갔다. 귀한 글을 넷이서 윤송하는 기회를 주셔서 기뻤다. 우리는 Zoom으로 몇 번 맞추어 연습하였고 각자 다른 목소리로 잘 어울렸다. 신이 몸에서 하나만 내놓으라고 한다면 우리 같은 사람한테는 다리 하나가 딱 좋다고 하신 말씀을 잊지 않는다. 이 말이 자주 떠올라 웃을 수 있었다. 오래전 몸소 겪어 내신 훨씬 더 큰 부상 경험도 정확한 조언이 되었다. 시간이 지나야 한다는 말씀.

되기

▶ 『보부아르, 여성의 탄생Becoming Beauvoir』 케이트 커크패트릭(교양인)

'보부아르 되기'는 이 책의 원제다. 한 사람을 제대로 이해하면 사랑하게 된다. '되기becoming'는 완성의 의미보다 점진적 도달, 변신과 발전의 의미에 더 가까울 것이다. 보부아르는 "다행히도 내 힘으로 내 삶을 성취했다. 나에게 성취는 곧 일을 의미했다."라고 자신의 삶을 평가하기에 이른다. 이 책은 모든 면에서 자신만만하고 에너지 넘치는 인간 보부아르의 평전으로 탁월하다.

보부아르의 세계는 알고 있는 것보다도 훨씬 거대하다. 당대 다양한 인물, 관련 도서와 영화를 찾아가며 즐거운 읽기였다. 보부아르의 내적, 외적 사건들을 내밀하게 추적하는데, 보부아르의 작품은 물론 회고록과 일기, 주변인과 나눈 편지 등 다양한 자료를 찾아 일대기를 엮었다. 주제에 초점을 맞추며 소소한 것까지 놓지 않고, 회고록에 기술하지 않았거나 완곡하게 쓴 부분은 일기장에서 자세히 언급된 경우가 많다.

안에서 보는 나와 밖에서 보는 나, 둘로부터 완벽하게 자유롭지는 못했던 부분이 오히려 인간적으로 보인다. 일기장도 백 퍼센트 순수한 자신이기는 어렵지 않을까. 세간의 추측과 오해가 오히려 당연할 것이다. 특히 연도별 중요 작품을 초점에 두어 성장과 변화의 흐름을 읽기에 좋다.

1930년대 사르트르와 보부아르는 생 제르맹 거리의 유명한 카페 드 플로르 2층에서 하루 8시간 집필에 몰두했다. 보부아르가 조용히 집필

할 수 있는 방은 말년에나 마련된다. 조롱과 비난에도 의연히, 고심하면서도 포기하지 않고 나아가는, 강하고 모순적이고 지적으로 유능한 사람이었다.

관계의 평등을 다자간 사랑으로 실천하며 내면의 열기를 가라앉히지 못하고 팔짝팔짝 뛰며 소리를 지르는 인간적인 면까지 입체적으로 살아난다. 노천카페에서 열띤 토론을 벌이는 장면이라든가 세계 여러 곳으로의 강연, 사상의 흐름과 사회 참여, 여가를 내어 훌쩍 떠나는 여행과 등반 등 여러모로 상상되는 장면들.

'새로운 질서'의 선언문으로서 『제2의 성』의 저자이자 사르트르와의 오랜 인연으로 유명한 철학자로만 알고 있기에는 부족한, 뜨거움과 차가움이 공존하는 빛나는 존재 시몬 드 보부아르는 실존주의적 철학을 응해한 문학적 성취도 만만치 않다. 오명을 쓰기도 했던, 여성은 태어나는 것이 아니라 만들어지는 것이라는 명제는 완전히 참이 되었다. 하지만 『제2의 성』을 쓸 때 보부아르는 페미니스트의 관점으로만 쓴 것은 아니라고 말했다.

독일 저널리스트 알리스 슈바르처와 나눈 대담집 『보부아르의 말』(마음산책)에서는 좀 더 편하게 말하는 보부아르 목소리를 통해 정확한 의도와 철학을 들을 수 있다. 사르트르와 셋이서 나눈 대담 장면이 있는데 이때 사르트르의 건강이 나쁠 때라 창의성 없이 거의 단답식의 기운 없는 목소리다. 보부아르는 『작별의 의식』에서 그래도 알리스 슈바르처와 저녁을 보내는 때는 정신이 완전히 또렷해지고 생생해지기도 했다고 회고했다.

〈작별의 의식〉

　계약 결혼이라고 번역된 단어 'mariage morganatique'는 귀천상혼을 말한다. 이 말은 보부아르와 사르트르가 일생 지속한 관계로 증명하듯 절대적 신뢰를 바탕으로 한 상호 평등 관계에 대한 약속으로 보아야 한다고 『작별의 의식』(현암사)을 번역한 함정임은 지적한다. 평생 동고동락하며 서로 지적으로 최고의 파트너였던 그들의 삶을 인간의 관계와 이해에 대한 새로운 확장의 의미로 보면 세상 부러운 관계이다. 사르트르 사후 일 년 1981년에 나온 이 책은 사르트르가 유일하게 발간 전에 읽어 보지 못한 보부아르의 작품이다.
　사르트르가 병마에 시달리면서도 참여하는 지식인으로서 활발한 활동을 이어 나간, 세상을 뜨기 전 10년 동안의 기록이 『작별의 의식』이다. 보부아르가 보고 기록한 사르트르는 현명하고 자존심이 높으며 배려심이 깊다. 주위 사람들에 대한 걱정으로 마음속에서조차 스스로 한탄하는 것을 금했을 정도였다. 누군가를 회고하는 방식으로 그 사람의 품성도 엿볼 수 있듯이 보부아르는 냉철하면서도 뜨거운 눈물을 간직한 사람이었다.
　11월의 르아브르 해변 카페에 이십 대 두 사람이 앉았다. 그 자리에서 절대자를 향한 오래된 갈망과 지적 욕망과 삶의 노력이 속상해 "한바탕 눈물 쏟는" 보부아르를 상상해 본다. 아마도 바다는 흐렸을 것이고 빗방울이 한두 방울 떨어지고 있었을지도 모른다. 다음 날에도 보부아르는 심란해 사르트르와 격론하고 상대에게 자기주장을 직설했다. 그러면서도 금이 가지 않는 관계, 타자와의 그런 관계라면 말년에 최고의 관계였다고 회고하고도 남을 수 있지 않을까.

사르트르는 모르겠지만 보부아르는 그가 자기 생의 증인이 될 수 있을 거라 여겼다. 거꾸로 보부아르가 사르트르 삶의 증인이 된 셈이다. 두 사람 사이에는 일심동체적 믿음이 있다고 사르트르는 말한 바 있다.

보부아르가 사르트르의 건강과 관련해 가장 불길하게 느낀 것은 눈이었다. 사르트르는 세상을 뜨기 전 7년 동안 시력을 잃고 지냈다. 글을 읽고 써야 하는 사람에게 죽음의 선고와도 같았을 테지만 그는 두려움 앞에서도 의연했고 어쩌지 못하는 그 사실로 주변 사람을 불편하게 하고 싶지 않았다. 지적인 면에서도 완전히 활기찼던 그는 머리는 단단하지만 점점 몸이 버려진다. 보부아르는 이런 사실이 무서웠다.

고요히 자신의 쇠락을 받아들이는 사르트르를 보며 보부아르는 릴케의 말을 떠올린다. "저마다 자기 안에 죽음을 가지고 있다. 마치 과일이 자기 안에 씨를 가지고 있듯이."

1971년 보부아르는 여행지에서 잠시 다른 일행과 떠나는 그녀에게 사르트르가 한 말을 책의 제목으로 삼았다. "자, 이것이 바로 작별 의식이로군!" 그 말을 할 때 일생의 동반자는 '이루 형언할 수 없는 표정'을 지었다고 보부아르는 회고한다.

〈아주 편안한 죽음〉

사르트르가 보부아르의 최고 작품으로 꼽은 『아주 편안한 죽음』(을유문화사)은 서로 편안하게 지내지 못했던 엄마의 죽음을 지켜보며 한 여성, 한 인간으로서 도달한 화해와 이해, 깨달음을 쓴 자전적 소설이다. 어쩌면 가장 편안한 문체로 쓴 이 소설을 통해 보부아르는 철학과 문학의 접점을 독자에게 쉽게 전달한다. 실존의 모순적 특성을 지니고 서로 다른 삶을 사는 인간 사이의 갈등을 넘어 공존할 수 있는 길, 그것은 자기 자신에게조차 이방인이 되어 버린 한 인간을 서로 보듬어 주는 것이다.

지적으로 우등한 큰딸을 어려워한 엄마가 죽어 가는 곁에서 그제야 그녀의 삶을 읽어 가는 주인공은 뒤틀리고 훼손당한 한 여성의 삶을 바라보는 시선을 견지한다. 그녀는 끝까지 암이라는 사실을 말하지 않고 그렇게 한 걸 잘했다고 여기면서도 엄마에게 폭력을 가해 온 운명과 공모하고 거짓말을 한 사실을 끔찍해한다. 한 인간의 존재가 無로 돌아가는 과정을 담담히 쓴 이 작품은 비슷한 슬픔의 무게를 독자에게서 걸어 내어 주는 편안함과 다정함이 배어 있다.

이 작품을 읽으며 바깥출입이 점점 어려워지고 식사량도 전과 비교해 급격히 줄어든 아빠를 내내 생각했다. 지팡이 없이는 걸음이 휘청이는 아버지, 암은 아니지만 하루하루 종착역을 향해 힘겹게 걸어가는 아빠를 만나고 올 때마다 온몸에 힘이 빠졌다. 인간에게 닥친 일 가운데 자연스러운 것은 없다고, 각자에게 자신의 죽음은 하나의 사고이고 부당한 폭력이라고 보부아르, 아니 이 책의 주인공 중년 여자는 생각한다.

이미 전복적 언어를 자유자재로 구사한 보부아르는 죽음을 자연스러운 것으로 보지 않았다. 그러니 죽음은 아름다운 것일 리 없다. 단지 긴 고난의 여정에 두 다리를 뻗고 쉴 곳이 그것이라고 생각하면 좀 편안해진다.

『아주 편안한 죽음』은 1908년에 태어난 보부아르의 1964년 작품이다. 젊음과 늙음 사이 어중간한 시기였다. 보부아르는 화자를 시켜 생명을 다루는 병원에도 자본주의의 표상인 화려한 진열장 안 물건들이 뿜어내는 호화롭고 거만한 세계의 이면에도 죽음이 도사리고 있음을 지금의 나와 비슷한 나이에 말한다. 앞으로의 나날은 죽음과 점점 더 가까워지고 친해지는 과정이 될 것이다. 자명한 사실이다. 변화하고 모색해야 한다.

〈레 망다랭〉

1954년 보부아르는 『레 망다랭Les Mandarins』으로 공쿠르상을 수상한다. 전후 지식인들의 이야기를 '끝없이 춤추며 상충하는 관점들'로만 보여 주고 싶었다고 말했다. 그러나 자기 삶에서만 소재를 끌어 썼다는 세간의 평을 들었고 자전적으로만 읽으려 하는 독자들로 낙담했다. 어느 인터뷰에서는 실제 삶에서 영감을 얻긴 했지만 현실과 크게 괴리된 상상의 차원으로 옮겨진 이야기라고 밝혔음에도 지금도 파리 좌안의 유명 지식인 무리를 다룬 실화 소설로 팔리곤 한다니, 사람들의 굳어 버린 인식을 깨긴 어렵다.

이 소설을 두고 도리스 레싱은 특히 '여성들의 빛나는 초상'을 눈여겨보며 칭찬했다. 특히 주인공 안의 노숙한 사랑과 딸 나딘의 대범하고 당찬 사랑의 방식이 실존의 방식으로 읽힌다. 세대 간, 모녀간의 애증 너머 삶과 죽음을 동시에 선고받은 자로서 욕망과 행복을 좇는 인간임을 인식하는 안의 마지막 장면이 인상에 남는다.

안은 보부아르의 아바타인가 싶지만 사실 안뿐만 아니라 앙리에도 보부아르 자신을 조금씩 섞어 녹였음을 느낄 수 있다. 죽음의 선택을 유보하고 계속 뛰고 있는 심장처럼 무언가를 위해 누군가를 위해 뛰어야 한다고 독백하는 안, 다시 행복해질 수 있을 거라는 희망을 놓지 않고 인생 속으로 뛰어드는 장면이 마음을 울렸다.

앙리의 전 애인 폴은 때로는 비올레트 르뒥을 연상시킨다고 하는데 별로 동의되진 않았다. 보부아르를 좋아한 아니 에르노의 『사진의 용도』에 비올레트 르뒥이 나온다. 유방암에 걸린 에르노는 유방암에 걸려 세상을 뜬 비올레트가 병을 알고 얼마나 더 살았는지 알아본다.

비올레트 되기

영화 〈바이올렛Viollette: 그녀의 뜨거운 삶〉(마르탱 프로보스트, 2013)은 비올레트 르뒥과 보부아르의 우정을 통해 뜨거운 삶을 산 비올레트의 삶을 극적으로 보여 준다. 프로보스트 감독의 영화 〈세라핀〉, 〈롱 폴링〉, 〈더 미드와이프〉에서도 타인의 온기가 양지로 건져 올린 한 여성의 험난한 생을 그리는데, 뜨거운 인간애에 깊은 울림을 받았다.

비올레트에게 그 타인의 역할은 보부아르가 맡는다. 보부아르의 『초대받은 여자』를 우연히 본 비올레트는 돌아와 자신의 파란만장한 삶을 단숨에 쓴다. 그 원고를 가져가 들이미는 것으로 둘의 만남이 시작된다. 여자가 글을 쓰는 것에 대해 편견과 부당한 인식이 여전했던 세상에서 독보적 자리에 입성해 있던 보부아르는 비올레트가 글을 쓸 수 있도록 경제적으로 정신적으로 지원하고 글쓰기에 박차를 가하길 아끼지 않는다.

자신의 누추한 현실과 달리 당당히 공쿠르상을 받게 된 보부아르를 보고 비올레트는 잠시 흔들리지만 다시 글쓰기에 매진한다. 동성애를 다룬 부분은 절단당했고 비올레트는 자신의 사지가 잘려 나간 듯 앓아 눕는다. 전기에 의하면 보부아르는 회복하는 비올레트 곁을 지키며 그들의 힘든 나날에 대해 사르트르에게 편지를 보냈다.

삶을 글로 짜는 재능을 타고났으나 상처가 많고 충동적인 비올레트. 'Becoming Viollette'를 위해 끝까지 응원과 지원을 아끼지 않는 보부아르의 침착함과 인간적으로 단단한 면면을 엿볼 수 있는 영화다. 보부아르의 공적 사적 생과 작품에 대해 사전 정보가 있으면 훨씬 많은 것이 보인다. 마지막 작품 『사생아』로 비올레트는 자신의 파란만장한 삶을 쓰기를 마치고 프랑스 남부 포콩에서 여생으로 들어갔다. 그렇게 '비올레트 되기'를 이루었다. 당대 프랑스 예술가와 지식인에게 충격을 안겨 주었다는 비올레트의 작품은 읽어 보지 못했다.

10일 목요일

많은 말이 필요하지 않고 고요하게 하루하루가 흘러간다. 안드라스 쉬프 피아노 리사이틀에 같이 갔다. 늦가을 저녁 쌉싸름한 공기에 재충전되는 기분이었다. 클래식을 잘 알진 못하지만 은발의 거장이 빚어내는 아름다운 선율과 겸손한 태도에 매료되었다.

가만히 듣고 있는데 영화 〈우리가 사랑이라고 믿는 것Hope Gap〉(윌리엄 니콜슨, 2019)을 보고 일렁였던 감정의 물결이 떠올랐다. 영화는 29년의 생을 함께해 온 부부와 아들이 29년 전에는 전혀 예상하지도 못한 감정의 소용돌이를 겪고 서로를 이해하며 담담히 빠져나오는 과정을 그린다. 영화 전체를 이끌고 가는 문학적인 장치로 시가 쓰인다. 시를 수집하여 묶는 일을 하는 그레이스가 길 잃은 자신에게 부여하는 힘이 되는 게 또 시다. 그레이스는 무언가 끝나 버리는 게 싫어서 차를 늘 반만 마시고 나는 무언가 조금 남겨 두고파 커피 한 모금을 남기는 버릇이 있다.

아네트 베닝의 목소리로 단테 가브리엘 로세티의 〈섬광〉이 잔잔히 흘러나올 때, 낭떠러지 풍광과 함께 드는 정체 모를 기시감이 다른 공간으로 나를 데리고 갔다.

"여기 와 본 적이 있다. 언제 어떻게인지 모르지만. 문 뒤편에 있는 풀밭을 안다…."

다르덴 형제의 영화가 하는 일

▶ 『인간의 일에 대하여』 뤽 다르덴(미행)

다르덴 형제의 영화 보기는 오래전 〈로나의 침묵〉으로 시작했다. 배음을 제거하고 건조하다 할 정도로 말을 아끼며 인물의 표정과 피부의 움직임에 밀착해 내면을 담아내는 카메라 방식. 마치 보는 이의 눈을 카메라가 즉각적으로 대행하는 동선이 눈을 뗄 수 없게 한다. 인물이 끊임없이 움직이는데, 빠르게 걷거나 뛰고 자전거를 굴리고 길을 건너고… 그 모든 부산한 움직임을 핸드헬드 카메라가 집요하게 쫓는다.

이 과정에서 흔들리는 인물이 간혹 카메라 밖으로 밀려나고 관객은 잠시 빈 시간을 보는데, 이 장면이 반복적인 의미를 띤다. 어떤 동작과 동작 사이의 호흡이 부르는 빈틈. 눈을 한 번 깜박하는 찰나에 분명 빈 시간, 빈 공간이 물리적으로 보이는 효과다. 우리 몸이 속한 시간도 공간도 그렇게 찰나에 장면이 바뀔 수 있다는 걸 암시하는 것만 같다. 이것은 설레기도 두렵기도 한 우리의 일상 경험에 가닿는다.

다르덴 형제는 "영화는 운동이지만 몸으로 구현되는 운동"이라고 했다. 연극이나 무용처럼 신체 언어를 쉼 없이 따라가게 하는 그들 영화는 조용한 가운데서도 우리를 잠시도 가만두지 않는다. 가만히 있어도 머릿속에선 계속 움직임이 일어나고 있듯이.

그들의 영화가 더욱 값지게 다가온 건 우리가 다 알지 못하나 관심을 기울여야 할 이웃의 삶과 일상과 생활의 속내를 파고들고 이민자와 소수자, 약자들의 생활에 밀착해 구원을 말한다는 점이었다. 특히 아이에게 어른이 어떻게 필요한 존재인가를 무뚝뚝하나 따스하게 보여 준다. 우리 모두는 아이였고 유년의 기억은 뼛속에 새겨지는 것이다.

다르덴 형제 중 아우, 철학을 전공한 뤽 다르덴의 에세이 『인간의 일에 대하여』가 나왔다는 소식이 반가웠다. 그들은 인간의 일에 대하여 필름으로 꾸준히 말해 왔고, 그 제목은 새삼스럽지도 않은 표어처럼 적확하다는 느낌이 들었다. 북펀딩에 바로 참여했고 한 달 지나 책을 받았다. 시적으로 압축한 문장들은 고심과 절제의 흔적이 배어 얇은 책의 두께가 무색했다. 한 단어도 허투루 흘려보낼 수 없이 지구 반대편에 사는 소시민의 마음을 장악했다. 냉철하고도 묵직한 울림을 주는 그의 통찰이 다르덴 형제의 영화들을 다시 찾아보게 했다. 최근작 〈토리와 로키타〉는 처음 찾아보았다.

이 책은 영화 〈자전거 탄 소년〉의 시나리오 작업을 할 무렵 뤽 다르덴이 적기 시작한 단상을 내용으로 담는다. 니체가 신의 사망 증명을 선고한 문장으로 시작해 인간의 일은 결국 신의 일, 신의 탄생에 관한 일로 돌아가 생각하게 된다.

우리는 탄생과 함께 보호막 밖의 '시간' 세계로 내동댕이쳐진다는 것이다. 영원성을 담보한 비-시간성으로부터 분리된 우리는 죽음에 대한 두려움과 함께 분리된 자들로서 관계 맺는 타자에 대한 증오심을 갖게 된다. 그리고 타자를 어떤 식으로든 죽이려 든다.

그렇다면 그 원초적 두려움을 제거하면 증오도 사라지고 사랑이 증오를 이길 수 있다는 얘기다. 쉽지 않지만 그것이 삶의 수련 과정이다. 아버지라는 제삼자, 세 번째 타자에 의해 상처받는 소년이 생을 복수심으로 대하지 않고 또 다른 타인의 사랑과 돌봄으로 어떻게 생을 뚫고 나아가는지 다르덴 형제의 여러 영화는 보여 준다.

뤽 다르덴에 의하면 제삼자는 사랑의 준-보호막을 분리하는 자이다. 사회의 다른 타자들, 아이를 무한히 사랑하지 않는 모든 사람의 대변자이다. 아이에게 죽는다는 두려움을 다시 떠올리게 해 아이의 사랑과 증오의 대상이 되지만 어쩌면 두 번째 타자에게 받은 무한한 사랑 덕분에 사랑하게 될 모든 분리된 자들의 대변자이다.

삶이 의미 있고 아름답다면 삶을 '살아갈 때' 그럴 것이다. 살아가는 존재가 되는 것, 자신을 사랑하고 타자를 사랑하는 것, 서로를 모두 분리된 자로 사랑하는 것. 이것이 바로 '인간의 일'의 가능한 결말이라고 말한다.

3월에 정형외과 병원 옥상에서 휠체어에 앉아 읽은 책 중 『우리는 여전히 삶을 사랑하는가』(김영사)가 떠올랐다. 에리히 프롬이 밝힌 명징한 세계관과 비슷한 말을 다르덴은 시적인 문장으로 전한다. 프롬이 말했듯 우리가 사랑하는 것들은 살아 있는 것, 생명이 있는 것이다. 대척점에 있는 죽은 것들에는 온갖 종류의 폭력과 무관심이 포함된다. 당연히 신체적 폭력만이 아니다. 우리는 '사랑의 연인'이 되길 원하지 '죽음의 연인'이 되길 원하지 않는다고 생명의 대변자로서 프롬은 말한다.

삶의 욕망은 때로 시간으로부터 분리되기 이전, 비-시간의 세계로 가고 싶다는 충동을 불러온다. 악의 가능성은 여기서 출발한다. 뤽 다르덴은 악을 가능성으로 보고, 악의 존재가 근원적이라고 보지 않는다. 오히려 악의 가능성이 죽는다는 두려움, 타자에 대한 증오, 비-시간의 보호막으로의 도피와 마찬가지로 처음부터 존재한다고 본다. 누구든 악인의 자리에 설 수 있다는 가능성은 우리를 호시탐탐 노리며 두려움에 떨게 한다. 하지만 타인의 무한한 사랑이 이 두려움을 달래고 증오를 사그라뜨리고 보호막을 열면서 새로운 시작을 가능하게 해 준다는 것이다.

다르덴 형제의 영화가 하나같이 냉철해 보이면서도 결국 심장을 뜨겁게 달구어 주었던 이유를 알게 되었다. 그는 냉소적 시각이 가장 심오한 것은 아니라고 분명히 쓴다. 이 책에서 밝혔듯 그들 형제의 영화는 "악의 가능성을 최초의 두려움과 증오를 사라지게 할 수 있는, 타자의 무한한 사랑의 가능성과 연결해 보려는 것"이다.

우리에게는 그런 무한한 사랑을 주는 대상이 필요하다. 혈육인 부모가 그 역할을 하지 못하면 다른 누군가가 필요하다. 피가 섞이지 않았으나 우연인 듯 필연으로 다가와 무한한 사랑을 주는 대상이 부모의 역할 대신 무한 사랑의 가능성으로 연결되는 대상이다. 그렇게 삶은 자전거 바퀴를 굴려 나가듯 나아갈 수 있다. 삶이란 나아가고 살아가고 누릴 때 유의미한 이름이 될 것이다.

우리는 존재에 기대어 살아가지만 결국 서로의 존재를 '위하여' 살아간다. 그것이 신의 일이고 인간의 일이다. 〈내일을 위한 시간〉, 〈언노운 걸〉, 〈더 차일드〉, 〈로제타〉, 〈아들〉 등 다르덴 형제의 영화 속 인물들은 차가운 현실에 내동댕이쳐져 있고 동정받기보다 잔인할 정도로 냉정하게 처리된다. 자신의 신념과 이익 앞에서 양보할 줄 모르다가도 끝내 양심을 알아채고 손을 내민다.

그렇다고 아주 넉넉하게는 아니다. 그들 또한 하루하루 쉽지 않은 일상을 살아가는 이들이다. 단지 악의 가능성으로부터 자신을 보호하고 갱생의 가능성, 사랑과 희망의 실낱같은 가능성으로 고개를 돌리는 것이다. 진정한 용기는 바로 이런 것이지 않을까.

다르덴 형제는 봄에 〈토리와 로키타〉(2022)를 가지고 전주국제영화제에 참석했다. 로키타는 체류증을 받기 위해 힘겨운 노동으로 근근이 살아간다. 아프리카 고향 어머니에게 돈을 보내고 브로커에게 돈을 뜯기며 불법과 폭력의 고단한 삶을 살면서도 참아 낼 수 있는 건 남동생 토리가 있어서다. 어린 토리를 돌보고 토리의 목숨을 지키기 위해 자신의 목숨도 저버릴 수 있는 사랑은 어디서 나온 것일까.
영화는 그런 우정을 내세우고 싶어 하지만 그들이 처한 현실은 비정하다. 어른들의 오염된 세상을 그대로 보여 주고 동정이나 위로 따윈 없다. 세상은 쉬이 변하지 않고 사람들은 뒤늦은 애도와 약간의 관심을 기울이는 척한다.
로키타의 죽음은 〈소년 아메드〉의 어리석어 불쌍한 아메드를 소환하는 것 같아 심장이 얼어붙는 것 같다. 이렇게 냉혈한 것이 세상이라고 의도적 충격을 주려는 걸까. 하지만 토리의 인생은 혈연도 아닌 로키타 누나의 희생과 사랑으로 어떻게 달라질지, 토리는 어떤 사람으로 성장할지 알 수 없다. 무엇도 보장할 수 없기에 반쪽짜리 희망일지라도, 나는 먹먹한 희망을 또 보고 말았다.

뤽 다르덴이 밝혔듯 책과 영화를 통해 작고 연약한 존재인 유년기의 존재에 우리는 한발 다가갈 수 있다. 그 시절을 예민하게 통과한 우리는 다시 그 여린 존재들에게 사랑을 건넬 수 있다. 우리가 가장 민감하게 느끼는 감각은 통각이다. 모든 사랑의 꽃은 고통이 있는 곳에서 핀다. 아픔을 느낄 수 있을 때 사랑도 예술도 가능하다. 사람을 가르친다는 것은 죽는 것을 가르치는 일이라는 뤽의 단호한 말처럼 타인을 위해 자신의 죽음도 두려워하지 않는 사랑을 실천하는 것이야말로 유한한 육체의 삶이 아니라 정신적 삶을 사는 길 중 하나일 것이다. 삶의 기쁨은 진정한 의미로 타인을 위해 살 때 제대로 찾아올 가능성이 크다.

23일 수요일

침대의 거처를 옮겼다. 이 집으로 이사 오면서 구입한 큰딸의 침대다. 서울 생활을 접고 귀향하겠다고 하자 그동안의 세월이 확 당겨 오는 느낌이었다. 이런 시간이 주어진 게 다행한 일이라는 생각도 들고 뭔가 준비를 해야 하는데 싶어 마음이 분주해지기 시작했다. 중간 문을 활짝 열고 방 두 개를 넓게 쓰고 있던 나는 절반의 영토를 반환하고 책이며 옷이며 비우고 재정리해야 했다. "침대는 바꿀 거야." 그러고도 싶겠다는 생각이 들었다.

멀쩡한 침대가 갑자기 사라질 거라니 망설여졌다. 그래서 아빠에게로 보냈다. 새로 씌운 하얀 항균 매트리스 커버까지 그대로 옮겨 드렸다. 그리 멀지 않은 날, 그 자리에서 안식의 길로 들어가실 가능성이 크다는 생각이 들었다. 그 누구보다 아빠가 잘 알고 계셨고 누구도 입 밖에 낼 필요가 없었다. 지금도 엄마 집에 가면 아빠가 고요히 누워서 가신 그 침대에 먼저 누워 본다.

침대와 침대

▶ 『누가 이 침대를 쓰고 있었든』 레이먼드 카버(문학동네)

여행지에서 낯선 침대에 노곤한 몸을 누이며 이 침대를 쓰고 간 사람들은 누구였을까 간혹 생각한다. 쓸데없는 상상이지만 그 누군가의 숙면이거나 불면이 내 등짝에 올라붙는 것 같다고 느낄 때가 있다. 자고 일어나면 더없이 개운한 적이 있고 그 반대인 적도 있으니.

예외도 있어서 가령 블라디보스토크에서 하바롭스크로 달려가는 열차의 침대는 예상하지 못한 경험이었다. 차창 밖으로 지나가는 9월 자작나무들의 온후함과 해 저무는 먼 하늘의 광막함은 좋거나 나쁘거나 침대의 어떠한 감각도 깡그리 잊게 했다. 적당히 흔들리는 리듬감이 도와준 게 아닐까도 싶다. 아침 7시에 도착한 하바롭스크역의 공기는 여느 역과 크게 다를 것 없었는데 이곳이 다른 땅이라는 느낌은 중간에 한 번 정차해 쉬어 간 우수리스크역에서였다. 기차에서 잠시 내려 바라본 광활한 하늘에 놀이 붉은 발자국을 남기고 있었다.

이 책은 레이먼드 카버의 비교적 덜 알려진 작품과 소개되지 않은 작품을 담은 소설집이다. 표제작 외의 작품에서도 침대나 유사 침대가 자주 등장한다.

레이먼드 카버 생의 순서대로 실린 11편의 단편 중 〈누가 이 침대를 쓰고 있었든〉은 아빠에게 침대를 보내드린 즈음에 읽어서인지 더욱 깊은 인상을 받았다. 수많은 플러그에 연결된 중환자실 아버님의 메마른 얼굴을 기억한다. 마지막 고비를 힘겹게 넘으시던 자리는 차갑고 딱딱한 병원 침대였다. 집에 오고 싶어 하셨지만 여러 안타까운 상황이 가로막았다. '누가 그 침대를 쓰고 있었든' 단번에 생의 플러그가 뽑힌다.

다리 부상 후 병원에 있을 때 침대를 네 번 옮겼다. '누가 그 침대를 쓰고 있었든' 옮기고 나면 그 누구는 순식간에 지워졌다. 사람이 사라져 버린 침대는 넓고 홀가분해 보였다. 재바르게 커버가 새로 씌워지고 다른 환자의 땅이 되었다. 밤이고 낮이고 내 침대는 나만의 영토가 되었다. 그 땅에서 책을 읽고 영화를 보고 밥을 먹고 누워서 다리운동을 하다 잠을 청하며 뒤척였다. 환자복을 벗으면 사람이 달라 보였다. 옷을 갈아입고 가볍게 나가는 사람과 환자복을 입고 엉거주춤한 사람이 마주 보며 축복의 말을 나누었다. 부러워하는 눈으로 쳐다보았던 내게도 그 시간은 어김없이 찾아왔다.

결국엔 뜻 모를 곳으로 갈 사람에게 침대는 안식의 자리를 제공한다. 누군가의 끝이 누군가의 시작이 되듯 침대는 하루를 닫고 여는 자리다. 우리가 작은 죽음에 빠져 있는 동안에도 침대는 잠을 자지 않는다. 잠꼬대하면 낮은 소리로 삐걱대고 뒤채며 울컥거린다. 꿈이 너무 슬퍼서 흐느끼면 같이 울어 준다. 토닥토닥 깊은 품속으로 우리를 안고 내려간다. 침대는 잠의 심연과 꿈의 낙원, 악몽의 바닥으로 매일같이 우리를 데리고 하강하고 아침이면 일상의 수면 위로 올려 준다.
몸이 혹여 무거워도 우리는 이불을 걷어 내고 침대에서 몸을 건져 올려 바닥을 딛고 일어서야 한다. 바닥 딛기는 실로 대단한 일이다. 침대에서 빠져나와 휠체어와 목발에 몸을 의지하던 때를 지나 바닥을 처음 디딜 때의 두려움을 희미하게 기억한다. 조심스레 첫발을 내디딜 때 발등과 정강이뼈를 급습하던 통각도 시간이 차츰 잊게 해 주었다. 통증이야말로 내 신경을 몹시도 건드리면서 예민한 그 감각이 바로 나라는 걸 상기시켰다. 침대에서 벗어나는 일은 하루를 여는 의식이었고, 하루하루가 작은 도전이었다. 이 루틴을 이어 가지 못하는 날 우리의 침대는 덩그러니 혼자가 될 것이다. 침대를 두고 우리가 떠나든 침대가 우리를 떠나든, 그런 날이 오고야 말겠지만, 어떻게 쉽게 보내 버릴 수 있을까.

아빠는 침대가 넓고 탄탄해서 좋다고 말씀해 주셨다. 침대 발치에 서서 아빠를 보면 침대 머리맡에는 손 닿기 좋도록 온갖 물건들이 놓여 있었다. 가장 다급하고 중요한 물건은 천식 증세가 오면 즉각 쓰는 호흡기다. 휴대전화도 놓여 있지만 잘 못 들으실 때가 많았다. 내가 갈 때마다 Covid-19 예방 접종 증명서 앱 여는 방법을 새로 묻곤 하셨다. 나는 이때 5차 접종까지 한 상태였는데 아빠는 아직 그것까진 안 하고 계셨다. 다음 달에 확진되실 줄 누가 알았겠는가. 시간이 갈수록 침묵할 수밖에 없는 것들이 늘어 간다.

레이먼드 카버는 영면하기 일 년 전 1987년에 체호프 전기를 읽었다. 마지막이 임박한 체호프가 누운 침대 옆에서 샴페인 한 병을 주문한 의사에 강력한 인상을 받은 카버는 그 심부름을 한 사람에 대한 상상력까지 덧입혀 이 소설집의 마지막 단편 〈심부름〉을 낳았다. 카버 특유의 인간성에 대한 날카로운 직시와 관용, 유머, 어렴풋하나 분명하게 반짝이는 은유의 사금파리를 주워 들게 된다. 세상에 더 머물렀더라면 카버의 성취가 어떠했을지 가늠해 볼 수도 있는 흥미로운 서사다.

카버의 불행한 결혼 생활, 짐이 되는 가족과 개인 파산, 치료를 요하는 알코올 중독과 극복 등의 개인사를 떠올려 주는 사건들이 애잔한 가족애와 소소한 일상을 꿈꾸며 나른하게 전개된다.

삶은 얼마나 불안하고 두려운 것이던가. 얼마나 기쁘고 빛나던 것이던가. 〈깃털들〉에서처럼 날카로운 빛을 내는 생의 파편이라는 깃털들을 주워들고 침대에서 일어나 아침 햇살 드는 주방 창가에서 커피를 만들어 마시고 또 하루를 밀고 가는 사람들의 이야기는 계속된다. "오직 아름다움, 평화 그리고 죽음의 장엄뿐"이었던 체호프의 침대가 있는 방에서 샴페인 병의 코르크가 펑 소리를 내며 튀어 나갔듯 그렇게. 팁 몇 닢에 눈이 휘둥그레지는 어린 청년이 그 코르크를 슬며시 주워 들었듯 그렇게. 무엇을 보고 듣고 주워 담을지는 우리 자신에게 달려 있을 것이다. 하지만 자신의 선택으로만 되지 않는 일들의 정체에 대해서 정확히는 알 수 없을 것이다.

〈심부름〉에서 코르크의 펑 소리처럼 〈블랙버드 파이〉에서 "황동 시대의 황금"이라고 찬양한 우리 생의 단음절 경적에 귀가 번쩍한다. "빵" "삐" "펑" 이런 단어를 일상에서 자주 사용해야 한다는 카버다운 농담은 생각이 중지된 삶을 지양하고 자주 각성해야 한다는 걸 의미할 것이다. 우리 한 사람 한 사람이 역사이고 역사학자이기에. 삶이 우리를 지긋지긋하게 여기고 우리를 매너리즘에 빠지게 한다면, 고정된 이미지에 우리를 가두려 한다면, 우리의 감정을 둔하게 한다고 느껴질 때면 더욱 그래야 한다.

2일 금요일

　붓고 뻣뻣한 발목. 계단을 내려가는 게 가장 어렵다. 다친 후 처음으로 지하철 계단을 시도해 보았다. 나림 이병주 문학콘서트에 글벗과 갔다. 갓 나온 두 번째 수필집을 처음 주는 사람이 나서서 고마웠다. 새로 나온 『이병주 평전』(안경환, 한길사)을 같이 받는 행운도 얻고 나이 든 아들이 회고하는 자상하고 호방한 아버지 이병주와 핵심을 잘 짚은 두 분의 강의도 의미 있게 들었다.

　한 해의 마지막 달로 들어서니 주춤거리면서도 마무리해야 할 일들 앞에서 마음이 분주해졌다. 그동안 특히 문학이 원작인 영화를 자주 골라 보았다. 영화가 부른 문학, 문학이 낳은 영화는 언제나 떨어질 수 없고 내 안에서 여러 갈래의 목소리를 불러낸다. 그리고 『다락방의 미친 여자』를 탐독하며 새로이 읽히는 부분에 눈이 밝아지는 것 같았다.

춤추는 불새

▶ 『광막한 사르가소 바다Wide Sargasso Sea』 진 리스 (펭귄클래식코리아)

40년 전에 처음 나온 『다락방의 미친 여자』(샌드라 길버트와 수잔 구바, 북하우스)의 새 번역판을 만났다. 백설 공주의 왕비와 거울에서 시작해 브론테 자매, 제인 오스틴, 메리 셸리, 에밀리 디킨슨…. 19세기 친숙한 여성 작가들의 생과 작품을 깊이 이해하는 길잡이가 된다. 여성주의 시각으로 일관성을 유지하며 다소 장황한 부분까지도 몰입하기에 좋았다. 서문에서부터 차가운 열정이 뿜어져 나온다. 샬롯 브론테의 소설 『제인 에어』에서 불러온 제목 '다락방의 미친 여자'는 이 책에서 자주 다루는 몸, 감금, 광기와 연관하여 여성을 가두는 가부장제의 편협한 제도 속에서 희생된 여자를 은유한다.

버사 메이슨

『제인 에어』를 다시 읽고 로버트 스티븐슨 감독의 1944년 흑백 영화를 찾아서 보았다. 올더스 헉슬리가 각본을 썼다. 로우드 자선 학교에서 만난 제인의 착한 친구 헬렌은 어린 엘리자베스 테일러가 맡았다.

제인은 어린 시절 고아가 되어 외숙모의 집에서 핍박을 받으며 사는데, 붉은 방에 갇혔던 경험을 잊지 못한다. 제인은 자신을 가두는 인습과 환경의 울타리인 '붉은 방에서 스스로 박차고 나오는 강인한 인격의 소유자로 인간적인 품격을 발휘한다. 제인은 이성적이면서도 온기를 잃지 않는 강건함을 불구가 된 남자를 사랑으로 품는 것으로 또 한 번 발휘한다. 불구가 되는 것은 신체적 거세를 은유한다. 가부장제 사회의 견고함을 상징하는 에드워드 로체스터는 손필드 저택의 화재로 눈과 팔을 잃고 다리마저 일부 기능을 상실한다. 이제야 서로 동등한 사이가 된 것이다. 남성이라는 난공불락의 저택이 무너진 황폐한 땅에서 제인은 로체스터의 곁을 지키기로 약속하고 힘을 실어 준다.

저택은 불로 인해 무너지고 남성적 권력의 거세도 불로 인해 이루어졌다. 불은 강렬한 이미지로 번져 나갔다. 로체스터가 숨겨 둔 아내, 버사는 오랜 시간 감금되어 미친 여자로 불린다. 광기의 혐의를 뒤집어씌우기에는 여자의 방탕한 피와 탐나는 재산이 모두 관련된다.

진 리스는 『제인 에어』의 이 부분에 붙들렸다. 샬롯 브론테가 가부장 세계에 맞서 꿋꿋하게 자신의 세계를 건설하는 여성을 세우면서도 다하지 못한 숨은 여성 이야기를 『광막한 사르가소 바다』에서 풀어낸다. 버사는 왜 미쳤는지, 왜 감금되었는지, 왜 불을 지르고 날아갔는지를.

샬롯은 제인 에어에 집중하여 버사 메이슨이라는 여자가 희생된 사연을 자세히 말하지 않았다. 버사는 '말하지 못하는' 존재였고 자신의 이야기를 금지당한 여자였다. 보랏빛이 도는 검은 피부에 체격이 크고 자메이카의 크리올이며 가계에 광기가 있고 욕망이 과하며 술을 즐긴다는 정도로만 소개된다. 로체스터는 그런 아내를 버리지 않고 끝까지 돌본다는 식이다. 오히려 그런 아내로 인해 자신의 삶이 망가졌고 아버지와 형에 의해서도 장자가 아닌 한계로 자신의 삶을 제대로 펼치지 못했다고 동정하는 시선이 깔린다.

도미니카 태생 진 리스의 소설에서 버사의 원래 이름은 앙투아네트 코즈웨이. 로체스터는 그녀의 상속 재산을 갖기 위해 아버지와 형의 강압에 기대어 결혼을 결심하고 영국을 떠난다. 무풍지대인 사르가소 바다는 실제로 탐험가들도 좌초된 일이 많았던 곳이다. 이 바다는 로체스터와 앙투아네트 사이의 거리에 비유된다. 남성과 여성 사이의 힘, 자연과 문명의 대조적 거리만큼이나 사르가소 바다는 광막하다.

로체스터는 자메이카의 생명력 넘치는 자연에 묘한 거북함을 느끼고 증오하기에 이른다. 로체스터가 자신의 이름을 버젓이 두고 버사라고 부르겠다고 하는데도 거부하지 않는 앙투아네트는 이미 야생의 에너지를 빼앗기고 자신을 잃어 가는 존재임을 뜻한다. 영국인도 아니고 자메이카인도 아닌 크리올들의 정체성은 제국주의와 백인우월주의가 낳은 모호함을 타고났다.

원제를 버리고 〈카리브해의 정사〉(존 듀이건, 1993)라는 야릇한 번안 제목으로 나온 동명의 영화는 특별하게 세 개의 화자로 구성된 원작 소설과 다른 시점으로 전개한다. 1840년 자메이카, 야생의 에너지가 스멀대는 자연과 더불어 끈끈한 습도와 열기가 화면을 압도한다.

서구 문명사회의 백인 남자 로체스터는 매력적인 앙투아네트와 원주민들을 포함해 원시의 열정을 품은 자연의 이상한 힘에 이끌린다. 점차 그 힘이 자신을 장악하려 드는 걸 느낀 로체스터는 자신이 속해 있던 세계로 돌아가 버린다. 19세기 영국 남성들은 이중 잣대를 적용했다. 남성에게는 정상적인 것이 여성에게는 광기로 치부되었고 문화적으로 사회적으로 성적으로 말살되는 요인이 되었다. '버샤가 된 앙투아네트는 스스로 불꽃이 되고 광기 어린 불새의 춤을 추어 산화한다. 광막한 사르가소 바다에서도 한 가닥 희망의 춤을 추겠다는 듯이.

구별할 줄 아는 눈으로 보면, 깊은 광기는
가장 신성한 감각이다.
깊은 감각은 순전한 광기일 뿐이다.
항상 그렇듯이 여기에서 우세한 것은
다수이다.
동의하면 당신은 제정신이다.
반대하면 당신은 즉각 위험한 존재가 되어
쇠사슬을 차게 된다.
― 에밀리 디킨슨

괴물을 만든 괴물

▶ 『프랑켄슈타인』 메리 셸리(현대지성)

『다락방의 미친 여자』를 읽으며 여성 작가들의 작품에 대해 새로이 보게 된 작품 중 하나다. 공상 과학 소설 정도로만 알고 있다면 많은 걸 놓치게 된다. 역사 안에서 진정한 자리가 주어지지 않은, 이름도 지어지지 않은 흉측하고 힘센 생명체, 자신에게 저주의 생명을 준 죽어 가는 창조주(아버지로서의 프랑켄슈타인) 옆에서 눈물 흘리는 나약한 존재, 그의 말에 귀를 기울여야 한다. 메리 셸리 스스로 자신의 작품에 흉하다는 표현을 쓴 건 세간의 평을 의식해 미리 장치한 발언이었을 것이다.

남성 작가들이 전유했던 문학 세계에서 글을 쓰고 발언하는 여성은 조롱의 대상이었다. 18세의 메리 셸리는 『프랑켄슈타인』 초판을 1818년에 익명으로 낸다. 서문은 연인이자 훗날 남편이 되는 퍼시 셸리가 썼다. 메리 셸리는 여성의 출산에 얽힌 상처와 죽음의 공포에 대한 경험을 낭만주의적 상상력과 바이런적 악마성을 더해 독창적으로 썼지만 이름을 숨겨야 했다. 이 작품을 1831년 다시 내면서 메리는 직접 서문을 쓰고 자신의 이름을 내걸었다.

소설 속, 어머니 사후 '어머니 천사'를 그리워하는 빅터 프랑켄슈타인은 실제로 어머니를 일찍 잃은 메리 자신이 투영되었다. 프랑켄슈타인은 신지식을 갈망하는 열정에 휩싸여 온갖 혐오스러운 것들을 그의 '다락방에 모아 스스로 창조주의 자리에 들어간다. 하지만 자신의 창조물에 사랑을 주지 않았고 책임지지 않았으며 결정적으로 이름을 지어 주지도 않았다. 스스로 명명할 수도 없는 고아, 괴물 같은 자아의 상징으로 이 또한 메리 셸리 자신의 문학적 고아를 반영한다.

저항적이었던 어머니 이름을 그대로 받은 메리는 문학적 고아의 환경에서 기죽지 않았다. 창작자로서 메리는 자신의 아바타 격으로 프랑켄슈타인과 그의 흉한 피조물에 이중의 여성성을 부여하고 괴물화한다. 언어를 배우고 우정을 알아 갔으며 친구를 갖고자 했던 무해한 그 괴물은 기이한 외적 형상으로 인해 배척당하고 몰이해와 편견에 내몰리자 복수심으로 무장한다. 얼음벽이라는 세상의 극한에서 그 불꽃을 태워 올리며 자신의 창조자이자 아담이자 이브와 함께 자멸한다.

현대의 프로메테우스, 프랑켄슈타인이 창조한 괴물과 『실낙원』 속 밀턴의 이브는 지식의 열매가 있는 곳에 천착하여 끝내 그 열매를 맛보고 죄를 불러들였다. 괴물과 이브, 이들은 진정 공포를 부르는 쌍둥이였을까. 그럴 것이다, 그들의 이야기에 귀 기울이지 않고 이름을 불러 주지 않는다면, 그들의 가능성을 억압한다면 말이다. 대서양 건너 뉴잉글랜드의 에밀리 디킨슨은 물론, 우리 시대에 이르러서는 모든 상대적 약자에 해당한다는 생각이 들었다.

캐네스 브래너가 감독과 주연을 맡은 영화 〈프랑켄슈타인〉(1995)은 소설의 주요한 맥락과 이미지, 괴물의 서사까지 원작에 가장 충실하고 열정적으로 살려냈다. 세상에서 뛰어넘을 수 없는 한계를 상징하듯 차갑고 높은 얼음벽으로 향하는 배와 극한 상황의 사람들, 울분에 찬 괴물의 대사와 극단적 슬픔을 부르는 감정선이 고스란히 전해진다. 어느 한 장면도 압도적이지 않은 데가 없다. 특히 괴물로 규정한 생명체의 인간적인 감정과 유순한 대사, 이름을 부여받지 못한 자의 생생한 울부짖음에 귀 기울이게 된다.

영화 〈메리 셸리: 프랑켄슈타인의 탄생Mary Shelley〉(하이파 알 만수르, 2018)은 메리 셸리의 전기적 내용을 흥미롭게 담아 낸다. 당시 여성 천재 작가가 겪는 사회적 편견과 제약을 딛고 프랑켄슈타인으로 하여금 괴물을 만들게 한 메리의 집념을 엿볼 수 있다. 메리는 최초의 무정부주의자이자 작가인 윌리엄 고드윈과 최초의 페미니스트이자 천재 작가 메리 울스턴크래프트 사이에서 태어났다.

출생 다음 날 어머니가 사망하여 '엄마 없는 아이'가 된 메리는 시대를 앞서간 어머니의 이름을 따라 문학에 천부적 소질을 보였다. 아버지의 제자 낭만파 시인 퍼시 셸리는 유부남이었으나 두 사람은 운명적 사랑에 빠져 사랑의 도피 생활을 한다.

비 내리는 어느 날 시인 바이런의 집에 초대된 사람들은 무서운 이야기를 만들어 볼 것을 제안받고 메리는 자신 안에 상상의 존재로 기거하던 괴물을 세상에 내놓는다. 프랑켄슈타인은 괴물을 창조한 메리 자신이기도 하고 괴물은 또 메리가 창조한 메리 자신이기도 하다. 가엾고 불온하고 비참한 생명체. 문학적으로 버려진 환경에서 벗어나도록 메리의 아버지가 다행히도 조용히 지원하는 모습을 보인다. "젊은 여자라고 능력을 폄하하지 마세요. 나는 이미 죽음과 상실, 배신을 경험했어요. 그 경험이 이 책 속에 다 들어 있어요. 이건 내가 쓴 이야기에요."

또 다른 괴물

에밀리 브론테는 1847년 『폭풍의 언덕』에서 히스클리프를 창조했다. 메리 셸리가 1818년에 창조한 괴물과 비교되는 인물이다. 프랑켄슈타인이 만든 혐오스러운 생명이 우정과 이해를 바랐던 점, 이름도 없이 소외된 존재로 사나워지고 괴물로 변해 갔다는 점을 상기시킨다. 캐서린 언쇼의 경우를 보면 죽음은 선택지가 없는 땅에서 유일한 해결책이었다. 선택과 결정의 자유가 없는 자에게는 도덕성을 묻기 어렵다. 그렇게 천국과 지옥으로 불리는 세상의 모든 경계를 허물며 에밀리 브론테는 캐서린을 시켜 자연과 문화, 본성과 이성, 자유 영혼과 제도권 사이를 조용히 넘나들었다. 에밀리는 매일 애견을 데리고 히스 황야를 배회하는 비쩍 마른 처녀로 이웃에게 보이곤 했다. 가족 중 가장 키가 크고 창백하고 정력적이며 단호하고 열광적이었다. 과묵한 에밀리는 피아노 칠 때를 제외하곤 감정을 잘 드러내지 않았다.

『프랑켄슈타인』이 세상에 나오고 나중에 메리 셸리의 존재가 알려지자, 병적인 여자의 상상이라고 비난받았다. 『폭풍의 언덕』도 처음엔 주목받지 못했다. 세상에 나왔으나 외면당하였고 창조물의 문학적 죽음과 함께 창조주가 죽음을 맞이했다. 유일한 소설을 내고 이듬해 세상을 뜬 에밀리 브론테의 소설적 신화 쓰기는 가부장의 집에 갇혀 이루어졌다. 사실적인 상상력과 실용적이고 일상적인 동작이 동시에 작동했다. 그는 일기에 드러나듯 감자를 깎고 다림질을 하고 글을 쓰는 여성이었다.

빅토리아 시대 연구가 데버러 러츠가 쓴 『브론테 자매 평전The Bronte

『Cabinet』(뮤진트리)은 아홉 개의 사물을 통해 자매의 삶과 문학을 들여다보는 시선이 독창적이다. 펜과 감자 깎는 칼은 이들 집안의 필수품이었다. 에밀리는 펜을 내려놓고 실과 바늘과 감자 깎는 칼을 집어 들었는데 이것은 브론테 자매가 글을 쓰는 모든 과정이기도 했다. 하워스의 브론테박물관에서 본 브론테 자매의 소박한 머리핀과 뒤꿈치가 날강한 하얀색 긴 양말, 닳아서 윤이 나는 책상, 스크랩용 작은 가위와 종잇조각들, 부엌과 거실의 소박한 가구와 소품들 그리고 공동 시집을 기억한다.

1846년에 세 자매는 『커러, 엘리스, 액턴 벨의 시집』을 자비로 출판했다. 각자 자신들의 이름 이니셜을 따서 이명異名을 만들었다. 28세의 에밀리는 가부장의 집에서 잃어버린 근본적 잠재력을 자신의 시에서 강렬한 불길로 태웠다. 그리고 병들어 세상을 등지기 전에 자기 생의 흔적을 모조리 없애 버렸다.

에밀리 브론테는 환상이 현실과 별개가 아니듯 천국과 지옥도 분리된 거대 공간이 아니라 합일될 수 있는 두 세계로 여겼다. 그리고 정열적으로 바랐다. 히스클리프(셸리의 괴물과는 달리 이름이 있긴 하다)가 없다면 자신은 없는 것이라 생각한 캐서린은 스스로 자신을 히스클리프라고 말했고 그와 하나 되길 원했다. 괴물로 인식된 여성성과 야생성을 대변하는 히스클리프는 자연이 아닌 문화와 교육의 땅에서 살 수밖에 없는 캐서린의 땅속 뿌리이다. 히스클리프에 대한 사랑은 가부장의 권위 안에서 조용히 살아내는 자신 아래 깊고 넓게 자리한 '영원한 바위'이다. 히스클리프는 캐서린의 가장 본래적인 존재다.

폭풍의 언덕, 울부짖는 그 사나운 유령의 입김을 제대로 느껴 보려면 바람 부는 겨울에 가야 할 듯하다. 내가 갔던 유월의 초록빛 히스 언덕엔 바람은커녕 나른한 햇살이 고르게 내려앉아 있었다. 겨울이 지나야 히스 꽃 피는 봄이 온다.

우리 삶의 크기는

▶ 『흰옷을 입은 여인』 크리스티안 보뱅(1984BOOKS)

영미시 강의 시간에 잠시 만났던 에밀리 디킨슨을 표면적으로 알고 있었다는 생각이 들었다. 『다락방의 미친 여자』 후반부 장에서는 에밀리 디킨슨을 깊이 이해할 수 있는 또 다른 길을 제시한다.

특히 흰옷과 관련한 해석은 의미심장하게 들어왔다. 에밀리 디킨슨의 시집과 몇 권의 도서를 통해 한 사람으로서 한 여성으로서 19세기를 산 시인의 '조용한 열정'을 감지한다. 삶과 죽음의 보편적 주제를 넘어, 기득권을 누려 온 남성들의 세계 안에서만 바라보면 미처 느끼지 못할 울분과 불안, 자신을 몹시도 태워 내는 예민한 불꽃이 심지에 도사린다.

어떻게 연기를 하느냐는 질문을 받은 알 파치노는 늘 마음에 품어 왔거나 자신도 미처 알지 못한 무의식이 연기할 때 튀어나온다고 말했다. "인생은 연기이며, 예술은 내면의 무대에서 공연된 장면이 외부로 드러난 것(『다락방의 미친 여자』 991쪽)"이라는 문장은 이 말을 달리 반복한다.

에밀리 디킨슨은 삶의 크기는 작다고 말하는 소위 현명한 자들을 속으로 놀리며 자신의 삶은 작다고 여기지 않았다. 시를 너른 공연장 삼은 디킨슨은 詩라는 무대에서 자유로이 변장해 사납거나 고결한 의식의 옷을 입힌 자신을 표현했다. 디킨슨이 시적 페르소나로 내세운 자아가 시인의 개인사와 동떨어졌다고 보기는 어렵다.

주어진 삶에서 시로 자서를 쓴 에밀리의 순연한 자아는 직관과 통찰의 눈으로 사물을 보고 그 본질로 직통한다. 그의 시적 자아는 자유자재로 역할을 바꾸며 삶에서 고통의 모습이야말로 진실임을 알기에 고통을 끌어안는다. 자신을 아무것도 아닌 무명씨로 규정하는 시구에서는 자신의 존재감에 대한 커다란 열망이 반어적으로 느껴진다.

때로는 꽃과 나비를 찬양하며 데이지꽃이기도, 한 마리 로빈새이기도, 방구석에 세워 둔 장전된 총이기도 한 자아는 모두 디킨슨의 어린아이다운 영혼에서 비롯한다. 당시 일부 남성 비평가의 눈에는 유치한 단어의 조합으로도 비친 시들은 어린아이의 맑은 영혼이 건져 올린 유리구슬 같은 말이다. 상상력의 경계를 훌쩍 넘어 튀어나오는 단어들, 말 끊김과 낯선 행 가름, 자주 쓰이는 대시와 생경한 부호. 그의 시가 하는 말을 못 알아듣겠다고 한다면 그의 가늠할 수 없는 크기의 생과 영혼을 이해하지 않아서일 가능성이 크다. 맑고 천진한 삶을 추구한 그의 시는 차라리 명징하다.

디킨슨은 결혼을 '부드러운 퇴색'이라고 생각했다. 디킨슨이 즐겨 읽었던 『폭풍의 언덕』에서 에밀리 브론테가 창조한 캐서린처럼 야생의 힘을 지닌 소녀의 삶을 '아내가 되면 "거기서 그만!" 해야 한다고 여겼다.

영화 〈조용한 열정〉(테렌스 데이비스, 2017)은 독신 여성 에밀리 디킨슨의 고독하고 주체적인 삶을 진지한 눈으로 들여다본다. 아버지 앞에서 공손하면서도 반항심을 표현하고 자기주장이 뚜렷하고 높은 도덕심을 지닌 사람이다. 사생활로 에밀리의 공격을 받은 오빠 오스틴은 밀턴을 들먹이며 남성 작가들의 펜 권력을 대변해 에밀리의 시를 조롱한다. 하지만 이후 에밀리가 흰옷을 수의처럼 입고 침대에 반듯이 누워 죽음을 영접했을 때 오열한다.

개구리처럼 종일 자기 이름을 부르짖는 존재가 아니라 '아무도 아닌 사람'이어야 하는 에밀리는 밀턴과 아버지 에드워드 디킨슨으로 대변되는 "전능하고 어디에나 존재하는 정체 모를 아버지nobodaddy(『다락방의 미친 여자』 993쪽)"의 그늘에서 어린아이 같은 자세로 고분고분하다가도 웅크리고 자주 음울하다. 동시에 유머와 예리한 사유, 과감한 상상을 통해 여러 면에서 조용한 전복을 시도한다.

『에밀리 디킨슨, 시인의 정원』 마타 맥다월(시금치)

디킨슨은 꽃처럼 환하고 재치 있는 사람이었다. 꽃을 가꾸며 생명을 피워 내는 작은 징후도 놓치지 않고 떨리는 반응을 한 정원사, 시인 에밀리 디킨슨의 정원으로 이끄는 사랑스러운 책이다. 제목 없이 일련번호와 연도가 적힌 시, 식물 사진과 함께 소개한 산문을 만나며 온실처럼 따사로운 기운을 받았다. 세밀화와 화보를 통해 정원을 만끽하며 초봄부터 겨울까지 계절의 이동에 맞춰 한 발 한 발 들어가면 시인의 고요하고 섬세한 영혼이 느껴지는 시와 더불어 경외와 기쁨을 거듭하게 된다.

에밀리는 스스로 자신을 '집과 정원의 발보아'라고 칭하고 종종 데이지꽃에 비유했다. 바스코 데 발보아는 대항해 시대에 태평양을 발견한 에스파냐 탐험가다. 차별과 억압의 세상에 자신을 세상의 탐험가로 선언한 에밀리 디킨슨을 우주의 정원사라 부르고 싶다. 노란 심장을 단 순백색 데이지꽃을 닮은 정원사다.

식물학을 전공했고 자신의 허버리움을 만든 눈 밝은 정원사이자 애머스트의 자랑할 만한 제빵사로도 유명한 디킨슨은 단절이나 고립의 시인이 아니었다. 단순히 방문을 걸어 잠궜다는 표현은 오해하기 좋게 하는 말이다. 아버지가 만들어 준 그 문의 안쪽은 에밀리의 방대한 내적 세계를 구축한 곳이라 해도 과언이 아니다. 실제로도 상당히 넓어서 정원과 온실에서 온갖 우주의 생명이 계절마다 피고 지고 또 피었다. 교회 대신 정원을 택한 디킨슨은 씨앗과 모종을 심고 물을 주고 꽃을 피워 냈다. 에밀리는 계절마다 가꾼 꽃을 동봉해 편지를 써서 지인과 친지에게 주길 즐겼다.

출판을 인간 정신의 경매라고 생각한 디킨슨이 쓴 1,775편의 시는 인쇄되어 새로이 꽃피울 계절을 기다렸을지도 모른다. 제목도 없이 종잇조각이나 무엇에라도 꾹꾹 눌러쓰고 주석을 달아 서랍 속에 넣은 시에 일련번호를 매겨 파시클fascicle을 이루었다.

식물학 용어이기도 한 파시클은 하나의 토대에서 함께 자란 잎, 꽃, 뿌리의 다발을 가리킨다. 일상의 꽃밭에서 늘 경이로운 사건들과 마주한 디킨슨에게 경외는 품위와 함께 소중한 덕목이었다. 사는 동안 발표한 시는 단지 일곱 편으로 정당한 평가를 받지 못했다. 에밀리 사후 지역 신문 부고에도 수잔은 정원사 에밀리로만 적었다. 수잔은 평생 각별한 교감을 나눈 벗이자 오빠의 아내였다.

에밀리 디킨슨은 여러해살이 꽃이 아니면 씨앗도 뿌리지 않았으며 그렇게 자신의 정원은 지속된다고 말했다. 다감한 정원사였기도 한 에밀리는 영혼의 표피에 불과한 세상에 대한 '앎을 마치고' 자신이 설정한 '다락방에 스스로 들어갔다. 그의 시구처럼 잴 수 없는 고독의 크기만큼이나 "고독의 동굴, 고독의 회랑은 밝고도 − 캄캄하다."

침묵과 환희의 삶

디킨슨이 머무른 2층 방에서 밧줄을 타고 내려오는 바구니에는 손수 구운 생강빵이 들어 있었다. 동네 개구쟁이들은 그 빵을 몹시도 반기며 토끼풀과 데이지로 보답했다. 하늘 위로 날아오르는 나비를 보고는 "그렇게 멀리 솟아 절대 한탄하는 법이 없지. 그게 슬퍼하는 법이야."라고 노래한다. 도맡아야 했던 집안일과 병간호에 지치고 자신의 시에 대한 몰이해와 남성적 시각에서 휘둘린 부당한 평가에 화가 나도 드러내어 분노하지 않는다. 이어지는 죽음의 사건들 그리고 이루어지지 못한 사랑과 비밀의 방에 눌러두어야 했을 열정도 드러내어 슬퍼하지 않는다.

젊은 시절 여행을 즐겼던 디킨슨은 서른이 지나고부터 더 이상 세상의 어느 곳으로도 나갈 필요를 느끼지 못한다. 깊은 눈망울로 창밖의 세상을 뚫어져라 쳐다보던 시인은 급기야 집을 나가지 않겠다고 선언한다. 가족을 돌보고 친구들에게 마른 꽃을 동봉한 1,000여 통의 편지를 보내고 평생을 산 홈스테드 저택 창가 벚나무 책상에 앉아 빼곡하게 시를 쓴 디킨슨은 침묵과 환희로 진정한 시인의 삶을 영위했다.

"계절이 물러나면 예측도 바뀐다."라고 쓴 디킨슨은 변덕스러운 날씨와 건기를 바라보는 시선도 남다르다. 건기가 식물에 미치는 영향에 주목한 에밀리는 화려한 가뭄을 즐기고 있다고 기록했다. 극단적인 날씨도 받아들여 "오늘은 목이 타는 것이 멋졌다. 풀들은 정치가들의 신발 색깔이고 오직 나비만이 초연했다."라고 남겼다. 날씨는 늘, 받아들일 수밖에 없이, 제멋대로다. 어느 쪽에 서서 느낄 것인가.

흰옷을 바느질하는 사람

1874년 유월, 이중 의미의 울타리였던 아버지 에드워드 디킨슨이 심장병으로 하직하고 에밀리는 흰옷을 손수 지어 입는다. 이후 오빠 오스틴의 증언대로라면 순백을 자신의 신조로 삼는다. 영혼의 순수와 고결함, 가격으로 매겨지지 않는 인간 정신의 가치를 말하고 싶었을 것이다. 평생 자신의 정수리를 짓누른 제도와 정체 모를 아버지의 다른 이름인 태양, 그 뜨거운 빛을 받고 또 반사해 내는 색으로서 흰옷은 나긋한 저항, 운명 안에서의 도발이며 새로운 출발을 앞둔 전사의 옷으로 여겨진다.

영화 〈팬텀 스레드Phantom Thread〉(폴 토마스 앤더슨, 2018)에는 여성의 몸을 옥죄는 고전적인 드레스가 등장하지만 나는 레이놀즈의 엄마가 입은 흰 드레스와 그것을 바느질한 16세의 레이놀즈를 특별히 기억한다. 바느질하는 행위는 운명을 스스로 짜는 일이다. 저주받은 자신의 운명에 입은 상처를 옷 솔기 안에 숨겨 두고 바느질로 권위를 가장하는 레이놀즈는 자신을 사랑의 포로로 만든 뮤즈, 알마의 독버섯에 서서히 중독된다. 다 자라지 못한 어른임을 알마는 처음부터 꿰뚫어 보았다. 불멸할 거라 여기며 살던 레이놀즈는 알마가 선사한 죽음의 맛에 감염되고 비로소 자신만의 편협하고 연약한 세상이라는 알을 깨고 나와 거대하고 견고한 사랑의 구도 안으로 진입한다.

반자의적으로 독버섯을 먹고 반죽음의 상태에서 레이놀즈는 흰 드레스를 입은 엄마의 환영을 본다. 그 드레스는 엄마가 재혼할 때 레이놀즈가 손수 바느질해 만들어 준 웨딩드레스다. 내 눈엔 투구 같아 보이는 흰 베일을 머리에 쓰고 레이스와 진주가 화려하면서도 전체적으로 강인해 보이는 웨딩드레스를 입은 엄마는 항상 그의 삶에 밀착해 있다. 레이놀즈의 의식이 엄마를 액자 안에 가두어 놓은 것이다. 엄마는 순결하고 연약한 신부의 이미지라기보다 마치 곧 출동할 전사 같은 이미지로 비친다.

하지만 이 사랑의 전사를 몰아낸 더 순결한 전사가 알마(스페인어로 '영혼'을 뜻함)이다. 알마는 자신의 보이지 않는 실로 레이놀즈라는 드레스를 완성한 여인이다. 그렇게 자신의 사랑과 생을 완벽하게 주도한다.

대등한 관계와 주체적인 자아를 원하는 여급 출신 알마는 그의 저택에서 유령 같은 존재로 취급되는 데에 반기를 든다. 공주에게도 당당히 다가가 이름을 밝히고 자신을 소개하며 레이놀즈에게 청혼을 받고도 대답 대신 자신의 입으로 다시 청혼하는 알마는 기존의 예술가와 뮤즈, 가부장적 권력의 자리를 바꿔 놓는다.

주문받은 공주의 흰 웨딩드레스가 독버섯을 먹은 레이놀즈가 넘어지면서 훼손되고 밤을 새워 다시 만드는 일에 여러 여성 재봉사들과 함께 알마도 거드는 장면이 나온다. 팬텀 스레드라는 말은 노동에 시달린 빅토리아 시대 여성 재봉사들이 집에 돌아와서도 헛것으로 보였던 실에서 유래했다. 그들은 누워서도 팬텀 스레드에 헛손가락질을 했다고 한다.

이 모든 이야기의 화자는 처음부터 알마다. 알마는 모든 걸 건 자신의 사랑을 현재 시점에서 정신과 의사에게 들려준다. 이 순간을 넘어서 언제라도 다시 만날 사랑의 실현에 성공한 알마는 "레이놀즈 당신의 드레스가 먼지와 유령과 세월에 바래지 않도록 잘 지키겠어요."라고 말한다.

모든 걸 수용하고 알마의 무릎에 머리를 누인 레이놀즈의 말처럼, 하지만 우리는 지금 이 순간에 있다.

진짜 흰옷을 지어 입기 전에도 에밀리 디킨슨은 여러 편의 시에서 비유적으로 자신에게 흠 잡을 데 없는 신비의 흰옷을 지어 입혔다. "그것을 장엄한 일이었다고 말했다." 애머스트에 있는 박물관에는 디킨슨이 입었던 흰옷이 꽃무늬 벽지 방에 걸려 있는데 생각보다 크다고 한다.
주어진 작은 삶을 조용히 살면서도 그 안에서 삶의 크기가 "수평선처럼—부풀어올랐다"라고 시로 예언한 디킨슨은 "가슴속에 슬픔의 기병대를 담는 일은 큰 소리로 싸우는 것보다 더 용감하다"라고 1859년에 썼다. 자신의 이야기를 '말할 수 없었던' 수많은 여성을 대신해 한 땀 한 땀 운명을 짓듯 흰옷을 손수 지어 입고 순도 높은 영혼을 시로 말하기로 한 게 아닌가.

흰옷을 입은 여인

단아한 문장이 마음을 정화하는 크리스티안 보뱅의 『흰옷을 입은 여인』(1984BOOKS)은 넘볼 수 없는 매력이 있다. 연대순이 아니라 작가의 마음에 떠오른 흐름에 기대어 역사적 사실과 인물을 주관적으로 살려낸 한 장면 한 장면이 생동하다. 고결하고 절제된 문장 속에서 디킨슨과 주변 사람들을 불러오는데, 한 편의 에세이로 쓴 전기 문장마다 시인이 가꾼 정원의 꽃들처럼 향기가 난다. 마음이 소란스러울 때 보뱅의 문장은 즉효 약이다.

디킨슨은 스스로 조용한 소멸의 자리로 들어간다. 1856년 어머니의 병이 심각한 지경에 이르자 "어린아이에 불과해 두려움을 느끼는" 에밀리는 죽음의 문제로 공포에 빠지지 않도록 스스로 풀잎 하나 들국화 한 송이기를 꿈꾼다. 보뱅은 이 책에 "겸손이 그녀의 오만이며, 소멸이 그녀의 승리"라고 쓰며 깊은 애정과 애도를 보낸다.

Called Back

디킨슨의 시에서 자주 엿보이는 '죽음' 혹은 죽음의 마차는 애플tv 시리즈 〈디킨슨〉에서 형상화해 극의 재미를 더했다. 특히 말년의 디킨슨을 사실적으로 보여 준 영화 〈조용한 열정〉과 달리 이 재기발랄한 드라마는 젊은 디킨슨을 활기차게 재현한다. 디킨슨의 시구에서 주제를 포착해 시리즈마다 풍부하고 창의적인 상상력을 덧대어 유쾌하게 뭉클하다.

에밀리는 마음의 난관에 봉착할 때면 집을 나가 자신을 향해 기다린 듯 달려오는 죽음의 마차에 올라탄다. 번쩍번쩍 날개를 달고 빛처럼, 에밀리의 눈망울에도 광채가 난다. 마차 안에는 검은 햇hat을 쓴 검은 얼굴의 남자, 죽음이 앉아서 에밀리를 반긴다. 둘은 자주 봐 왔기에 친근하다. 대화를 나누며 도시를 달리고 학교 아이들을 보고 이웃집을 보고 또 다시 힘을 얻은 에밀리는 생기발랄하게 마차에서 내려 일상에 복귀한다.

시 안에서 에밀리는 천국을 상상했다. "빛나는 루비의 솜털로 지어진 마을"인 하늘나라에 갔고 그곳에서 "의무는 거미줄과 솜털처럼 가벼워"

한껏 만족했다. 경쾌하게 살려낸 디킨슨과 다양한 인물들을 생기 있게 복원한 이 영상물 중 나는 이 마차 장면에서 특히 수혈을 받는 기분이었다.

내가 죽음을 위해 멈출 수 없어—
그가 친절하게도 나를 위해 멈추었다—
마차는 우리만 태웠다—
불멸과 함께

— 에밀리 디킨슨

"Called Back." 묘비명이 된 이 말은 돌아오라는 부름을 받았다고 시인 디킨슨이 편지에 쓴 문구다. 누구보다 사랑스러운 영혼의 소유자는 꽃과 나비와 새들의 정원을 넘어 한 마리 로빈새가 되어 날아갔을 것만 같다. 대학 시절 피상적으로 읽었던 에밀리 디킨슨의 시를 시간이 훌쩍 지난 지금 꼭꼭 씹어 본다. 한 사람의 세계를 이해하는 일에는 기쁘게도 만 가지가 따라온다.

30일 금요일

아빠의 생신, 이번엔 큰딸과 날짜가 겹쳤다. 코로나 치료 중이라 문 앞에서 잠시 얼굴만 뵙고 돌아온 게 마지막 인사가 되었다. 지팡이를 짚고 선 작아진 모습이 잊히지 않는다. 큰딸의 첫 번째 번역 도서 『바이닐 Vinyl』(마이크 에번스, 안그라픽스)이 발간되어 집에 왔다. 일상의 모든 길에 희비의 마차가 함께 달린다.

일상의 내재율

▶ 『패터슨』 윌리엄 카를로스 윌리엄스(민음사)

영화 〈패터슨〉(짐 자무쉬, 2017)에서 패터슨의 아내 로라는 아침마다 간밤에 꾼 꿈을 들려준다. 사랑스러운 로라가 들려주는 꿈 이야기는 패터슨의 하루를 연다. 뉴저지의 소도시 패터슨에서 버스를 모는 패터슨은 하루를 규칙적으로 사는 사람이다. 그의 손에는 늘 공책과 연필이 있고 버스를 출발하기 전 그날의 시를 적는다. 식탁 위의 성냥갑이든 일상의 무엇이든 시의 소재가 되는데 아내 로라를 향한 사랑의 시이기도 하다.

월요일에서 일요일까지 달력을 넘기듯 하루 또 하루를 잔잔하게 보여 주는데, 내내 옴니버스로 이어지는 꿈을 보는 것 같다(실제로 나는 꿈을 연작으로 꾸곤 한다). 아내의 꿈 이야기가 아니어도 패터슨은 마치 꿈속에서 보듯 조심스럽게, 눈앞의 것들을 믿을 수 없다는 눈으로 바라본다.

잔잔하게 고인 듯 흐르는 일상의 물결을 타는 그의 태도는 다감하면서도 진실의 중심과 그 언저리를 모두 놓치지 않겠다는 듯이 보인다. 늘 진지한 표정으로 상대의 말에 귀 기울이고 스치는 사람들의 대화에도 미소를 짓고 관심을 기울인다. 일상의 어느 것 하나 그에게는 경이롭지 않은 게 없다.

책들이 꽂힌 지하의 아늑한 공간에서 시를 쓰는 그는 윌리엄 카를로스 윌리엄스의 초기 시집을 아낀다. 오래된 그 시집은 두껍고 헙수룩하다. 시를 좋아하고 시를 들려 달라고 하며 특히 패터슨의 시를 윌리엄스의 시만큼이나 훌륭하다고 말하는 로라는 그에게 더없이 소중한 존재다. 시를 쓴 공책만큼이나.

 그 공책이 다 뜯겨 나간 날, 패터슨은 집을 걸어 나가 평소 좋아하는 퍼세이크 폭포를 마주한다. 무슨 생각을 하는지는 알 수 없다. 윌리엄 카를로스 윌리엄스는 "패터슨은 퍼세이크 폭포 아래 계곡에 누워 있다."로 시 〈거인들 스케치하기〉의 첫 행을 시작한다. 윌리엄스가 오래 마음에 품고 기획하여 쓴 〈패터슨〉은 쓰고 찢고 다시 쓰기를 반복하는 고투를 거쳐 나온 것이다.

 영화 속 패터슨도 폭포를 바라보며 공책에 썼던 그 시들은 버리는 게 마땅하다고 생각하는지 모른다. 나는 오래전 문서 파일이 날아가 버린 적이 있다. 작은딸의 실수였는데 미치도록 화가 났다. 다음 날 나는 그것들은 모조리 사라질 운명의 글이었다고, 버리는 게 나은 글이었다고 확신했다. 새로운 가을이 오고 있었다.

 폭포를 보러 온 일본 시인에게서 빈 공책을 받은 패터슨은 그 사람의 말대로 텅 빈 페이지에서 더 많은 가능성을 선사 받을 수 있을까. 확신할 순 없지만 그러리라 믿는다. 재난이 재난만이 아니듯 우리의 일상은 계속되고 우리가 꾸는 꿈은 거대한 것이라기보다 일상의 잔잔한 물결에 가까울 테니. 자신만의 독특한 패턴으로 커튼을 만들고 컵케이크를 굽고 컨트리 가수가 되어 기타 치며 노래하는 꿈을 키우는 로라처럼 패터슨은 시를 쓰는 꿈을 놓지 않을 것이다.

 날마다 같아 보이는 하루는 하루도 같지 않다. 시곗바늘처럼 잔잔한 일상을 사는 패터슨에게도 날마다 의외의 일이 벌어진다. 같은 공간에서도 우리의 감각은 복잡하게 작동한다. 일상에서 일상만 본다면 우리의 일상은 얼마나 남루해질까 싶다. 한곳만 바라보는 건 위험하다. 한눈을 팔면 보이지 않았던 것이 보일 것이다. 일상에서도 다른 꿈을 꾸고 그것을 언어로 건져 올리는 게 시인의 직무이다.

시란 일상을 사는 우리 마음속 꿈을 펼쳐 내는 게 아니면 무엇일까. 일상이 바로 우리가 꾸는 꿈일지도 모른다. 꿈과 일상의 내재율을 잃지 않는 패터슨, 그의 보통이지 않은 보통의 시적 감각이 우리에겐 위무가 된다. 이 영화의 주인공은 패터슨이기도 하지만 패터슨이라는 도시, 패터슨에 사는 보통 사람들이기도 하다.

짐 자무쉬 감독이 영감을 받은 시인 윌리엄 카를로스 윌리엄스는 도시 패터슨에서 평생 환자를 돌보며 살았다. 당시 패터슨은 개발이라는 이름으로 오염되고 피폐해져 가난과 범죄가 횡행했다. 윌리엄스는 도시 패터슨을 미국 역사와 사회의 축소판으로 생각하고 그 이름에 복잡한 의미를 담아 장시를 쓰기로 했다.

파괴된 도시 환경과 일상에 지친 우울한 사람들의 이야기를 채집한 윌리엄스에게 도시의 사람들이 물었다. 어떻게 일을 하면서 시를 쓰냐고. 윌리엄스는 둘은 다른 각각이 아니라 하나의 두 부분이라고 대답했다. "한쪽이 나를 지치게 하면 다른 한쪽이 나를 쉬게 하지요." 그는 의사로서 환자를 돌보는 소명을 다하면서 패터슨에 사는 소박한 사람들의 삶을 자세히 보았고 시로 옮겼다. 윌리엄스와 같은 시대에 패터슨이 살았더라면 그의 삶도 윌리엄스의 시로 거듭 태어났을 것이다.

이런 생각에서 윌리엄스의 시 〈패터슨〉의 화자인 닥터 패터슨은 자무쉬 영화 속 버스 기사 패터슨이 되었다. 시인은 모든 만남에서 어떤 힘을 얻고 일상 언어의 리듬감을 살려 '공통의 언어'를 찾으려 했다.

민음사 시선집 『패터슨』은 네 권의 연작 장시 〈패터슨〉을 온전히 실은 게 아닌 선집이지만 윌리엄스가 공동체를 바라본 눈을 이해하는 데 도움이 된다. 퍼세이크 폭포의 포효는 가난한 도시 사람들의 신음이 섞이고 그 공간에서 숨 쉬는 사람들의 다양한 언어가 일제히 들고 일어난 것이다. 머리를 내리꽂으며 몰려드는 아우성에 질겁하여 귀를 크게 열면 그것이 우리 안의 미처 나오지 않은 말이었다는 걸 알게 된다. 해독되지 못한 소리들, 발화되지 못한 소리들의 소용돌이에 혼잣말과 잠꼬대가 한데 섞여 거침없는 소리 거인이 탄생한다.

〈패터슨〉 제1권 서문 구절을 마음에 간직한다. 자애롭고 지혜로운 윌리엄스의 혜안이 돋보이고, 아름다움과 진리가 동무가 되어 무덤 아래 나란히 누워 있다는 에밀리 디킨슨 시구의 정경이 연상되는 구절이다.
 "아름다움의 엄밀함은 바로 탐구다. 하지만 아름다움이 마음속 지난날 모든 불만에 갇혀 있다면, 당신은 어떻게 아름다움을 찾을 수 있겠는가?(345쪽)"

닫는 말

아빠는 늘 돋보기를 대고 사전을 보며 이면지에 무언가 끼적이고 계셨다. 1956년 발행된 낡고 빛바랜 영한사전과 영일사전을 유품으로 가져왔다. 4289. 10. 25. 책등에 손수 쓰신 날짜와 이름을 손으로 쓸어 본다. 안쪽에는, 젊은 날의 밑줄들이 고스란하다.

책 리뷰를 골조로 다섯 번째 집을 구상하며 제목을 서른 개 넘게 생각했다. 마지막에 떠올린 이름을 문패로 달고, 몸과 영화가 이음매가 되는 데 만듦새는 일기 형식을 따랐다. 일종의 독서일기가 되었다. 여전히 비가 새고 바람이 들어온다. 꾸준히 실패를 잘하는 사람이 되고 싶다. 팬데믹 마지막 해의, 아주 사적이지만은 않을 기록을 엮으며 인연을 다시 기억하는 소중한 시간이 되었다. 홀가분하다.

이것저것 말없이 도와주는 속 깊은 여동생과 자주 안부를 물어 준 벗들, 일일이 호명하지 않아도 내 마음이 전해질 고마운 사람들의 목소리도 행간에 적어 두었다. 우리는 돌고 돌아서 만날 것이다. 우리 안에 튼실히 세 개의 뿌리를 내린 한 그루 위그드라실을 꿈꾸며 모두의 건승을 빈다. 또 다른 새해가 다가오고 있다.

4월. 정원을 가꾸는 마음_모네의 부엌

4월. 정원을 가꾸는 마음_지베르니 정원

4월. 정원을 가꾸는 마음_비밀의 화원

4월. 정원을 가꾸는 마음_비밀의 화원

5월. 예술가의 일_세잔 아뜰리에 내부

5월. 예술가의 일_세잔 아뜰리에 외벽

6월. 작은 구석_고양이

7월. 한 사람이 사슬에 묶여 있다면_케테 콜비츠 뮤지엄

7월. 한 사람이 사슬에 묶여 있다면_케테 콜비츠 뮤지엄 내

7월. 한 사람이 사슬에 묶여 있다면_노이에 바헤

8월. Amo, ergo sum_부남해변(1)

8월. Amo, ero sum_부남해변(2)

10월. 구조된 자와 익사한 이름_아우슈비츠

10월. 구조된 자와 익사한 이름_이름을 직접 쓰게 한 후 빼앗은 가방들

11월. 그 강으로 가는 길_갠지즈강 일출

11월. 그 강으로 가는 길_갠지즈강 일몰

11월. 그 강으로 가는 길_갠지즈강에 띄운 촛불

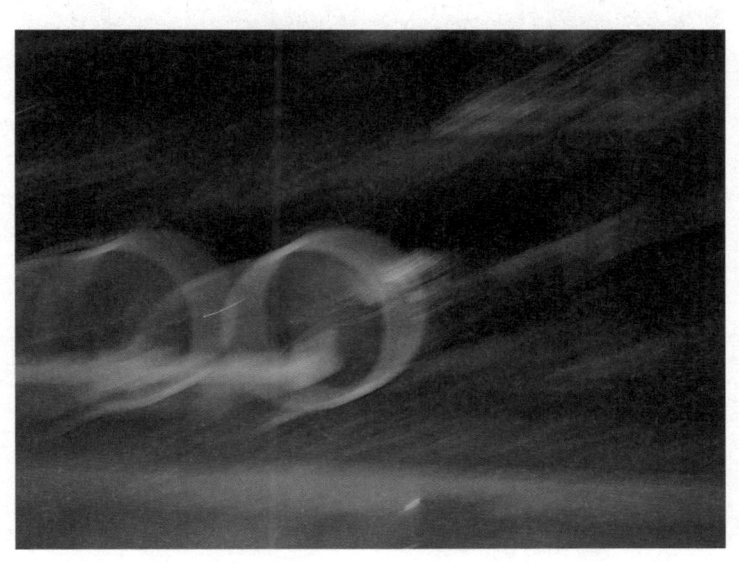

11월. 침대와 침대_우수리스크역

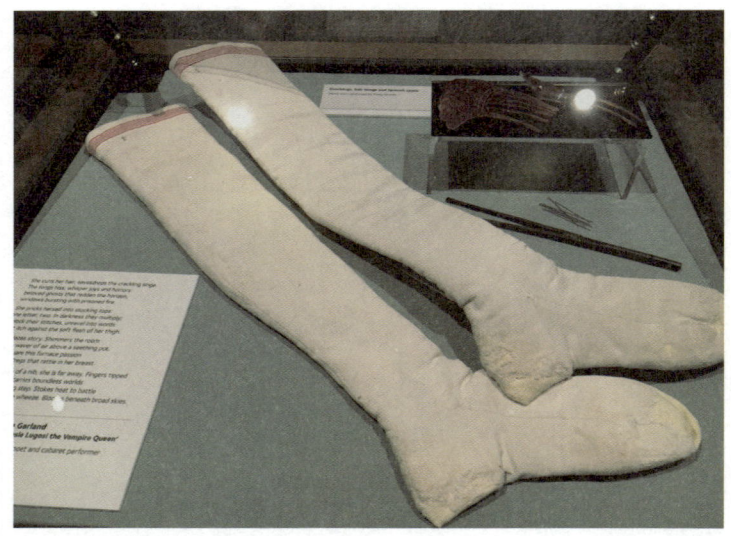

12월. 괴물을 만든 괴물_브론테 자매 빗과 양말

12월. 괴물을 만든 괴물_브론테 자매 거실

12월. 괴물을 만든 괴물_브론테 자매 편지와 엽서

12월. 괴물을 만든 괴물_하워스의 언덕